사회복지법제와 실천

이명현 · 유태한 · 김하은

KNOWLEDGE COMMUNITY 공동체

머리말

사회복지 영역에서 시민으로서 인권이 어떻게 존중되어야 하는가. 사회복지 관련 종사자, 전문가, 행정기관, 입법기관의 역할과 책임은 무엇인가. 이러한 문제에 대응하기 위해서는 인권의 이념과 사회복지의 관계를 성찰하면서 학대나 차별 등 복지 영역의 권리 · 의무 관계를 둘러싼 실천적 과제에 대응할 수 있어야 할 것이다. 현재 우리나라는 인구 사회의 변화, 돌봄 위기의 심화, 격차와 차별, 사회적 배제 등 사회복지가 대응해야 할 문제 상황이 확대되면서 그에 대응하기 위한 법제 변화도 적극적으로 이루어지고 있다. 법과 제도의 규범적 타당성과 실효성을 확보하면서 복지서비스 이용자와 공급 주체 간의 관계, 서비스 신청과 선택에 수반되는 권리 구제 절차 등 복지권의 보장과 실현을 위한 입법 비중도 커지고 있다. 따라서 사회복지 연구자나 실천가, 학생 모두에게 사회복지법제에 관한 기본적 소양과 이해가 필수적인 지식이 되고 있다. 앞으로 법에 대한 명확한 개념과 제도 이해를 바탕으로 인권 기반의 복지를 실천할 수 있도록 사회복지법제의 역할이 더 중요해지고 있는 것이다. 중요한 것은 사회복지법이 복지 현장에서 제대로 활용되기 위해서는 사회복지법의 올바른 해석과 적용에 필요한 일반적 법 지식을 기반으로 개별 복지법의 학습 및 실천이 전개되어야 할 것이다.

이 책은 법의 일반적 기초지식을 바탕으로 사회복지법의 종합적 지식과 법률사항 습득에 초점을 두고 기술하였다. 기본 방향은 사회복지법과 관련된 법 이론과 체계, 정의와 인권 기반의 복지, 법률관계, 복지수급권, 복지조례, 주요 기본법, 사회보험과 공공부조 관련 법률, 권리옹호 관련 법제 등을 중심으로 사회복지법의 전체적인 구조를 이해하고 실천적 지식을 높이는 데 초점을 두었다.

사회복지법제와 실천의 주요 구성은 다음과 같다.

제1장은 법과 사회복지의 종합적 이해를 위해 법에 대한 기초지식을 살펴보았다. 또한 복지국가와 사회복지법의 관계와 맥락을 살펴보았다. 법에서 권리란 무엇이며 어떻게 구제받을 수 있는지 등 법에 대한 일반이론과 기초지식을 이해하고 이를 바탕으로 복지법제의 등장과 기능, 필요성에 대해서도 기술하였다. 아울러 복지법제의 정당성의 근거가 되어야 하는 이념으로 정의 · 인권을 살펴보았다. 복지법제는 정의와 인권을 바탕으로 실천에 적용되어야 한다. 정의와 사회복지의 관계, 정의와 평등의 이해, 인권과 기본권의 의의와 내용, 인권의 다양성에 기반한 사회복지법제의 실천 필요성을 논의하였다. 제2장은 사회복지법의 등장 배경을 시민법 원리의 한계와 그에 대한 대응으로 등장하는 사회법 원리가 복지법제의 기본원리가 되는 과정을 살펴보았다. 제3장은 사회복지법의 체계를 정리하였다. 법적 분류체계에 따라 사회복지법의 전체 구조를 설명하여 사회복지법 전반에 걸친 법리적 이해를 돕고자 하였다. 아울러 사회보장법과 사회복지법의 비교를 통해 복지법의 체계를 명확히 이해하고자 하였다. 제4장은 사회복지법의 법원을 살펴보았다. 성문법으로서의 사회복지법의 위계적 구조를 이해하고, 보충적 법원으로서 불문법의 내용을 살펴보았다. 제5장은 국제사회복지법제를 정리하였

다. 관련 기구와 주요 사회복지 관련 선언과 조약을 살펴보았다. 또한 정부 간 주요 협정으로 사회보장협정의 의의와 주요 내용을 기술하였다. 제6장은 기본권과 사회복지의 관계를 기술하였다. 헌법 원리와 기본권의 성격과 의의, 기본권과 사회복지법의 관계, 생존권 규정의 변천 과정과 생존권의 성격과 관련 판례를 살펴보았다. 제7장은 사회복지 급여를 받을 수 있는 권리, 즉 수급권에 대해 기술하였다. 사회복지수급권의 구조를 실체적 · 수속적 · 절차적 권리로 구분하여 살펴보고 복지수급권의 보호와 제한 사유 등을 살펴보았다. 제8장은 사회복지법의 분석방법을 규범적 타당성과 법적 실효성을 기준으로 개별법 조항을 사례로 들어 설명하였다. 제9장부터는 개별 사회복지법률에 대해 주요 내용을 분석하였다. 먼저 사회보장기본법, 사회보장급여의 이용 제공 및 수급권자 발굴에 관한 법률의 개요 및 배경, 주요 내용을 분석하였다. 제10장은 사회복지사업법의 개요 및 배경, 주요 내용을 분석하였다. 사회복지법인, 사회복지시설, 사회복지사 자격기준 등 사회복지사업 실천의 기본이 되는 내용을 살펴보았다. 제11장은 사회복지사 등의 처우 및 지위 향상을 위한 법률이다. 개요 및 배경, 주요 내용을 분석하였다. 또한 사회복지사의 정체성과 권리에 대한 논의도 함께 살펴보았다. 제12장은 사회보험법에 대한 분석이다. 국민연금법, 국민건강보험법, 고용보험법, 산업재해보상보험법, 노인장기요양보험법에 대한 개요 및 배경, 주요 내용을 기술하였다. 제13장은 공공부조법이다. 국민기초생활 보장법, 의료급여법, 긴급복지지원법에 대한 개요와 배경, 주요 내용을 분석하였다. 제14장은 권리옹호와 관련 법제로서 성년후견제도와 장애인학대방지 제도를 대표적 법제로 살펴보았다.

헌법과 법률, 조례, 판례, 정부의 행정작용 등이 모두 형식적 · 완결적 법제 내용으로 중요하다. 하지만 규범적 내용이나 근거를 명확히 하는 것도 중요하지만, 복지실천과 밀접한 관련이 있는 논점을 탐구하는 노력도 중요하다. 법과 복지 현장 사이에서 발생할 수 있는 긴장 관계에 맞서는 자세도 필요하다. 그러한 관점에서 복지법제와 권리옹호 관련 소재에 대해 더 깊이 탐구하는 연구가 계속되어야 할 것 같다. 하지만 이 책에서 모든 개별 사회복지법과 쟁점 사안들을 구체적으로 살펴보는 것은 지면상의 한계뿐만 아니라 연구자의 역량 부족 때문에 사실상 한계가 있었다. 방대한 분량의 개별 사회복지법과 관련 제도에 대한 분석은 후속 연구과제로 남겨두고자 한다. 사회복지법은 고정된 규범이 아니라 사회경제적 상황과 인간 욕구의 변화에 따라 탄력적으로 대응하는 유연한 법 체계를 가진다. 따라서 출간하는 즉시 개정해야 할 새로운 내용이 출현할 수 있으므로 집필 작업이 쉽지 않다. 이 책도 세 사람의 연구자가 힘을 합쳤기에 출간할 수 있었다. 물론 그동안 앞선 연구자와 실천가의 축적된 경험과 지식이 없었다면 불가능했을 것이다. 무엇보다 산만하고 두서없는 내용을 정확히 정리하고 조정해 준 도서출판 공동체 선생님들의 도움에도 감사드린다.

2024년 8월

공동 저자를 대표하여

이 명 현

차 례

CHAPTER 01

법과 사회복지

1. 법에 대한 기초지식
2. 복지국가와 사회복지법
3. 정의와 인권으로서의 사회복지

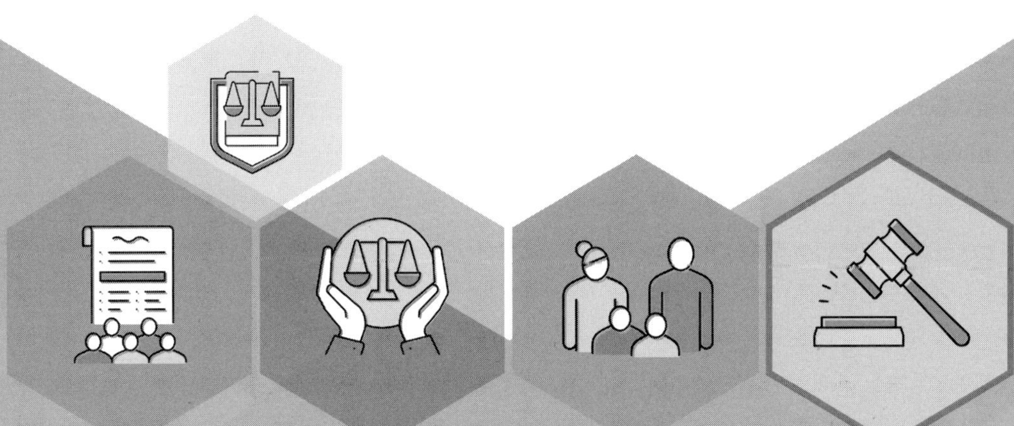

CHAPTER 01

법과 사회복지

1. 법에 대한 기초지식

1) 법의 특성

전통사회는 관습이나 종교, 도덕, 권위, 노인의 경험과 같이 비공식적인 사회통제 수단을 통해 질서가 유지되었다. 그러나 복잡한 사회문제와 다양한 욕구가 발생하는 현대 사회는 개인 사이의 조정이나 그동안의 관습에 기반한 규제로는 효과적인 통제가 어렵게 되었다. 급격한 산업화로 인한 분배의 불평등과 빈부격차는 사회갈등과 분쟁을 커지게 했다. 따라서 분명한 규제와 공식 기구에 의한 사회안정과 질서유지에 대한 요구가 증가하면서 사회적 강제규범으로서 법이 등장하였다. 모든 법은 사회경제적 상황을 배경으로 사회가 추구하는 이념과 가치를 반영한다. 서로 다른 사회경제적 배경으로 다양한 법과 체계가 만들어진다. 사회적으로 선택된 가장 특수하고 강제적인 처벌규범이며 통제의 성격이 매우 강한 것이 법이다. 하지만 전체 국민의 인간다운 삶의 보장을 통해 복지를 향상하는 사회적 대책을 추진함으로써 사회발전을 이끄는 성격도 강하다.

이러한 법적 특성을 바탕으로 사회복지법의 필요성도 이해할 수 있다. 다시 말하면 사회복지는 복지문제나 욕구를 충족하고 해결하기 위한 실천적 학문이므로 복지 실현을 위한 올바른 방향과 원칙을 강제규범으로 정하여 정당한 복지실천의 질서를 만드는 것이 사회복지법이다.

사회관계와 욕구는 매우 다양하게 변하고 있으므로 그것을 선제적으로 예상하여 법으로 규범화하기는 매우 어렵다. 사회복지현장도 마찬가지일 것이다. 하지만 사회 변화를 무시하는 복지법은 존재가치를 얻기 어려우므로 복지실천 현장과 법 규범의 상호연계적 변화가 매우 중요하다. 특히 사회복지는 사회과학적 연구 방법에 기초를 두면서 경험적 연구를 통해 인간과 사회관계를 연구하고 객관적 사실과 인과관계를 바탕으로 복지향상을 실현하고자 한다. 그런데 법은 사회적 규범을 확립하기 위해 특정 가치를 기준으로 분쟁을 해결하고 문제를 제거하는 데 관심이 있다. 법 규범을 현실에 적용하는 과정에서 옳고 그름, 즉 정의로운 판단을 해야 한다. 따라서 개별 사례에 대한 논리적이고 체계적인 해석방법이 필요하다. 클라이언트가 법률을 위반하였는가 위반하지 않았는가, 클라이언트에게 적용해야 하는 법이 타당한가 타당하지 아니한가, 그 진실이 무엇인지 판단해야 한다. 사회복지는 클라이언트의 생활 지원에 관한 자원의 동원과 조정방법에 관심이 있다. 물론 법적 판단에서 클라이언트 복지를 위해 어떤 방법과 수단을 동원할 수 있는지에 대해 복지현장과 협력할 부분이 있다. 하지만 법적 관점에서는 클라이언트의 상황이나 생활적 맥락보다는 사실적 근거와 증거에만 기반하여 판단하려 할 것이다. 법은 사회복지실천의 방향에 관한 행동규범을 제시할 수 있을 것이다. 그렇지만 사회복지 사업자와 사회복지사의 전문지식과 기술이 발휘되는 실천 현장의 활동과 항상 일치하지는 않는다. 따라서 사회복지현장과 일반 법률 체계를 동시에 이해하고 접근할 수 있는 역량이 필요하다.

사람은 누구나 일정한 나이에 이르면 투표할 수 있는 권리를 갖는다. 또 자유로이 거주를 옮길 권리를 가진다. 형사적 범죄를 저지르거나 민사적 손해를 끼치는 경우 징벌을 받아야 할 의무도 있다. 이와 관련된 규범은 법률을 통해 만들어진다. 만들어진 법률 자체에 초점을 두면 법은 국회에 의해 만들어진 강제규범이다. 판단에 초점을 두면 법은 재판규범이다. 사회정책적 수단으로 보면 법은 정부의 사회통제나 질서유지를 위한 규범이다. 이처럼 시각에 따라 다양하게 이해할 수 있지만, 법을 통한 실행과 해석이 수반되어야 효력이 생기는 점은 공통적이다. 또한 공통적인 특성을 기준으로 규정되는 공식적인 행위규범이며 사회적으로 준수해야 하는 규범, 일정한 목적을 가진 규범, 강제성을 수반하는 규범, 일정한 법적 조직이 필요한 규범, 재판을 위한 규범이라 할 수 있다. 분쟁 해결과 사회통제 등 질서유지를 위한 법의 기능은 매우 강력하지만, 사회 변화를 유도하는 기능도 할 수 있다. 낙태나 안락사 문제, 사회적 소수자나 이민자 문제 등 사회적 인식이나 문화가 변하면서 새로운 규범을 정하여 안정을 유지하고 인권을 보장하는 역할도 할 수 있다.

법의 기능을 규범적 기능과 사회적 기능으로 구분해 보자. 규범적 기능이란 일정한 행동을 수행하거나 유보하기 위한 이유를 규정함으로써 행동의 기준을 보여주는 것이다. 사회적 기능은 억지하거나 촉진하는 것, 분쟁을 해결하는 것, 자원을 배분하는 것이다. 구체적으로 억지 기능은 일탈적 행동이나 도덕에 반하는 행동을 억제하는 기능으로 모든 사람의 자유와 안전을 보장하기 위한 것이다. 촉진 기능은 특정한 사람들의 활동을 끌어 내기 위하여 의무나 권능을 부여하는 것이다. 이를 통해 사람들 사이의 상호교섭 활동을 도울 수 있다. 분쟁 해결 기능은 권리와 의무 관계를 명확하게 정하여 분쟁이 발생하지 않도록 미리 예방하기 위한 것이다. 이미 분쟁이 발생하여 당사자 사이의 해결이 어려울 때 재판을 통해 분쟁을 해결할 수도 있다. 자원 배분 기능은 국민의 사회경제 생활에 국가가 적극적으로 개입하여 다양한 사회 서비스와 사회적 계획, 재화의 재분배 등에 필수적인 수단이 된다. 예를 들어, 국민연금법이나 국민건강보험법 등 사회보장법을 들 수 있다.

2) 법의 분류

먼저 자연법과 실정법으로 구분할 수 있다. 자연법은 역사를 초월하며 사회에 당연히 존재해야 할 객관적인 가치 질서를 의미한다. 실정법의 존재론적 근거가 되기도 하는데, 예를 들어 모든 국민은 인간으로서의 존엄과 가치를 가지며 행복을 추구할 권리를 가진다(헌법 제10조)는 규정은 헌법 이전에 사람으로 태어나면 당연히 누려야 할 권리로 인식되므로 헌법 체계 내에 자연법적 질서가 있음을 확인하는 조항이라 해석할 수 있다. 자연법은 마땅히 지켜져야 하는 법질서로 인식되므로 민주주의 국가의 헌법과 실정법 체계에서 보편적으로 인정되는 법 사상이라 할 수 있다. 실정법은 입법 권한이 부여된 법에서 정한 입법 절차에 따라 조문형식으로 규범화된 법이다(사회복지법제학회 편, 2018 : 29-30). 성문법 국가에서 자연법은 실정법의 존재 근거이면서 보충적 효력을 가지는 체계로 작동하고 있다.

두 번째는 공법과 사법, 사회법으로 구분할 수 있다. 공법은 국가의 조직이나 국가 간 또는 국가와 개인 간의 관계를 규율하는 법률이다. 헌법과 행정법, 형법, 민사소송법, 형사소송법, 국제법 등이 포함된다. 사법은 개인 간의 권리와 의무 관계를 규율하는 법률이다. 민법과 상법 등이 대표적이다. 공법과 사법을 구분하는 기준은 이익설, 주체설, 법률 관계설로 구분하여 이해할 수 있다. 이익설은 법이 보호하려는 이익이 사회 공동의 이익인가, 개인의 이익인가로 구분한다. 주체설은 법률관계의 주체를 기준으로 국가와 공공단체 상호 간, 국가와 개인 간, 개인 상호 간인가에 따라 구분한다. 법률 관계설은 권력에 대해 복종의 관계인가, 대등한 관계인가에 따라 구분한다. 나머지 사회법은 인간의 평등과 사회적 조화를 목적으로 하는 법이며 노동법과 경제법, 사회보장법 등을 들 수 있다.

세 번째는 국내법과 국제법으로 구분한다. 국내법은 국가의 주권이 행사되는 범위, 즉 영토·영공·영해 내에서 효력을 갖는 법이다. 국제법은 국제 사회에서 국가 사이의 합의를 기초로 국가 간에 효력이 발생하는 법이다. 우리 헌법 제6조 제1항은 '헌법에 의하여 체결·공포된 조약과 일반적으로 승인된 국제 법규는 국내법과 같은 효력을 가진다'고 규정하여 국제법의 국내적 효력을 인정하고 있다.

네 번째는 일반법과 특별법으로 구분한다. 법의 효력이 미치는 범위에 따라 달라진다. 일반법은 법의 효력이 특별한 제안 없이 일반적으로 적용되는 반면, 특별법은 일정한 장소나 사항, 사람에게 제한적으로 적용되는 법이다. 일반법과 특별법을 구별해 놓으면 구체적 사실관계에 어떤 법을 우선 적용할지 정할 수 있다. 일반적으로 특별법 우선의 원칙을 적용하며 특별법에 흠결이 있거나 내용이 불충분하면 보충적으로 일반법을 적용할 수 있다. 또 적용범위가 상대적으로 넓으면 일반법, 좁으면 특별법이라 할 수 있다.

다섯 번째는 실체법과 절차법으로 구분할 수 있다. 실체법은 보호하려는 권리와 의무를 규정하는 법규이다. 권리와 의무의 성질, 내용과 범위, 권리와 의무의 발생 및 변경 · 소멸 등을 정한다. 헌법, 행정법, 형법이 대표적이며 사회보장기본법과 사회복지사업법 등 대부분 사회복지법은 실체법적 성격을 가진다. 절차법은 실체법에 의해 규율되고 있는 권리와 의무를 실현하는 절차, 실체법에 의해 보장된 권리를 규제하는 절차를 정한다. 형사소송법, 민사소송법, 행정소송법, 성폭력범죄의 처벌 등에 관한 특례법, 아동학대범죄의 처벌 등에 관한 특례법 등을 들 수 있다.

여섯 번째는 강행법과 임의법으로 구분할 수 있다. 법 적용을 통한 효력의 절대성과 임의성을 기준으로 판단할 수 있다. 강행법은 행위 주체의 의사와 관계없이 법률 효과가 강제적으로 적용된다. 임의법은 법률 요건이 충족되는 경우에도 법률 당사자의 동의나 행위 주체의 재량 등 의사표시에 근거하여 법 적용이 이루어진다. 예를 들어, '~할 수 있다' 등의 규정을 들 수 있다.

3) 권리와 의무

법은 사람과 사람 사이의 권리와 의무 관계를 정한다. 이를 법률관계라고 할 수 있는데, 권리와 의무 관계의 구체적 내용이 무엇인지 살펴보자.

우선 권리에 대해 살펴보자. 권리는 어떤 행동을 하거나 이익을 받을 수 있도록 법률로서 인정하는 힘이다. 권리와 유사하지만 구별되는 개념으로 권한과 권능이 있다. 권한은 다른 사람에 대해 일정한 법률 효과를 발생하게 하는 행위를 할 수 있는 법률상의 자격이며, 법령에 의해 어떤 행위를 할 수 있는 범위를 말한다. 예를 들어, 사회복지법인의 이사는 대외적으로 법인을 대표하는 권한을 가진다. 권능은 권리의 내용을 이루는 개별 법률상의 구체적인 힘을 말한다. 예를 들어, 물건에 대한 소유권을 가지면 그 물건을 사용하거나 처분할 수 있는 권능이 생긴다.

권리의 본질을 설명하는 이론으로 의사설과 이익설, 권리법력설에 대해 간단히 정리해 보자. 의사설의 권리는 법에 의하여 주어진 힘이다. 민법 제3조에 의하면 사람은 생존한 동안 권리의 의무와 주체가 된다고 규정하므로, 자기 행위의 의미나 결과를 판단할 정신 능력이 있는 사람은 모두 권리의 주체가 된다. 따라서 의사무능력자도 권리의 주체이며 자기 결정의 주체가 될 수 있다. 예를 들어, 판단능력이 불충분한 성인도 성년후견인의 도움을 받아 희망하는 복지 급여를 선택하고 관리할 수 있다. 이익설의 권리는 법에 의하여 보호되는 이익이므로 권리는 이익을 수반해야 한다. 물론 친권과 같이 이익 없이 발생하는 권리도 있지만, 예외적인 경우이다. 의사설과 이익설 두 가지를 통합하여 권리의 본질을 이해하려는 관점이 권리법력설이다. 오늘날 가장 유력한 견해라 볼 수 있는데, 요약하면 권리란 일정한 이익을 누릴 수 있도록 법에 의하여 규정된 이익이다. 종합하자면 권리는 본인의 이익을 보호할 수 있도록 법에 의하여 주어진 힘이라 할 수 있다.

권리는 공법과 사법, 법률상의 효력, 권리주체와의 긴밀성 정도에 따라 다르게 나눌 수 있다. 먼저 공법과 사법의 기준에 따라 공권과 사권으로 구분한다. 첫 번째로 공권은 공법에 의하여 생기는 이익이며 사권은 사법에 의하여 생기는 이익이다. 예를 들어, 사권은 사회적 생활에서 생기는 이익을 기준으로 재산권, 인격권, 신분권, 사원권 등으로 구분할 수 있다. 두 번째로 법률상의 효력에 따라 구분할 수 있다. 예를 들어, 지배권, 청구권, 형성권, 항변권 등을 들 수 있다. 지배권은 타인의 행위를 매개하지 않고서 직접 지배력을 행사할 수 있는 힘이다. 본인이 구입한 자동차는 다른 사람의 도움 없이도 사용하거나 처분할 수 있는 권리가 있다. 다음으로 청구권은 특정한 사람이 어떤 다른 사람에게 일정한 행위를 할 수 있도록 요구할 수 있는 힘이다. 돈을 빌려준 사람은 빌린 사람에게 그 돈을 갚도록 요구할 수 있는 권리가 있다. 형성권은 권리를 가진 사람의 일방적 의사표시로 법률관계의 발생이나 변경, 소멸을 발생시킬 수 있는 힘이다. 아파트 매매 계약 체결 후, 매수자가 중도금을 약속한 날짜까지 지급하지 않은 경우, 매도자가 매수자의 동의나 승낙 없이 계약을 해제할 수 있는 힘이다. 항변권은 할부로 물품을 구매한 후, 물품에 하자가 발생하거나 판매인이 서비스를 제공하지 않을 경우, 남은 할부금을 지급하지 아니할 수 있는 힘이다. 세 번째로 권리주체의 긴밀성 정도에 따라 구분할 수 있다. 여기에는 일신전속권과 비전속권이 있다. 일신전속권은 권리주체와의 긴밀성이 매우 강하여 그 성질상 다른 사람에게 속하게 할 수 없는 권리이며 그 주체만이 행사할 수 있는 권리다. 따라서 타인에게 양도할 수 없다. 사회복지법에 의해 제공되는 급여는 대표적인 일신전속의 성질을 가지므로 본인 이외의 타인이 이용할 수 없다. 성명권, 초상권 등 인격권, 부양청구권, 친권 등도 이에 해당된다. 반면 비전속권은 권리자로부터 분리되어 다른 사람에게 양도할 수 있는 권리이며, 재산권을 대표적인 예로 들 수 있다.

그런데 여기에서 권리라 할 수 없지만 유사한 개념을 하나 짚고 넘어가자. 권리는 이익을 수반한다고 했지만, 법적인 권리는 아니지만 이익이 발생하는 경우가 있다. 그 대표적 사례가 반사적 이익이다. 반사적 이익은 법이 공익의 보호와 증진을 위하여 일정한 규율을 행할 때 발생한다. 법으로 집행된 행정의 반사적 효과로서 특정한 또는 불특정한 개인에게 이익이 발생하는 것이다. 이때는 이익이 침해당하는 경우라도 법적으로 구제받을 수는 없다. 예를 들어, 근처에 지하철역이 들어서자 평범했던 식당이 대박집으로 번성해진 경우를 생각해 보자. 이 음식점은 반사적 이익을 얻었다고 볼 수 있다. 하지만 다른 구역 호프집 운영자가 형평성을 주장하며 지하철역 미설치만을 이유로 국가나 지자체에 손해배상을 요구할 권리는 없다.

다음으로 의무에 대해 살펴보자. 의무는 법에 의해 부과된 일정한 작위 또는 부작위 행위를 자신의 의사와 상관없이 해야만 하는 법률상의 구속을 말한다. 작위 행위란 법에 의해 특정한 행위를 하도록 예정된 적극적 의무이며, 부작위 행위란 법에 의해 특정한 행위를 하지 말도록 금지하는 소극적 의무를 말한다. 권리와 의무는 서로 분리할 수 없는 관계이므로 권리의 행사는 의무가 전제되어야 한다. 의무를 이행하지 않는 것은 당연히 위법행위가 되므로 법적인 제재가 더해진다. 그렇지만 권리가 있는 곳에 언제나 의무가 수반되는 것은 아니다. 예를 들어, 납세 · 병역의무는 권리를 전제로 하지 않는 의무다. 공무원의 정치적 중립 의무와 같이 특별히 부과되는 의무도 있다. 의무는 공법상 의무, 사법상 의무,

사회법상 의무로 구분할 수 있다. 공법상 의무는 자율적 의사표시가 아니라 법에 의해 강제적으로 부과된다. 국방이나 납세, 교육의무가 대표적이다. 의무 불이행은 행정형벌, 행정질서벌 등 공법상의 제재가 부과된다. 사법상 의무는 신의성실, 권리남용 금지, 부부간 성실, 친권상 의무 등이다. 사회법상 의무는 공법상 의무와 유사하게 강제적인 성격을 가진다.

그런데 권리는 관계법을 통하여 보장받지만, 공동체 내에서 권리의 행사는 무조건 보장되지 않으며 일정한 제한을 받는다. 권리의 제한은 법적 근거 규정에 의하여 국가 안전보장이나 질서유지, 공공복리를 위하여 제한할 수 있다.[1] 공법 영역은 공익을 목적으로 권리를 제한하는 경우에 반드시 법적 근거가 있어야 한다. 또 신의성실의 원칙에 따라 권리행사를 제한할 수 있다. 신의성실의 원칙은 공공복리의 원칙과 함께 권리행사에 있어서 권리주체에 대한 사회적 의무와 책임을 강조하는 것이다. 또 권리남용 금지 원칙도 있다. 이는 사회성과 공공성에 맞지 않는 정당한 업무집행 범위를 벗어난 권리행사나 사회의 상식과 도덕에 어긋나는 권리행사를 말한다. 하지만 권리는 국가권력에 의해 보호되고 실현되어야 한다. 따라서 권리보호는 실정법에 따른 권리구제 절차를 통해 실현될 수 있다. 먼저 사법상의 권리구제는 손해배상이 대표적이다. 예를 들어, 고의 또는 과실로 인한 위법행위로 타인에게 손해를 끼친 사람은 손해를 배상할 책임이 있다(민법 제750조). 또한 공작물의 설치 또는 보존의 하자로 인하여 타인에게 손해를 가한 때에는 공작물 점유자가 손해를 배상할 책임이 있다. 하지만 점유자가 손해방지를 위해 필요한 주의를 해태(해야 할 행위를 게을리하는 행위)하지 아니한 때에는 그 소유자가 손해를 배상할 책임이 있다(민법 제758조). 이때 점유자 또는 소유자는 그 손해의 원인에 대한 책임이 있는 자에 대하여 구상권을 행사할 수 있다. 피해자는 법률 규정에 따라 자신의 피해를 보상받기 위하여 법원에 판결을 요구하는 소송을 제기할 수 있다. 다음으로 공법상의 권리구제는 헌법에 의하여 모든 국민은 법률이 정하는 바에 따라 국가기관에 문서로 청원할 권리를 가진다(헌법 제26조). 공무원의 직무상의 불법행위로 손해를 당한 국민은 법률이 정하는

---

1 헌법 제37조 제2항, 국민의 모든 자유와 권리는 국가안전보장 · 질서유지 또는 공공복리를 위하여 필요한 경우에 한하여 법률로써 제한할 수 있으며, 제한하는 경우에도 자유와 권리의 본질적인 내용을 침해할 수 없다.

바에 따라 국가 또는 공공단체에 정당한 배상을 청구할 수 있으며, 이 경우에 공무원 자신의 책임은 면제되지 아니한다(헌법 제29조). 한편 헌법재판소법에 의해 공권력의 행사 또는 불행사로 인하여 헌법상 보장된 기본권을 침해받은 자는 법원의 재판을 제외하고는 헌법재판소에 헌법소원 심판을 청구할 수 있다. 다만, 다른 법률에 구제절차가 있는 경우에는 그 절차를 모두 거친 후에 청구할 수 있다(헌법재판소법 제68조).

그리고 행정상의 법률관계에 의하여 분쟁이 발생하는 경우, 행정기관이 심리·판정하는 절차가 있다. 행정심판 절차는 법률로 정하며 사법절차가 준용되어야 한다. 행정심판의 종류는 다음과 같다. 첫째, 취소심판이 있다. 이는 행정청의 위법 또는 부당한 처분을 취소 또는 변경하는 심판이다. 둘째, 무효 등 확인심판이 있다. 이는 행정청의 처분효력 유무 또는 존재 여부를 확인하는 심판이다. 셋째, 의무이행 심판이 있다. 당사자의 신청에 대한 행정청의 위법 또는 부당한 거부처분이나 부작위에 대해 일정한 처분을 내리는 심판이다. 또 모든 국민은 행정 활동으로 인하여 권익을 침해당한 경우, 행정소송을 통해 권리를 보호받을 수 있다. 행정소송은 그 내용에 따라 항고소송, 당사자 소송, 민중소송, 기관소송으로 구분한다. 첫째, 항고소송은 행정청의 처분 등 부작위에 대하여 제기하는 소송으로 이를 다시 취소소송, 무효 등 확인소송, 부작위 위법확인 소송으로 나눈다. 둘째, 당사자 소송은 행정청의 처분을 원인으로 하는 법률관계 소송으로 그 법률관계의 한쪽 당사자를 피고로 하는 소송이다. 민중소송은 국가 또는 공공단체의 기관이 법률에 위반되는 행위를 했을 때 직접 자기의 법률상 이익과 관계없이 그것을 바로잡기 위하여 제기하는 소송이다. 기관소송은 국가 또는 공공단체의 기관 상호 간에 있어서 권한의 존재 여부 또는 권한의 행사에 다툼이 있을 때 제기하는 소송이다. 행정소송을 제기하기 위해서는 위법한 행정행위가 존재해야 하며 소송의 내용이 국가 소송제도를 이용할 만한 실제적 가치 또는 필요가 있어야 한다. 이 외에도 개별 법률상의 이의신청 절차 또는 조정절차 등을 통해 권리구제를 실현할 수 있다.

2. 복지국가와 사회복지법

사회복지법은 복지국가의 행위규범으로 만들어졌으므로 복지국가 이념을 실현하기 위한 대부분의 정책은 사회복지법을 통해 제도화되었다. 널리 알려져 있듯이 세계 최초의 사회보험 법안이라고 할 수 있는 독일 비스마르크의 질병보험법(1883년), 재해보험법(1884년), 노령 및 폐질보험법(1889년)이 대표적 사례이다. 또 대공황으로 인한 심각한 빈곤 문제 해결을 위해 제정된 미국 사회보장법(1935년)도 마찬가지다. 제2차 세계대전 후 탄생한 영국 복지국가의 등장과정을 볼 때 1942년 베버리지 보고서 발간 이후 복지국가와 사회복지법의 발전은 항상 궤적을 같이하였다. 다시 말하면 복지국가의 확대는 사회복지법의 발전에 따라 복지혜택의 적용범위와 수준의 확대, 적용대상자의 보편화와 재분배 효과의 향상으로 진행되었다. 이 과정에서 사회복지의 종류도 증가하였고 정치 및 사회경제적 환경의 변화에 따라 사회복지법도 복지국가의 조정 과정에 맞게 더 복잡하게 변하고 끊임없이 개정되고 있다. 이처럼 사회복지에 대한 국가 역할의 확대가 사회복지법 발전을 이끌었다고 할 수 있다. 이에 대한 구체적인 의미는 다음과 같이 정리할 수 있다. 첫째, 국가의 책임과 의무가 강화된 것이다. 사회복지법은 국민의 삶의 질 보장을 위해 국가의 책임을 법으로 정한 것이다. 또 개별적인 사회복지법을 통해 국가의 법 목적을 효과적으로 달성하기 위하여 복지에 대한 책임과 의무를 구체적으로 규정한 것이다. 특히 강제적 행위규범이므로 정부가 사회복지 증진 의무를 이행하지 않거나 위법한 행위를 할 경우에 시정하거나 개선할 의무를 부과할 수 있다. 이처럼 법에 의해 국가의 책임과 의무가 규정되었다는 점은 복지 제공이 결코 국가의 재량행위가 아니라는 것을 의미하는 것이다. 둘째, 법적 권리를 의미한다. 이미 지적한 것처럼 복지가 국가의 의무라는 점은 국가 정책에 의한 반사적 이익이 아니며 법적 권리라는 의미다. 사회복지법을 통해 인간다운 생활과 같은 기본적인 권리를 실제로 보장받을 수 있게 된 것이다. 셋째, 사회복지제도의 운영원리를 제공한다는 것이다. 현대 복지국가의 실제 복지제도는 모든 것이 국가에 의해 직접 운영되지는 않는다. 사회복지 실천은 전문적인 영역이므로 해당 사회복지제도의 이념과 기본방향, 제도 시행의 주체, 급여와 서비스 제공의 주체, 종사자와 대상자, 급여내용과 수준, 재정 등에 관한 사항 등은 법률에 의해 구체적으로 정해진다. 이러한 규정은 실제 사회복지사업의 운영원리로 지켜져야 할 법적 기준으로 작용한다. 넷째, 사회복지실천의 권한을 부여한다. 사회복지사와 관련 종사자가 법적 근거를 통해 사업을 수행할 수 있는 권한을 부과한다. 복지 전문직이 다양하게 발전할수록 내부적인 윤리강령만으로는 복지 대상자에 대한 권한을 보장하기 어렵다. 하지만 법적 근거가 마련되면 사회복지사는 전문적 관계를 맺으면서 클라이언트의 사적 영역에 개입할 수 있는 권한을 확보할 수 있다. 또한 서비스와 급여를 제공할 의무와 복지사업이나 시설운영의 금지행위까지 정할 수 있다. 따라서 권한과 의무를 정하는 근거 규칙으로 작용한다.

사회복지법은 인권보장뿐만 아니라 새로운 변화를 촉구하는 기능도 가진다. 구체적으로는 다음과 같다. 첫째, 인권보장의 기능이 있다. 사회복지법은 인간다운 생존을 보장하기 위한 인권의 최후의 보루라 할 수 있다. 따라서 개별 복지권이 침해될 경우 회복시킬 수 있는 기능을 한다. 둘째, 사회복지실천 활동의 질서를 유지하는 기능이 있다. 사회복지시설 운영자와 종사자, 사회복지사, 정부와 지방자치단체가 지켜야 할 원칙과 기준을 만들고 유지함으로써 사회복지실천 활동의 질서를 규율한다. 셋째, 조정과 분쟁을 해결하는 기능이 있다. 복지욕구의 증가에 따라 새로운 복지제도가 늘어나고 있으며 국가와 개인 간의 복지와 관련된 이익과 의무가 중복되고 충돌할 수 있다. 이익이 충돌할 때는 분쟁을 해결하는 역할을 하고 중복되는 경우에는 적극적으로 협의하고 조정하는 기능이 있다. 넷째, 새로운 제도를 형성하고 변화를 추구하는 기능이 있다. 새로운 사회적 욕구나 문제에 대응할 수 있는 법을 제정함으로써 새로운 복지제도를 구체적으로 실현한다. 또한 새로운 복지제도를 효과적으로 운용함으로써 클라이언트의 바람직한 변화를 이끄는 기능도 할 수 있다(정진경, 2016 : 38-39).

그렇지만 법적 안정성만 고수하면서 보수적인 입장만 고집한다면 복지욕구나 새로운 사회문제에 따른 변화를 주도하지 못하게 되어 법적 실효성은 낮아질 수 있다. 또한 법률 규정에만 집착하여 기계적이고 엄격한 판단만 고십한다면 사회경제적 약자의 보호 기능은 약해질 것이다. 또 사회복지법은 전문 사회복지사의 현장 판단과 응용을 통해 그 효과가 좌우되는 성격이 있으므로 복지사의 전문적 재량을 지나치게 제한하게 되면 오히려 수급자의 권리를 침해하여 사각지대가 확대될 수 있다.

그렇다면 구체적으로 사회복지사는 법적 지식과 어떻게 관련되어 있는가. 먼저 사회복지사는 법률 규정에 의해 권한과 의무를 부여받게 되므로 법을 통해 재량과 범위를 정하고 실천 지침으로 그것을 활용할 수 있다. 또 직업 특성에 맞는 내부규정과 윤리규정을 발전시켜 전문성 향상을 위한 행동지침으로 삼을 수 있다. 당사자의 소송과 복지시설의 회계부정과 학대 등에 대해 법령을 준수하는 관리를 함으로써 투명성과 전문성 향상에 기여할 수 있다. 그뿐 아니라 자원을 할당하고 수급자격을 명확히 설정함으로써 사회복지정책의 형성과 집행 과정을 더욱 효과적으로 움직이게 할 수 있다.

만일 사회복지사가 법률 지식이 없다면 어떤 일이 일어날 수 있을까. 법적 지식이 없는 사회복지사는 적절한 행동지침을 만들 수 없으므로 복지제도의 변화를 추구할 수 없을 것이다. 권리침해나 제도로부터 배제되는 대상자를 위해 함께 옹호하고 대변하는 활동도 할 수 없을 것이다. 무엇보다 실천 활동을 통해 얻은 경험을 바탕으로 더 향상된 개입방법을 반영하기 위한 근본적인 제도 개혁에 무관심한 기계적 역할에만 머물지도 모른다.

따라서 사회복지사는 사회복지 실천의 정당성을 확보하기 위하여 법적 지식이 필요하다(정진경, 2016 : 42-44). 헌법과 법률에 의해 정당성이 부여된 사회복지제도는 의무적으로 적용되므로 법에 대한 지식은 필수적이다. 사회복지조직의 책임성 강화를 위해 조직 설립과 운영 등 사회복지사업을 시행할 수 있는 권한과 의무사항은 법으로 규정된 것이다. 또 사회복지 급여와 서비스는 클라이언트의 생활영역에 개입하므로 법적으로 권한이 부여되어야 가능하다. 보호하기 위한 복지 급여뿐만 아니라 금지해야 할 행위 등에 대한 법적 규제도 필요하다. 이를 위해서도 법적 지식은 필수적이다.

사회복지사의 실천 역량 강화를 위해서도 법적 지식은 필요하다. 법률 정보 제공을 통해 복지법과 관련된 문제를 해결할 수 있다. 사회복지 급여를 제공하기 위해서는 법적 자격요건, 서비스나 급여 종류, 관련 절차나 방법 등에 관한 정보를 많이 알고 있을수록 유리하다. 클라이언트의 수급권이 침해되었을 때 권리구제 절차를 통해 이익을 회복하기 위해서는 그 절차에 관한 법적 지식을 갖추고 있어야 한다.

사회복지 법규를 만들거나 수정하는 과정에 참여하기 위해서도 법적 지식이 필요하다. 복지문제를 해결하는 과정에서 법 해석과 적용의 문제인지, 법의 부재로 인한 사각지대가 문제인지 판단하기 위해서도 법적 지식은 필요하다. 또 사법적 판단을 통해 정책이 강화되거나 변할 수도 있으므로 이에 대해서도 알고 있어야 한다.

사회복지사가 전문가와 협업을 통해 역량을 강화하기 위해서도 법적 지식은 필요하다. 아동이나 노인, 장애인 등의 학대나 성년후견 등 권리옹호가 필요한 복지업무는 변호사 등 법률 전문가와의 협업이 필요하다. 청소년 범죄자나 성폭력 당사자 등에 대한 전문가의 의견이나 증거로서 기록물을 제출하거나 보호관찰 대상자나 학대 피해자 등에 대한 직접 의견을 진술하거나 변호하는 경우 사법적 지식이 필요하다. 아동학대나 가정폭력, 성폭력 등의 예방 및 피해자 보호, 가해자 처벌 등에 관련된 법 규정과 다른 전문직의 역할 등에 대해 이해해야 한다.

사회복지사의 보호와 권리보호를 위해서도 법적 지식이 필요하다. 사회복지사의 노동조건과 처우 등 노동인권 보호, 클라이언트와의 분쟁, 재정 확보 등의 근거도 사회복지법에 있다. 사회복지사의 발전과 안전에 사회복지법은 필수적인 법적 지식이다.

3. 정의와 인권으로서의 사회복지

1) 정의와 사회복지

정의는 옳고 그름을 판별하는 기준이며 법은 정의를 구현하는 강제규범이다. 법 앞에서는 만인이 평등하므로 누구나 정의롭게 권리를 누릴 수 있어야 한다.

사회복지 대상자도 예외가 될 수 없으므로 사회복지법에서도 정의가 필요하다. 고대부터 만들어진 법과 제도는 중세까지의 신분 사회를 거치면서 소수 권력 집단의 이익을 충실하게 반영하면서 유지되어 왔다. 프랑스 대혁명 과정에서 분출된 인권선언을 통해 발현된 자유·평등·박애와 같은 법의 정신은 만인의 실질적 평등을 보장하는 강제규범의 가능성을 보여주는 것이었다.

법에 의한 정의는 만인에게 차별 없이 적용되어야 한다. 과연 법은 누구 편인가? 우생학적 관점에 따른 법적 결정으로 어린 나이에 나팔관을 절제하는 불임시술을 당한 사람이 있다고 생각해 보자. 이러한 법적 판단에 국가가 사회적 약자를 위해 치러야 할 비용부담을 낮추기 위한 동기가 숨어있다면 그것을 정의라고 할 수 있는가. 어떠한 도움도 받지 못한 채 법의 폭력에 인권을 침해당한 것이 아닌가. 인간은 태어나면서부터 누구나 자유롭고 평등한 권리를 가졌다는 사실이 인권선언의 정신이며 근대법의 원칙이다. 법은 결코 사회적 약자를 억압하는 도구가 되어서는 안 된다.

그렇다면 옳고 그름을 판별하는 정의의 기준은 어떻게 정할 수 있는가? 가장 널리 알려진 롤스의 정의론에서는 차등 원칙을 이야기한다. 예를 들어, 돌아가신 어머님이 남긴 빚 1억 원을 남은 네 명의 자녀가 어떻게 나눠야 할지 판단해 보자. 경제적 형편이 다르지만 모두 동일하게 부담하자는 형제가 있는 반면, 형편이 어려워서 똑같이 부담할 수 없다는 형제들도 있을 것이다. 만일 형제들이 각자 자신의 차이를 떠나 객관적이고 공정한 입장에서 자신이 처할 수도 있는 최악의 상황을 상정할 경우 어느 정도 공정한 기준에 대해 약간 불만이 있어도 합의할 수 있을 것이다. 모두가 자신의 이해관계만 생각하면 합의에 이르기 어렵지만, 상황을 고려하지 않고 객관적인 입장이 될 수 있다면 합의에 이를 수 있을 것이다. 이러한 과정은 중요한 사회적 자원을 배분하는 정책을 선택하는 과정에서 집단적 공론화를 거쳐 합의에 이를 수 있는 대안이 될 수 있다.

근대사회에 이르러 벤담의 최대 다수의 최대 행복이 최선의 정의로운 원칙처럼 사회적으로 승인되었다. 하지만 다수의 행복을 위해 소수가 희생해야 하는 결과를 낳을 때 그 소수는 사회경제적 약자가 될 수 있다. 삶의 출발점에서 존재하는 부의 격차, 소수자, 인종과 남녀 사이에 존재하는 불평등의 영향을 없애는 것이야말로 이 시대의 올바른 정의라 할 수 있다(이명현, 2020 : 32). 사회적 약자에게 이익이 되는 방향으로 최대한의 사회경제적 노력이 집중되고 있다면 현재 존재하는 불평등을 이유로 정의가 없다고 할 수는 없다. 대한민국은 민주공화국이며 주권자인 국민이 주인이다. 모든 국민은 법 앞에 평등하며 행복을 추구할 권리가 있다. 따라서 복지의 주요 대상자인 사회적 약자도 모두 국민이다. 가만히 있거나 잊어버리면 법은 정의의 반대편으로 돌아설 수 있다. 자칫 힘 있는 사람의 의지에 따라 고무줄 기준이 될 수 있는 것이다.

그런데 정의는 각자에게 각자의 몫을 주는 것이므로 평등의 의미가 포함되어 있다. 이를 통해 개인의 자유와 권리를 공공복리와 조화롭게 추구하며 사회질서와 안전 확보를 통해 사회정의를 실현한다. 절대적으로 변하지 않는 정의가 있다면 자연법적 세계관으로 사회복지 규범을 판단의 근거로 해야 하지만 가치관에 따라 다르게 보일 수 있을 것이다. 정의 규범은 인간의 행위에 의해 정립되고 효과적으로 인간의 행위를 규율하는 실정법이 어떻게 형성되어야 하는지를 규정한다. 이때 실정법은 정의로워서 효력을 갖는 것은 아니며 정의롭지 않더라도 법적 효력을 가질 수 있다. 법이 정의와 무관하게 작동할 수 있다는 것이다. 그렇지만 실정법과 무관하게 정의는 규범으로서 효력을 가진다. 최소한의 정의 규범에 대해 합의할 수 있는 내용은 인간의 상호관계를 조절하는 사회질서라 할 것이다. 명예나 금전, 그 밖에 시민 사이에 분배될 수 있는 것을 분배할 때 정의 규범이 효력을 발휘할 수 있다. 가해자의 이익을 삭감하여 피해자의 손해와 동등하게 만들기 위해서 정의 규범은 적용될 수 있다. 거래 관계의 공정성과 거래의 규범에 대해서도 작동할 수 있다.

간단히 정리하면 정의란 옳은 것이며 유익한 것이다. 같은 것은 같게, 다른 것을 다르게 다루는 것이다. 각자에게 똑같은 것을, 그의 공과에 따라, 그 일의 결과에 따라, 그 필요에 따라, 그의 계급 지위에 따라 배분한다. 이를 모두 종합적으로 모아서 각자에게 법이 정한 바에 따라 배분한다. 단어의 의미는 비교적 간단하지만, 여기서 어떤 것이 같고 다른지를 구분하는 기준을 정하는 것은 그렇게 간단하지 않다. 예를 들어, 소를 키우는 삼 형제가 있다. 이 중 셋째 동생이 나머지 두 형제에게 소를 나눠 받아 열심히 키워 마릿수를 늘렸는데, 어느 날 갑 자기 사망하고 말았다. 남은 소를 두 형제가 배분해야 한다면 어떤 기준으로 나눠야 할까? 동일하게 마릿수를 무조건 나눌 수도 있지만, 처음 소를 나눠줬던 비율로 남은 소를 나눌 수도 있다. 나눌 수 있는 조건의 조합에 따라 훨씬 많은 배분의 기준이 발생할 것이다.

요건을 충족하기 위해서 남아있는 재산까지 모두 소진한 후 마지막까지 가난하다는 것을 증명해야만 복지 급여를 수급할 수 있다면 현대 복지법 관점에서 정의로운 배분 기준이라 할 수 있는가? 모두에게 평등한 배분 기준을 정하기는 매우 어렵다. 권리와 의무를 배분하고 사회로부터 생긴 이익의 분배를 정의롭게 할 수 있는가? 그 누구도 타고난 운이나 사회적 여건의 우연성으로 인해 불리하거나 유리해진다면 정의로운 결과라 할 수 없다. 사회적 약자에게 불평등을 보상할 수 있을 정도의 이득을 제공할 수 있는 사회적 노력이 지속적으로 진행된다면 현실의 불평등은 완화되면서 사회적 정의는 한층 높아질 것이다. 과도한 격차와 경쟁에 내몰린 사회를 배경으로 평등과 연대를 촉구하는 법규와 정책을 포기할 경우 사회복지는 제대로 실현될 수 없을 것이다. 따라서 국가적으로 공동의 복지를 강제할 수 있는 기반이 필요하며 그 구체적 · 법적 장치로서 사회복지법이 구현되는 것이다.

2) 인권과 사회복지

인권은 오늘날 민주주의 국가의 헌법 속에 기본적 인권으로 포함되어 있다. 인권은 헌법 및 법률에서 보장하거나 대한민국이 가입 · 비준한 국제인권 규약 및 국제 관습법에서 인정하는 인간으로서의 존엄성과 가치 및 자유와 권리를 말한다(국가인권위원회법 제2조 제1호). 그렇지만 인권은 국가에 의해서 부여되는 것이 아니며 국가가 보증해야 하는 권리다. 기본적 인권은 인권사상에 기반을 두고 헌법을 바탕으로 인권을 실현하려 한다. 사회복지 개별 법률에 포함되는 권리는 입법자의 입법 형성권이 행사되므로 일방적으로 폐지하거나 변경할 수 있다. 따라서 헌법상의 기본권은 아니라고 할 것이다. 기본적 인권은 인종이나 성별, 신앙, 사회적 신분 등에 구애받지 아니하고 인간이 보편적으로 누리는 권리다. 영원히 보장되고 박탈할 수 없는 권리이므로 자신의 이익을 위하여 국가에 대한 부작위나 작위를 요구할 수 있는 권리, 즉 공권력에 대항하여 주관적으로 요구할 수 있는 권리다.

우리나라 헌법은 이전부터 존재하던 기본권을 확인하고 선언한 것이므로 헌법 이전에 기본권이 존재한다. 천부인권의 권리를 확인하고 선언한 것일 뿐이다. 따라서 개인의 기본적 욕구와 복지를 확보하기 위해 국가권력에 항의하는 성격을 가진다. 국민의 자유와 권리는 헌법에 규정되어 있지 않다는 이유로 무시할 수 없다. 이는 기본권의 우선성을 의미하는 것이며 국가는 인간의 존엄과 가치, 행복추구권을 보장해야 할 의무가 있다. 인간 존엄을 위한 권리는 명확한 문장으로 규정되어 있지 않더라도 보장되는 것이다.

특히 자기결정권은 신체처분에 대한 결정(낙태, 장기기증, 연명치료 중단 등), 인생 설계의 결정(결혼, 이혼, 출산, 피임 여부 등의 결정), 성적인 결정, 생활 스타일의 결정(복장, 두발, 음주 등 생활습관과 방식, 취미 등), 자기정보 통제에 대한 결정(정보공개, 정보청구, 정보삭제 등 개인정보 제공과 이용에 대한 결정), 소비자의 상품에 대한 결정(상품이나 서비스 이용계약)이다. 복지 분야는 급여나 서비스가 직접 제공되고 그것을 주체적으로 이용하여 인간다운 생활을 위한 자립 지원의 방향으로 실천 활동이 전개된다. 따라서 재가복지 서비스 이용계약이나 사회서비스 이용신청 등 당사자의 자기결정권 보장은 더욱 철저히 준수되어야 한다.

이와 관련된 사례를 살펴보자. 뇌성 소아마비로 인한 후유증 때문에 24시간 돌봄이 필요한 장애인 남성이 시설에서 생활하고 싶지 않다는 열망을 실천하려 한다. 그는 시설에서 나와 복지 급여를 수급하며 자립생활을 시작한다. 이 남성은 이후 어머니가 사망하면서 생전에 가입했던 보험료를 연금으로 월 20만 원 받을 수 있게 된다. 그런데 해당 연금이 남성의 수입으로 인정되어 급여에서 그 액수만큼 삭감하고 지급되었다. 이에 이 남성은 행정처분에 불복하여 제소하였고 법원은 연금액이 돌봄 비용을 보충하고 당사자의 자립 생활에 필요한 금액이라 판단하였다. 다시 말하면 사망한 어머니의 보험을 수입으로 인정할 경우 당사자의 지역 생활이 더욱 어려워져 자립생활에 대한 자기결정의 발목을 잡는 결과를 낳을 것이라는 점이다. 시설이 아니라 지역사회에서 생활하고 싶다는 생활

방식의 선택은 존중되어야 한다. 인권의 시각에서 볼 때 자기결정을 제약하는 복지제도는 부정적으로 평가하고 자기결정은 법적으로 보호해야 할 이익으로 존중해야 한다. 본인에게 무엇이 최선의 이익인지를 판단할 때 안전과 전문적 서비스 제공을 위해서는 시설 생활이 더욱 유리하다고 판단할 수 있다. 현실적으로 지역사회 생활이 가능한 복지 및 관련 지원체계가 충분하지 아니한 경우라면 시설이 더 편한 선택이 될 수 있다. 하지만 인권적 평가는 여기에서 더 나아가야 할 것이다. 클라이언트 자신이 이용하고 선택할 수 있는 복지인가를 판단해야 할 것이다. 안전하게 보호하는 것이 복지의 성과는 될 수 있겠지만, 본인의 결정에 따라 선택할 수 있는 생활양식을 지원하는 서비스 공급체계가 갖추어져 있는지도 중요하다. 복지 법제가 특정한 생활방식을 강제하는 것이라면, 복지의 자유는 없다. 복지의 성과가 복지의 자유를 과도하게 지배해서는 안 된다.

〈표 1-1〉 인간이 보편적으로 누려야 할 권리

시민적 · 정치적 권리	경제적 · 사회적 · 문화적 권리
1. 평등권	1. 적절한 생활수준을 누릴 권리
2. 생명권	2. 사회보장에 대한 권리
3. 노예제도와 강제노동 금지	3. 일할 권리
4. 고문금지	4. 정당한 노동조건에 관한 권리(건강과 안전, 휴식, 공정한 보수에 대한 권리)
5. 법 앞에 한 인격으로 인정받을 권리	5. 노동조합을 결성하고 가입할 자유
6. 법 앞의 평등	6. 교육과 훈련에 대한 권리
7. 공정한 재판을 받을 권리	7. 문화생활에 참여할 권리
8. 신체의 자유와 안전의 권리	8. 정보에 대한 권리
9. 사생활 보호권	9. 발전에 대한 권리
10. 이주의 자유와 망명할 권리	10. 균형 잡힌 환경에 대한 권리
11. 국적에 대한 권리	11. 인류 공동유산을 포함하는 자연 및 문화유산에 대한 권리와 접근의 자유
12. 결혼할 권리와 가족을 이룰 권리	
13. 재산을 소유할 권리	
14. 사상, 양심, 종교의 자유	
15. 의견과 표현의 자유	
16. 집회와 결사의 자유	
17. 공무에 참여할 자유	

출처 : 국가인권회(2002). 인권감수성 지표개발 연구 부록.

3) 인권의 다양성과 사회복지

인권이 변하지 않는 가치라면 신에 의해 만들어진 질서처럼 결코 변할 수가 없다. 만일 자연적인 질서가 인권이라면 태어날 때부터 계급이 정해진 신분 사회도 인권적 질서가 자리 잡은 사회다. 이런 사회는 강한 사람만 복지를 누릴 권리가 있으며 정해진 신분 질서는 결코 인권에 위배되지 않는다. 절대적인 진리를 소유하고 있다고 믿는 사람은 개인의 자유와 주관적 도덕성을 당당히 무시할 수 있게 되는 것이다. 이러한 논리는 역사적으로 사회적 소수자와 같이 약자를 탄압하는 데 악용될 수 있다. 다양성과 차이를 인식하지 못하는 기계적인 인권관은 권리로서의 복지를 인정하지 않고 강한 자의 은혜라 해석하여 엄격하고 차별적인 복지를 적용하는 근거가 된다.

이미 존재하는 사회가 잘못된 법과 제도를 펼치고 있다면, 형식적인 인권이 아니라 삶의 현장에서 실재하는 인권문제를 통해 복지대책의 방향을 잡아야 할 것이다. 인권의 다양성을 통해 인권문제를 판단하는 것이다. 이러한 경우에 인권은 고귀한 소수만이 누리는 이익이 아니다. 만인에게 존재하며 힘없이 순응하던 약자는 스스로 옹호하기 위해 삶의 투쟁에 나설 수 있게 된다. 인간은 자기보존의 욕구뿐만 아니라 동료 인간까지 배려하는 성향이 있으므로 평화롭고 안전한 질서공동체를 형성하려는 성향을 가지고 있다. 따라서 현실에서 기존 질서와의 투쟁을 통해 약자는 강자의 승인을 끌어 내면서 공동체의 실질적 자유와 평등이 보장되는 사회를 실현할 수 있는 것이다.

따라서 인권은 공통적인 이익에도 해당한다. 즉, 침해되면 모두가 정의감의 상실을 느끼므로 모든 사람이 인권침해라고 인정할 수 있는 보편적 요건을 만드는 것이 중요하다. 사회조건이나 경제적 차이에 관계 없이 보편적으로 누려야 할 이익이 무엇인가. 보편적으로 승인할 수 있는 인권 기준이라면, 사회적으로 명백해 보이는 인권침해를 무시하지 않을 것이다. 그러한 기준이 불명확한 경우에 역사적으로 인권을 무시당했던 사람은 규범이 훼손되는 것을 체험하고 삶과 죽음이 걸린 투쟁에 나설 수밖에 없었다. 인권을 보호하기 위한 투쟁은 저항권이며 추상적인 법에 오히려 생명과 힘을 돌려주는 수단인 것이다(루돌프 폰 예링, 심재우 역, 2018).

현대 사회의 인권은 다양해지고 기능적 분화까지 이루어져 공통적인 것보다 서로 다른 차이를 승인하는 것도 중요하다. 이제는 공통적인 이익보다 차이에 바탕을 둔 인권이 부상하고 있다. 예를 들어, 장애인복지는 인간으로서 당연히 누려야 할 권리를 인정받지 못한 이익을 보호하는 차원뿐만 아니라 정체성에 기초를 두고 전개된다. 장애인의 정체성은 문화적 맥락 속에서 서로 간에 승인되는 성격이 강하다. 정체성에 기반을 둔 투쟁을 통해 인권을 재구성하려는 시도는 인권의 역동적인 성격을 잘 보여준다. 예를 들어, 성소수자 운동은 사회적으로 완전히 승인되지 않은 인권의 상호승인의 진행 과정이다. 타인과의 차이를 배제할 것이 아니라 적극적으로 포용하면서 서로 인정하려는 인권투쟁이라 할 수 있다.

클라이언트는 사회조건에 제약받고 있고 지배적 가치에 영향을 받을 수밖에 없다. 사회의 가치를 비판 없이 따라갈 때 사회적 약자나 복지수급자의 인권을 인지하지 못할 수 있다. 사회 전체적으로 급속한 변화가 일어나는 시대에 모두가 약자 입장이 될 수 있다. 복지 관점에서 오늘날 클라이언트는 약자이며 보호받는 존재가 아니라 서로 다른 정체성을 가진 공존의 대상자다. 정체성은 자신이 정하기보다는 사회적으로 형성되므로 클라이언트도 정체성에 대한 인정이 중요하다. 따라서 인권 중심의 복지란 기득권으로부터 배제된 사람의 지위를 회복시켜 지역적·특수한 것에 대한 존중을 인정받기 위한 운동으로 연결될 수 있다. 예를 들어, 시각장애인의 안마사 자격 독점은 저항하는 정체성의 성과를 잘 보여준다. 시각장애인에게 안마사 자격을 독점적으로 부여하는 것은 그들에게 삶의 보람을 얻게 하고 인간다운 생활을 할 권리를 실현시키려는 입법목적 때문이다(헌재 2008. 10. 30). 시각장애인은 다른 직종에 비해 공간이동과 기동성을 거의 요구하지 않을 뿐만 아니라 촉각이 발달한 시각장애인이 영위하기에 수월한 안마업의 특성에 비추어 안마업을 독점시킴으로써 생계를 지원하고 직업 활동에 참여할 수 있는 기회를 제공하는 데 적절한 수단이라 인정한 것이다. 시각장애인에 대한 복지정책이 미흡한 현실에서 안마사가 시각장애인이 선택할 수 있는 거의 유일한 직업이며, 비시각장애인에 허용할 경우, 시각장애인의 생계를 보장할 다른 대안이 충분하지 않다는 점을 고려할 때 차이의 정체성을 인정하고 합리적 차별조치를 승인한 것이라 할 수 있다.

인간다운 최저생활의 보장은 인권을 바탕으로 하지만, 정체성에 바탕을 둔 구체적인 지원은 복지가 담당해야 한다. 복지의 실천은 다양한 제도와 기술에 기반한 문제 해결이 중요하지만, 인권을 기반으로 구체적으로 실천되어야 한다.

더 읽어보기

사례 1 : "시각장애인만 안마사 자격" 5번째 합헌 결정, 헌재의 이유

안마사 자격을 시각장애인으로 제한하는 현행법이 비시각장애인의 직업선택의 자유를 침해한다며 제기된 헌법소원심판이 기각됐다. 지난 2008년부터 헌법재판소가 같은 조항에 대해 내린 다섯 번째 합헌 결정이다.

(중앙일보 2021년 12월 30일자)

사례 2 : 사각지대에 놓인 미등록 이주 가정 아이들

우리 사회의 인구 감소 문제를 해결하기 위해 외국인 노동자와 유학생 유치가 대안으로 떠오르고 있습니다. 하지만 정작 한국에서 태어나 자라면서 한국인의 정체성을 가진 미등록 이주 가정의 아이들은 기본권 보장도 받지 못하고 추방될 위기에 놓여 있는데요. KBS가 미등록 이주 아동, 청소년의 체류 상태를 살펴보는 특별기회를 마련했습니다. (이하 생략)

(강원 KBS 2023년 8월 21일자)

CHAPTER 02

사회복지법의 배경과 원리

CHAPTER 02

사회복지법의 배경과 원리

1. 배 경

사회복지는 개인뿐만 아니라 가족과 집단, 지역사회에 걸쳐 충족되지 않은 욕구와 사회문제를 해결함으로써 구성원을 비롯한 사회 전체의 기능 향상과 삶의 질을 개선하기 위한 전문적인 노력이라 할 수 있다. 전통 농경사회에서 개인의 기본적 욕구를 충족하고 문제를 해결하는 주체는 개인과 가족 공동체였다. 사적 지원체계가 붕괴된 사회적 도움이 필요한 사람을 돕기 위한 민간의 비공식 활동은 자선조직협회와 인보관 활동에 의해 이루어졌다.

사회복지법은 이와 같은 맥락에서 산업화와 자본주의의 발달을 비롯한 정치·경제·사회 체제의 변동에 따라 발생한 사회문제를 해결하기 위한 복지제도와 함께 발전해 왔다. 법의 등장을 사회적 욕구에 대한 법률적 대응이라 한다면 복지법의 등장은 사회문제에 대한 제도적 대응이라 할 수 있다. 사회복지법이 등장한 역사적 배경은 다음과 같이 요약할 수 있다.

첫 번째는 자본주의 전개와 사회문제의 심각화다. 전통적 농경사회로부터 산업혁명에 의한 공업사회로 전환하는 과정에서 질병, 노령, 장애, 빈곤, 실업 등의 대량 사회문제가 발생했고, 그 원인에 대해서 사회조사를 근거로 이 이상 개인의 탓으로만 설명할 수 없게 되었다. 주거 및 위생문제, 산업재해, 기업도산 등과 같은 재해나 질병, 실업 등을 다하는 과정은 자본주의화에 따른 구조적 문제라는 점이 널리 인식되게 되었다. 산업화로 인한 가족구조 변화도 주요 원인이었다. 이제 가족은 경제 공동체로서 기능이나 아동, 노인, 장애인 등 부양 담당자로서의 기능을 충실히 할 수 없게 되었다. 산업화의 진전에 따른 급격한 자본주의 경제의 발전은 경제성장을 가져왔으나 노동과 자본 등의 계급 갈등, 빈부격차의 심화, 고령화에 따른 부양문제 등 심각한 사회문제를 낳게 되었다. 사회문제의 확산은 사회불안을 확대할 뿐 아니라 국가발전을 저해하는 위험요소다. 따라서 국가의 가장 큰 책임은 급여를 제공하거나 규제를 가하는 등 사회정책적 수단을 통하여 해결하는 것이다. 이러한 정부의 기능을 수행하기 위해 구빈법과 같은 처벌과 단속 위주의 법제도 대응해 왔으나 인권의식의 확산과 함께 권리로서의 복지법으로 개혁되었다.

두 번째는 시민법에서 사회법으로의 전환이다. 법은 국가와 개인 사이의 관계를 규율하며 개인 간의 관계까지 규율한다. 산업화와 자본주의 발전에 따른 사회문제 해결을 위해서만 사회복지법이 등장하지는 않았다. 해당 사회의 행동 방향을 규율하는 법 원리가 등장하여 당사자 사이의 관계를 규율하는 것뿐 아니라 국가 책임으로 복지를 추진하는 규범으로 작동하였다. 자본주의 전개 과정의 주요 원리가 시민법 원리라면 복지국가 전개 과정은 시민법 원리가 사회법 원리로 전환된 것이었다. 19세기 초 봉건사회가 붕괴되고 산업화가 진행되는 과정에서 초기 자본주의는 부르주아 시민계급에 의해 형성되었다. 여기서 기본 사상은 자유와 평등이었고, 이때 자유는 신분 사회로부터, 각종 억압으로부터의 자유를 의미하며 평등은 법 앞에서의 만인의 평등한 자유를 의미하는 것이다. 로크의 자연법 사상은 이를 잘 대변하고 있다. 즉, 인간은 자신의 생명에 대한 권리인 천부인권을 갖고 있다. 자신의 노동으로 만들어낸 산물에 대한 사유재산의 불가침 권리를 가진다. 또 권리 의무의 근거는 당사자 간의 자유의사에 근거한 합의로서 등가교환의 원칙이며 이것이 정의라는 것이다. 이러한 이념을 사상적 배경으로 시민법은 교양과 재산을 가진 부르주아 계급의 성인 남성을 대표로 삼아 추상적 평균인으로서 자유롭게 권리를 행사할 수 있는 능력 있는 인간을 상정하고 있었다.

2. 원 리

시민법 원리는 세 가지 원칙으로 이루어져 있다.

첫째, 소유권 절대의 원칙이다. 사유재산 불가침으로서 각 개인의 사유재산을 절대적으로 인정하고 소유권의 행사와 처분을 소유자 개인에게 맡기며 국가와 다른 개인은 이에 간섭하거나 제한을 가할 수 없다는 것이다.

둘째, 계약자유의 원칙이다. 법적으로 평등한 시민들은 서로 자유로운 의사를 가지고 권리와 의무 관계에 대해 당사자와 합의하여 동등한 입장에서 교환거래를 하는 것이다.

셋째, 과실책임의 원칙이다. 고의 또는 과실에 의해 타인에게 손해를 끼치는 경우, 그것은 개인의 책임이며 피해당사자가 과실이나 고의로 인해 손해를 입거나 장애를 당했다는 것을 인정받기 위해서는 피해당사자 본인이 입증해야 한다.

그러나 시민법 원리로 인해 국가는 자유로운 경제활동에 대해 개입할 수 없었고 빈부 격차나 독과점 횡포, 불공평한 노동계약, 산업재해 방치 등의 한계를 드러내고 말았다. 자본주의 사회의 발전을 위해 개인의 자유와 이익을 옹호했던 시민법 원리는 사회 공동체의 실질적인 자유와 평등을 지도할 수 있는 원리가 될 수는 없었다. 이에 대한 반응으로 시민법 원리는 사회법 원리로 수정이 될 수밖에 없었다.

사회법 원리는 다음과 같은 세 가지로 이루어져 있다.

첫째, 소유권의 사회성 원리다. 사유재산을 소유하고 행사하는 데 있어 국가적 차원에서 필요한 범위 내에서 일정한 제한과 구속을 가할 수 있게 되었다. 사유재산의 원천에는 역사적으로 인류가 공동으로 기여하여 만들어진 공동의 부가 포함되어 있다. 만일 순수하게 개인의 노력으로만 성취한 부가 있다면 배타적 소유는 인정된다. 행운에 의해 막대한 부를 누리고 불로소득을 통해 부를 독점하는 경우, 그 누구도 소유권의 절대성을 인정하기는 어렵다. 소유권은 신성불가침이 아니라 조건부로 승인되었다. 그것은 무제한으로 인정되는 것이 아니라 사회적으로 행사될 것을 기대하여 개인에게 위탁된 권리다. 자본주의 사회에서 소유 자체를 제한하기보다는 소유권의 내용, 즉 사용하거나 수익을 내거나 처분할 수 있는 권능을 제한하는 것이다. 사회성이 승인됨으로써 누진세를 부과하거나 대기업의 독과점을 금지하는 경제법이 등장하였고, 강제적인 사회보험제도를 도입하여 개인의 소득이나 재산에 대한 보험료 부과가 가능해졌다. 우리나라 제헌 헌법은 농지는 농민에게 분배하며(제86조), 지하자원, 수산자원 등 국유화(제85조), 운수와 통신, 금융 산업 국영(제87조) 등 소유권의 사회화에 대한 규정을 마련하였다. 오늘날의 헌법은 소작농을 금지하고 국민의 재산권을 보장하면서도 그 행사를 공공복리에 부합하도록 제한하고 있다.

둘째, 계약의 공정성 원리다. 계약자유라는 이유로 부정의와 불평등이 정당화될 수 있다. 상대적으로 불평등한 위치에 있는 노동자가 고용주와 대등하게 계약을 맺기 위해서 집단적으로 계약의 주체가 될 수 있다. 노동조합을 만들고 단체교섭과 단체행동을 할 수 있는 노동법이 등장하였다. 과연 노동자의 파업이 계약자유에 위배되는 업무방해라고 할 수 있는가? 파업은 업무방해죄 구성 요건에 해당되므로 정당성이 인정되는 경우에만 예외적으로 인정해야 하는가? 파업이 언제나 업무방해죄에 해당하지는 않는다. 전후 사정과 경위 등에 비추어 사용자가 예측할 수 없는 시기에 전격적으로 이루어져 사업 운영에 큰 혼란이나 손해를 가져왔다면, 집단적으로 노무를 제공하지 않는 파업은 업무방해죄가 될 수 있다(김환준, 2018 : 8). 하지만 헌법이 보장한 단체행동권은 근로자가 자신의 주장을 관철하기 위해 업무의 정상적인 운영을 저해하는 행위를 할 수 있는 권리로서 쟁의행위의 핵심이며 고용주의 업무에 지장을 초래하는 것을 당연한 전제로 하므로 원칙적으로 불법으로 볼 수 없다(헌법재판소 2009헌바168).

이 외에도 노동법상 근로기준법을 위반하는 행위는 무효가 된다. 즉, 근로기준법에서 정하는 근로기준에 미치지 못하는 근로계약은 그 부분에 한하여 무효로 한다(제15조). 경제법도 독점규제 및 공정거래에 관한 법률, 소비자기본법과 같이 공정계약 보장을 위한 법률이 마련되어 있다. 사법의 영역에서도 계약공정성과 관련하여 법률행위의 무효나 취소가 가능하다. 민법은 선량한 풍속이나 사회질서에 위반한 사항을 내용으로 하는 반사회 질서의 법률행위를 무효로 하고 있다(제103조). 또한 당사자의 궁박이나 경솔 또는 무경험으로 인하여 현저하게 공정을 잃은 불공정한 법률행위도 무효로 한다(제104조). 착오로 인한 의사표시(제109조), 사기나 강박에 의한 의사표시(제110조)도 취소할 수 있도록 하고 있다.

셋째, 무과실 책임의 원리다. 산업현장에서 과실로 발생한 재해나 실업에 대하여 집합적 책임주의를 인정한다. 실제 산업재해가 발생하면 사용자의 불법행위 책임을 노동자가 입증하기 어렵다. 따라서 과실책임 원리만 고수하게 되면 산재 노동자에게 많은 피해가 발생할 수밖에 없다. 이처럼 질병을 개인의 실수나 부주의가 아닌 집합적으로 보호해야 할 산업재해로 인식하여 산업재해보상법이 등장하게 되었다. 마찬가지로 실업 발생도 개인의 책임이 아닌 사회적 책임으로 인식되어 실업보험이 등장하였다. 모든 국민에게 납세의무가 부과되었으며 개인의 재산권을 공공의 복리 향상을 위해 일정 부분 제한할 수 있게 되었다. 이는 사회적 위험에 대한 사회적 공동책임의 확립을 의미한다.

종합적으로 정리하면 시민법과 사회법의 차이를 다음과 같이 정리할 수 있다. 이념과 사상적 측면에서 시민법은 개인주의와 자유방임주의를 지향한다. 반면 사회법은 집단주의와 사회민주주의를 표방한다. 경제적 체제 측면에서 시민법은 자본주의 초기에 해당한다. 하지만 사회법은 독점자본주의 및 수정자본주의 시기에 해당한다. 국가의 역할과 관련하여 시민법은 시민사회의 질서유지와 권리의 다툼, 질서문란에 사후적으로 대응함으로써 경제생활에 대한 간섭이나 통제를 최소한으로 한다. 반면 사회법은 경제의 민주적 발전을 위해 사전적인 개입과 규제를 통해 조정하려 한다. 인간관과 관련하여 시민법은 평등하고 추상적인 인간을 전제로 한다. 하지만 사회법은 현실의 불평등한 인간을 전제로 한다. 법의 대표적 유형으로 시민법은 민법과 상법과 같은 법으로 등장하지만, 사회법은 노동법, 경제법, 사회보장법 등으로 출현한다. 한마디로 시민법은 자유권을, 사회법은 생존권을 강조한다.

CHAPTER 03

사회복지법의 체계와 개념

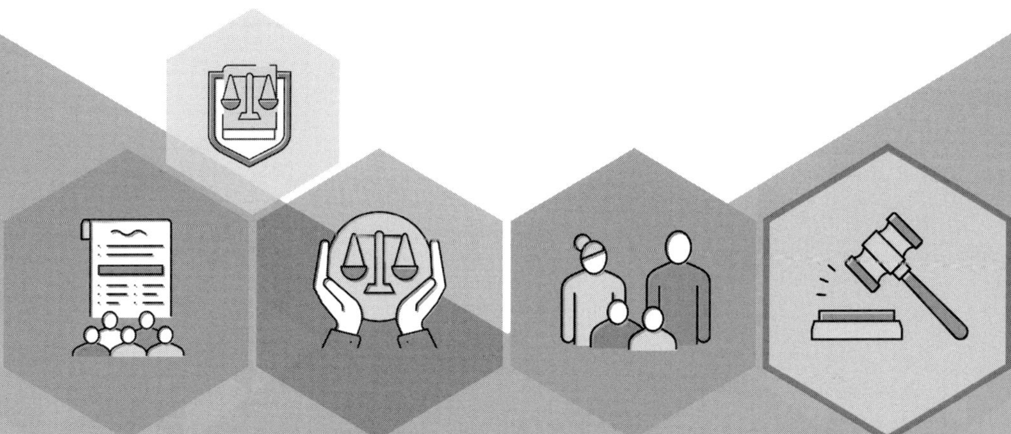

CHAPTER 03

사회복지법의 체계와 개념

1. 사회복지법의 체계

사회복지법의 체계는 수직적 · 수평적 체계로 이해할 수 있다. 먼저 헌법을 정점으로 상위법과 하위법의 관계를 구성하는 수직적 지위에 따라 사회복지법 체계를 구분할 수 있다. 이 법의 체계는 헌법이 최고의 상위법, 다음으로 법률-명령(시행령과 시행규칙)-조례-규칙 등으로 구성된다. 이는 법원(法源, source of laws)의 구성과 유사하다.

헌법은 법의 위계상 최상위에 위치한 법으로 우리나라의 통치구조 및 운영에 관한 내용을 규정한다. 개별 법률은 헌법을 토대로 제정되며 각 개별 법률을 근거로 명령이 만들어진다. 명령은 시행령과 시행규칙으로 구분된다. 대통령이 제정하는 규정은 시행령이라 하며 이를 대통령령이라고 한다. 시행규칙은 각 부의 장관이 제정하며 부령이라고도 한다. 지방자치단체는 헌법과 법률, 명령을 토대로 조례와 규칙을 제정할 수 있다. 조례는 지방자치단체의 의회에서 만드는 규정이고 규칙은 지방자치단체의 장이 제정하는 규정이다. 따라서 사회복지법도 이러한 법의 수직적 체계에 따라 헌법을 토대로 법률, 명령, 조례, 규칙이 만들어진다.

사회복지법의 수평적 체계는 위계적 분류 대신에 동일한 위치를 가지는 법률을 구조화하고 이를 어떻게 이해할지에 대해 설명하는 방식이다. 사회복지법을 구성하는 다양한 법들은 효력상에 차이가 없지만, 법의 적용과 관련하여 순서를 정해야 할 필요가 있으며 이를 해결하기 위해서는 법의 수평적 위치에 관한 체계를 이해해야 한다(사회복지법제학회, 2008 : 161). 헌법을 제외한 법령과 자치법규는 다양한 명칭으로 제정되어 있으며, 수평적인 위치에 있는 법령 간에 충돌이 일어날 경우 어느 것을 먼저 적용해야 하는지의 문제가 발생할 수 있다. 원칙적으로 수직적 위계가 없는 수평적인 규정은 동일한 효력을 가진다. 예를 들어, 국민연금법과 고용보험법은 수직적 상하 관계가 아닌 수평적인 관계이므로 적용상의 우선순위는 없다(사회복지법제학회, 2018 : 166). 충돌이 발생하면 어느 하나의 법을 개정하거나 관계 법령의 조문 해석에 따라 적용순서를 정하여 해결할 수밖에 없다.

대표적인 원칙을 살펴보면 다음과 같다. 첫째, 특별법 우선의 원칙이다. 특별법은 포괄적인 내용을 규정하는 일반법과 대비되는 성격의 법이며 보다 구체적인 대상과 내용으로 구성된다. 일반법은 법의 효력이 특별한 제한 없이 일반적으로 적용되는 법이다. 특별법은 일정한 장소 · 사항 · 사람에게만 제한적으로 적용되는 법이다. 일반법과 특별법을 구분하는 이유는 법의 적용에서 동일한 사항이 모두 있으면 특별법이 일반법에 우선하여 적용되기 때문이다. 예를 들어, 국민기초생활 보장법과 긴급복지지원법의 경우, 생활이 어려운 국민 일반에게 적용되는 전자는 일반법이며, 신속한 개입이 필요한 특정 국민을 위한 후자는 특별법이라 할 수 있다. 하지만 일반법과 특별법을 구분하는 기준은 상대적인 문제이므로 특정한 법률이 다른 법과의 관계에서 일반법이 되기도 하고 특별법이 되기도 한다. 실제 법령에서는 '다른 법률과의 관계'라는 이름으로 조문을 구성하고, 여기에서 명시적으로 관계되는 다른 법령과의 관계를 일반법과 특별법으로 정하는 경우가 있다. 또 개별 법령에서 다른 법령과 동일하거나 유사한 내용을 규율하는 경우 다른 법령을 우선 적용하도록 규정하여 특별법의 지위를 부여한다(사회복지법제학회, 2018 : 167). 예를 들어, 국민기초생활 보장법은 급여의 기본원칙의 하나로서 부양의무자의 부양과 다른 법령에 따른 보호는 기초법에 따른 급여보다 우선하여 행하여지도록 정하고 있다(법 제3조 제2항). 둘째, 신법우선의 원칙이다. 시간적으로 최근에 제정된 신법과 그 이전에 제정된 구법으로 체계를 구분할 수도 있다. 원칙적으로 구법은 신법에 의해 폐지된다. 같은 법령이 아닌 경우 법령 내용이 상호 모순되고 저촉되는 경우에는 시간적으로 나중에 제정된 법이 먼저 제정된 것보다 우선하여 효력을 가진다.

결론적으로 우리나라 사회복지법 체계에 따른 구조를 정리하면 다음과 같다. 먼저 법의 분류상으로 실정법이며 국내법과 국제법 구조를 가지고 있다. 수직적 체계로 헌법－사회법－조례와 규칙으로 위계를 이룬다. 개별 법률은 사회보장기본법이 사회보장제도로서의 복지제도의 일반적 사항을 규정하고 「사회보장급여의 이용 · 제공 및 수급권자 발굴에 관한 법률」(약칭 사회보장급여법)에서 급여와 수급권자에 관한 포괄적이고 절차적 사항을 규정한다. 양 법의 내용에 맞추어 사회보험법, 공공부조법, 사회서비스법으로 구조화되어 있다. 단, 사회서비스 중 사회복지법인과 사회복지시설, 사회복지사 등 사회복지사업과 관련된 내용은 사회복지사업법으로 규율하고 있다. 이 외에 주거 · 교육 · 가정 · 재활 · 보건 등 관련법이 복지 관련법에 포함될 수 있다(이명현, 2020 : 57).

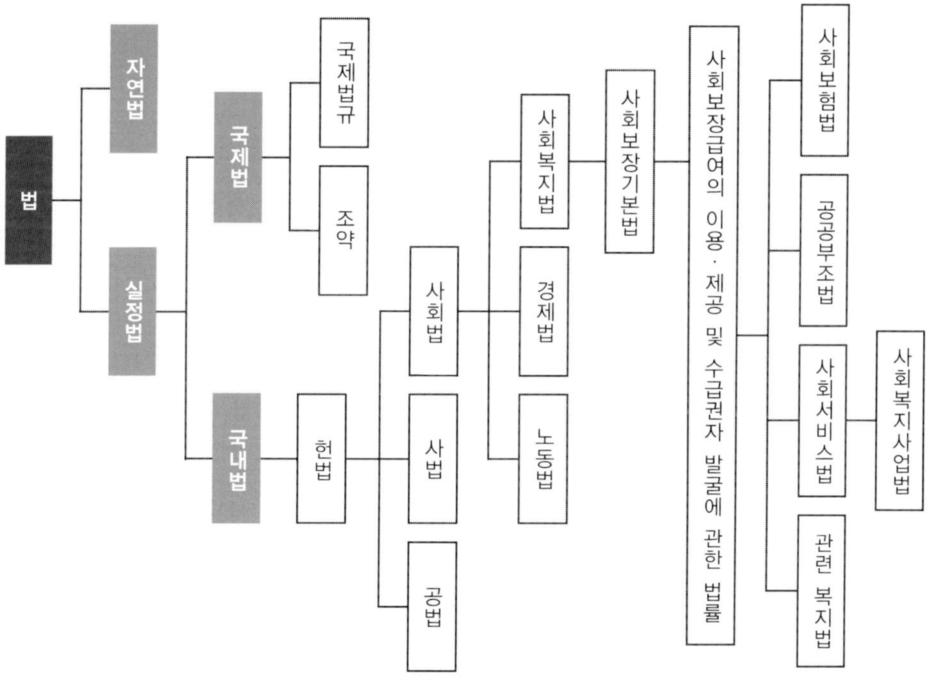

|그림 3-1| 사회복지법의 체계와 구조

2. 사회복지법의 개념

사회복지법은 사회문제나 욕구의 변화가 크고 범위가 넓어서 하나의 정의를 만들기가 어렵고 체계도 확실하지 않다. 우리 헌법 제34조에는 '국가의 사회보장 · 사회복지 증진 의무' 규정을 두고 있으므로 두 용어가 병렬적으로 사용되고 있다. 여기에서도 사회보장법이냐 사회복지법이냐 하는 용어 사용 문제가 존재한다. 사회보장과 사회복지를 상호 관련되었으나 별개의 개념으로 보는 관점도 존재하며, 사회보장을 상위개념으로 보고 사회복지는 하위개념으로 하거나 반대로 사회복지가 전체를 포괄하는 상위개념이며 그 내부에 사회보장이 존재하는 것으로 보는 접근도 있다. 사회보장과 사회복지를 동일하게 볼 수도 있다. 사회복지법의 역사적 전개과정을 고려하면 사회보장법을 포괄적인 상위개념으로 보고 취약한 집단을 보호하는 좁은 개념의 사회복지를 포함하는 개념으로 정리할 수 있다. 하지만 오늘날 사회복지의 다양한 영역 확장에 초점을 두면 사회복지법이 소득보장 중심의 사회보장을 포괄하는 개념이 될 수도 있다. 이러한 논의를 종합하면 사회복지법의 특성상 법 체계 내에서 고정적인 지위를 확보하고 있다고 보기는 어렵다. 실정법상으로는 사회보장기본법에서 사회보장을 사회보험, 공공부조, 사회서비스의 범위로 정하고 있으므로, 사회보장법의 전통 속에서 사회복지법은 하위의 개념이라 할 수 있다. 하지만 사회복지의 개념을 폭넓게 설정하면 우리나라 사회보장의 세 가지 범위를 사회복지법에 포함하여 개념화할 수 있을 것이다. 즉, 사회복지의 개념 범위에 따라 사회복지법의 범주가 사회보장보다 더 넓어질 수 있는 것이다. 만일 사회입법에 관련된 모든 법 규범을 하나로 모아 사회법전을 만든다면 사회복지법의 개념이 명확해질 수 있겠지만, 우리나라와 같은 개별법 체계 속에서 사회복지법의 개념을 획일적으로 정하기는 쉽지 않다. 사회복지의 개입 대상이 급속히 확대되는 현재의 동향을 고려하면 실질적으로 복지향상의 목적과 기능에 부합하는 모든 법을 사회복지법으로 개념화하여 이해하는 실용적 관점이 필요하다.

조금 더 나아가 사회보장법과 사회복지법의 범위에 대한 논의를 살펴보자. 이 논의 역시 사회보장과 사회복지의 개념에서 출발할 수밖에 없다.

첫 번째는 사회복지 개념을 바탕으로 사회복지법의 범위를 넓은 의미와 좁은 의미로 구분하여 사회복지법을 구분하는 것이다. 두 번째는 실정법 차원에서 사회보장기본법 범위 내에 포함되는 영역으로 구분하는 것이다. 학술적 관점에서 출발할 경우, 넓은 의미의 사회복지 개념에 의해 사회복지법은 사회법 범주까지 확장될 수 있다. 반면 좁은 의미의 사회복지법은 공공부조와 사회복지사업법에서 규정한 개별적인 복지법에 한정되어 범위가 축소된다. 사회적 취약계층의 보호를 위한 목적이 큰 것이다. 하지만 실정법을 기준으로 하면 복잡한 논쟁 없이 현재의 법적 기준에 따라 범위를 정할 수 있다. 물론 사회보장기본법 개정에 따라 범위가 계속 달라질 수는 있다. 하지만 여전히 사회복지법의 독자적 범위를 설정하는 것이 불가능하거나 모호하다는 비판이 제기될 수 있다.

예를 들어, 2012년 사회보장기본법 전부 개정을 통해 사회복지법의 범위는 큰 차이가 나게 된다. 1995년 제정된 후 2012년 개정 전까지 사회보장의 범위는 '사회보험, 공공부조, 사회복지서비스 및 관련 복지제도(제3조 제1호)'라 정의되었지만, 개정 후 '사회보험, 공공부조, 사회서비스(제3조 제1호)'로 변경되었다. 2012년 전부 개정에 의해 사회서비스에 대한 규정이 신설됨으로써 기존의 사회복지서비스와 관련 복지제도는 사회서비스로 확장되었지만, 그 속에 규정된 '복지'의 구체적인 의미가 무엇인지에 대해서는 아직도 명확하지 않다(이명현, 2020 : 59-60). 물론 사회적 욕구나 문제는 계속 새롭게 등장할 수 있으므로 법적 규정으로 명확히 복지가 필요한 상태를 규정하기는 어려울 것이다. 이는 복지법 개념의 유연성을 보여주는 것이기도 하다. 어쨌든 현재는 사회보장기본법이 사회복지법 체계 속에서 가장 기본법적 위치에 있다. 하지만 사회보장기본법이 국민연금법 등 사회보험법과 공공부조법, 사회복지사업법보다 상위법으로서 작용하는 것은 아니다. 원칙적으로 법률 간에는 수직적 상하 관계가 존재하지 않기 때문에 기본법이라는 명칭을 가졌다고 해서 상위법이 되는 것은 아니다. 일반적으로 기본법적 성격을 가지는 법이 정한 내용을 지키면서 개별법을 만드는 노력은 법의 정합성과 체계적 완결성을 위해서 필요하므로 이러한 한도 내에서 기본법이 의미가 있다. 만일 기본법과 개별법의 충돌이 일어난다면 상위법 위배사항이 아니라, 법 개정이나 해석의 문제로 개별법을 기본법에 충실하게 개정하거나 기본법의 의미대로 해석하도록 요구해야 할 것이다(사회복지법제학회, 2018 : 168). 사회복지법의 범위는 고정적이지 않으며 끊임없이 변화하고 있으므로 효과적인 복지법의 운용을 위해서라도 사회보장법과의 관계를 좀 더 명확히 설정하려는 노력이 필요하다.

더 읽어보기

사회보장기본법 제3조 사회보장 범위의 변화

1963. 11. 5. 사회보장에 관한 법률
사회보장은 사회보험에 의한 제 급여와 무상으로 행하는 공공부조

1995. 12. 30 사회보장기본법
사회보장은 질병, 장애, 노령, 실업, 사망 등의 사회적 위험으로부터 모든 국민을 보호하고 빈곤을 해소하며 국민 생활의 질을 향상시키기 위하여 제공되는 사회보험, 공공부조, 사회복지서비스 및 관련 복지제도

사회보험 : 국민에게 발생하는 사회적 위험을 보험방식에 의하여 대처함으로써 국민건강과 소득을 보장하는 제도
공공부조 : 국가 및 지방자치단체의 책임하에 생활유지의 능력이 없거나 생활이 어려운 국민의 최저생활을 보장하고 자립을 지원하는 제도
사회복지서비스 : 국가, 지방자치단체 및 민간 부문의 도움을 필요로 하는 모든 국민에게 상담, 직업소개 및 지도, 사회복지시설 이용 등을 제공하여 정상적인 사회생활이 가능하도록 지원하는 제도
관련 복지제도 : 보건, 주거, 교육, 고용 등의 분야에서 인간다운 생활이 보장될 수 있도록 지원하는 각종 복지제도

2012. 1. 26. 전부 개정 사회보장기본법
사회보장은 출산, 양육, 실업, 노령, 장애, 질병, 빈곤 및 사망 등의 사회적 위험으로부터 모든 국민을 보호하고 국민 삶의 질을 향상시키는 데 필요한 소득·서비스를 보장하는 사회보험, 공공부조, 사회서비스

사회보험 : 국민에게 발생하는 사회적 위험을 보험방식에 의하여 대처함으로써 국민건강과 소득을 보장하는 제도
공공부조 : 국가 및 지방자치단체의 책임하에 생활유지의 능력이 없거나 생활이 어려운 국민의 최저생활을 보장하고 자립을 지원하는 제도
사회서비스 : 국가, 지방자치단체 및 민간 부문의 도움을 필요로 하는 모든 국민에게 복지, 보건의료, 교육, 고용, 주거, 문화, 환경 등의 분야에서 인간다운 생활을 보장하고 상담, 재활, 돌봄, 정보의 제공, 관련 시설의 이용, 역량 개발, 사회참여 지원 등을 통하여 국민의 삶의 질이 향상되도록 지원하는 제도

CHAPTER 04

사회복지법의 법원

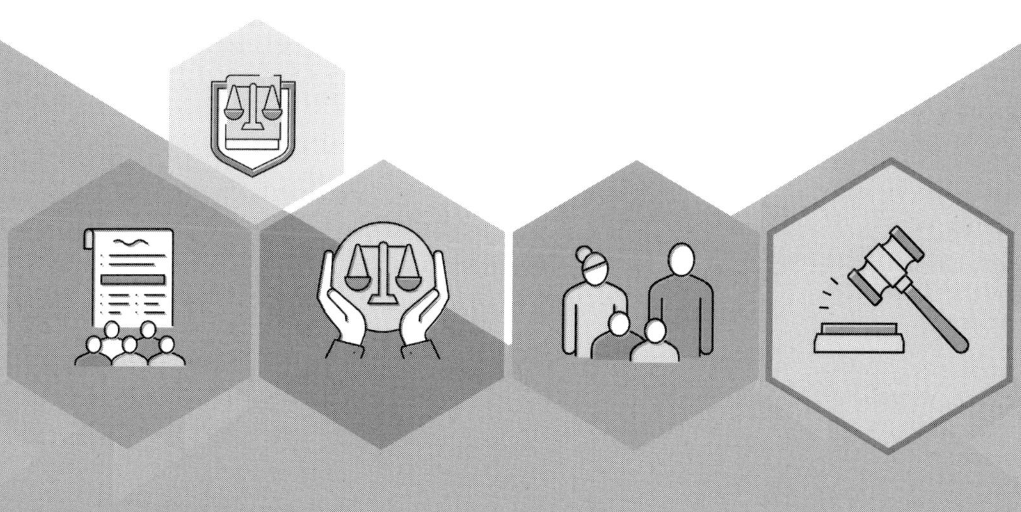

CHAPTER 04
사회복지법의 법원

법원(法源, source of law)은 '법의 연원'을 줄인 말이다. 이것은 광의적으로 볼 때 법을 형성하는 원동력 또는 법 규범에 대한 타당성의 근원을 뜻하지만, 협의적으로는 법의 존재형태를 가리키는 것으로, 법관이 재판의 기준으로 적용하는 객관적인 법 규범을 뜻한다(남기민 · 홍성로, 2020 : 53). 사회복지법의 법원은 다시 존재형식에 따라 성문법과 불문법으로 구분된다.

1. 성문법

성문법(成文法, written law)은 문자 형식으로 표현되고, 일정한 형식과 절차를 거쳐 공포되는 법을 말한다. 우리나라의 주요 성문법은 가장 상위법인 헌법을 비롯하여 법률, 명령, 자치법규 등이 수직적 · 위계적 체계를 이루고 있으며, 그에 따라 하위법의 내용은 상위법 내용을 위반할 수 없다. 한국을 포함한 오늘날의 현대 복지 국가들은 대부분 성문법을 원칙적으로 인정하는 성문법주의(법원주의)를 채택하고 있으며, 극히 일부의 경우만 불문법원을 병용하는 추세에 있다(고수현, 2023 : 26). 성문법은 문서 형식으로 표현되기 때문에 내용이 명확하고 국민에게 예측 가능성과 법적 인정성을 보장해 준다는 장점이 있는 한편, 형식적이고 고정적이어서 사회 변화에 적절히 대응할 수 없다는 단점이 있다(남기민 · 홍성로, 2020 : 53).

1) 헌 법

헌법(憲法, constitution)은 국가의 최고법으로서 국가와 국민 간의 권리 · 의무를 명시한 기본법이다. 헌법에 의해 한 국가 내 가장 중요한 사항과 법질서의 기초가 결정되며, 하위법인 법률이나 명령은 최상위법으로서 다른 법 규범에 우위를 점하는 헌법에 위배되어서는 안 된다.

세계 최초의 헌법은 미국연방헌법(1788)이며, 헌법에서 생존권 조항을 최초로 규정한 사례는 제1차 세계대전 종료 이후인 1919년 8월 독일 바이마르에서 열린 국민의회에서 제정된 독일공화국 헌법이다(고수현, 2023 : 27). 우리나라의 헌법은 1948년 「제헌 헌법」으로 시작하였고, 현행 헌법은 제9차 「개정 헌법」이다. 특별히 제9차 개정은 6.10 민주화 운동을 통해 이루어진 것으로, 국민의 민주화 요구에 따라 역사상 최초로 여야 합의에 의해 1987년 10월 27일 국민투표를 거쳐 29일 공포되었다. 제9차 개정이 있기 전까지 헌법은 통치 권력의 집권 유지를 위해 여당에 의해 일방적으로 개정되었던 경우가 많았기에, 최초 여야 합의에 의해 개정된 제9차 「개정 헌법」이 지니는 의미는 크다고 볼 수 있다(김수정, 2023 : 58).

현행 헌법에서는 기본권과 사회권적 기본권을 명시하고 있다. 먼저 기본권을 명시한 조항은 헌법 제10조로, 모든 국민은 "인간으로서 존엄과 가치"를 가지며, "행복을 추구할 권리"를 가지고 있음을 명시하고 있다. 또 사회권적 기본권을 명시한 조항은 제34조인데, 먼저 제1항을 통해 "모든 국민은 인간다운 생활을 할 권리"를 지니고 있음을 명시하였다. 이를 근거로 현행 사회복지법들은 모든 국민이 인간다운 생활을 할 권리를 제도적으로 실현할 수 있도록 구체화된 것임을 알 수 있다. 이어서 제2항은 사회보장 또는 사회복지 증진에 관한 국가가 지니는 의무를 말하고 있으며, 제3항, 제4항, 제5항에서는 여성, 노인, 청소년, 장애인 등 사회적 기본권의 대표적인 주체인 '사회적 약자'들에 대한 권리보장을 명시하였다. 이 외 사회권적 기본권을 명시한 것으로 제31조 교육권, 제32조 근로의 권리, 제33조 근로3권(단결권, 단체교섭권, 단체행동권), 제35조 환경권(쾌적한 주거생활 포함) 등이 있다(김수정, 2023 : 59-60).

2) 법 률

법률(法律, law)은 국회에서 의결되고 대통령이 공포한 법을 뜻한다(김 구, 2021 : 17). 헌법을 제외하면 가장 큰 형식을 가지고 있지만, 헌법을 위배하면 법적 효력이 없다. 마찬가지로 법률 규정에 위배되면 명령 또한 법적 효력이 없게 된다. 사회복지법에서 대표적인 법률로서 사회보장기본법, 사회복지사업법, 국민건강보험법, 국민기초생활 보장법 등이 있다. 특히 법률 중 사회보장기본법은 우리나라 사회복지에 관한 기본법으로서 헌법과 일반 법률 사이에 위치하여 양자를 연결하는 가교역할을 한다. 다시 말해, 헌법의 이념을 구체화하고 하위 법률을 구속 · 지도하는 역할을 하는 동시에, 사회보험, 공공부조, 사회서비스를 총괄하는 사회복지 분야의 기본법인 것이다(김수정, 2023 : 61).

3) 명 령

명령(命令, order)은 국회의 의결을 거치지 않고 행정부에서 제정한 법규를 말한다(김 구, 2021 : 17). 명령에는 대통령령, 총리령, 부령(장관령)이 있고, 통상적으로 대통령령을 '시행령', 총리령과 부령을 '시행규칙'이라고 일컫는다. 예를 들어, 사회복지법에서 법률에 해당하는 국민기초생활 보장법은 국회에서 제정되고, 명령에 해당되는 국민기초생활 보장법 시행령(대통령령)과 국민기초생활 보장법 시행규칙(보건복지부령)은 행정부에서 제정하게 된다.

오늘날 행정의 양적 확대와 질적 고도화에 따라 입법에 있어서도 사무의 능률적 배분이 요청되고 있다. 그렇기에 법률은 대강만을 정하고 세부적인 규정은 명령에 위임하는 일이 많아지고 있어 명령의 중요성이 점차 커지고 있는 추세이다. 그럼에도 불구하고 사회복지법이라고 하면 법률만 생각하여 명령인 시행령과 시행규칙에 대해서는 상대적으로 큰 관심을 기울이지 않았다. 하지만 상당수의 법률이 중요한 결정사항과 기준을 시행령, 시행규칙에 위임하고 있기 때문에 이에 대한 많은 주의와 관심을 쏟을 필요가 있다. 그 예로서 고용보험법의 적용 제외 사업을 대통령령에서 정하도록 한 것을 들 수 있다. 이는 국회에서 심의와 의결을 거쳐 제·개정되는 법률과 다르게 견제할 수 있는 절차 하나 없이 행정부 내에서 자의적으로 결정할 수 있기 때문에 시행령과 시행규칙에 대한 관심을 제고할 필요가 있다(김수정, 2023 : 64-65).

4) 자치법규

자치법규(自治法規, regulations)는 지방자치단체가 법률과 명령의 범위 내에서 제정하는 자치규범으로, 원칙적으로 해당 지방자치단체의 행정권역 내에만 적용된다. 자치규범은 다시 지방의회에서 만드는 자치법규인 조례와 지방자치단체장의 명령이라 할 수 있는 규칙으로 나누어진다(김 구, 2021; 김수정, 2023).

특히 조례 중에서도 사회복지조례는 지방자치단체의 사회복지 사무에 관하여 지방의회 의결을 통해 제정하는 사회복지에 관한 지방자치법을 뜻한다. 2005년 사회서비스 분야에 대한 지방분권화와 함께 지역사회복지의 중요성이 강조됨에 따라 사회복지조례 제정의 중요성은 더욱 강조되고 있다. 사회복지조례는 크게 다음의 두 가지 기능을 한다(윤찬영 외, 2023 : 82). 첫째, 사회복지조례는 지역법으로서 기능한다. 법률과 명령은 전국적으로 모든 국민에게 적용되는 것이기에 전국적으로 공통적이면서 획일적으로 적용하게 되어 있다. 이 때문에 지역적으로 구체적인 사회복지 특성이 반영되기 어렵다는 한계를 지닌다. 반면에 사회복지조례는 지역주민에 근접한 입법을 통해 지역적인 특성을 반영하고 주민의 요구를 반영할 수 있는 사회복지를 제공하게 된다. 둘째, 사회복지조례는 법률과 명령에 대한 보완적 역할을 감당한다. 사회복지 법률과 명령은 국민의 일상생활 가운데 발생하는 욕구와 문제, 위험을 모두 해결할 수 없으며 새롭게 발생하는 문제에 즉각 대응하기 어렵다. 이때 사회복지조례가 제정됨으로써 사회복지 법률과 명령의 사각지대 문제를 보완할 수 있으며, 국가의 입법 부담도 줄여줄 수 있다. 아울러 지역사회복지를 지속적으로 유지하고 실현하기 위해서는 사회복지 조례 제정이라는 제도적 장치를 마련할 필요가 있다. 이를 통해 지역사회복지에 대한 지방자치단체의 역할과 책임을 강화할 수 있기 때문이다.

끝으로 이러한 사회복지조례는 어떠한 내용으로 구성되어야 하는지를 살펴보자(윤찬영, 2023 : 100-102). 우선 대상자의 권리를 명확히 규정해야 한다. 사회복지조례를 통해 지역주민의 권리를 확보하는 것이 일차적 목표가 되어야 한다. 조례를 통해 주민이 받을 수 있는 권리의 내용을 구체적으로 명시하고, 권리의 책임 주체인 지방자치단체가 그 권리를 어떻게 보장할 것인지 그 책임을 명시할 필요가 있다. 또 그 보장이 실효성을 가지기 위해서는 반드시 강행규정화될 필요가 있다. 둘째, 대상자를 명확히 하고 확대할 필요가 있다. 법령에서는 대상자에게 주어지는 혜택이 동등하게 규정되어 있는 경우가 있으므로, 조례에서는 지역적 특성을 반영하여 우선순위 대상자를 명확화할 필요가 있다. 셋째, 급여 및 서비스 종류를 확대해야 한다. 법령에서 제공되는 급여와 서비스는 전국적으로 동일하고, 국가 최소주의에 근거하여 최소한의 수준으로만 제공된다. 그렇기에 사회복지조례는 법령에서 제공되는 수준 이상이면서 지방자치단체만의 기준선을 설정하여 양과 질을 확대할 필요가 있다. 넷째, 재정의 책임성을 높여야 한다. 재정이 확보되지 않는다면 조례의 실효성은 확보할 수 없을 것이다. 현실적으로 조례가 제정되고 시행된다면 재정을 마련하고 실질적으로 지원할 수 있도록 강행규정화할 필요가 있다. 마지막으로, 전달체계를 구체적으로 명시하여 필요한 조직과 일을 담당하는 전문가가 실제 실천할 수 있도록 해야 한다. 덧붙여 사회복지조례도 법이라는 측면에서 이의신청 등 최소한의 권리구제 절차를 마련하여 권리가 침해되었을 때 이를 되돌릴 수 있는 장치를 마련해야 할 것이다. 현재 우리나라에서는 조례를 제정하더라도 중앙정부가 제시한 표준조례안을 그대로 옮기거나 약간의 자구수정만을 하는 경우가 많다. 따라서 지역적 특성을 반영한 창의적인 자치조례 제정을 통해 지역의 특수한 문제를 해결하고 주민의 권리를 보장할 수 있도록 해야 한다.

2. 불문법

불문법(不文法, common law)은 성문법과 다르게 문서의 형식으로 표현되지 않는 법이다. 입법기관에 의해 일정한 절차에 따라 제정되거나 공포되지 않고 존재하기에 '비제정법'이라고 불리기도 한다. 주로 영미법계에서 판례법 주의를 따르며, 판례를 일차적인 법원으로 인정하고 있는 추세이다(고수현, 2023 : 27-28). 불문법에는 관습법, 판례법, 조리 등이 있다.

1) 관습법

관습법(慣習法, common law)은 관행에 의해 발생하는 사회생활의 규범으로, 사회에서 관행이 계속적이고 일반적으로 행하여짐에 따라 법적으로 효력을 가지는 법이다. 관습이 재판에 의해 채택될 때 관습법이 되고, 재판에 채택되지 않으면 그대로 관습으로 남게 된다. 통상적으로 성문법주의를 택하는 대륙법계 국가에서는 관습법이 경시되는 경향이 있지만, 불문법주의를 채택하는 영미법계 국가에서는 관습법이 중요한 법원이 된다(김 구, 2021 : 19).

2) 판례법

판례법(判例法, case law)은 법원이 내리는 판결을 법으로 보는 것으로 주로 대법원과 헌법재판소의 판결이 중요한 의미를 가진다. 일반적 사항에 대한 법령을 구체적 사건에 적용하여 판결한 판례는 이후 재판에서 성문법의 개정이 없는 한 선례로서 영향을 미친다. 우리나라에서도 국민연금보험료, 최저생계비, 사회복지시설의 근로관계 등에 대한 판례 사례가 점차 증가하고 있다(이명현, 2020 : 70).

3) 조 리

조리(條理, reason)는 사람의 상식으로 판단 가능한 본질적 이치를 뜻한다(고수현, 2023 : 28). 재판은 법에 의존해야 하지만 적용해야 할 성문법, 관습법, 판례법

이 없을 때 조리가 보충적 법원이 될 수 있다. 즉, 대부분의 사회구성원이 타당하다고 인정하는 공동생활의 원리로서 건전한 이성과 양심에 따라 판결하게 되는데, 그 예로서 사회정의, 형평, 사회통념, 신의성실 등에 따라 판단하는 것이다(김 구, 2021 : 19).

〈표 4-1〉 사회복지법원의 종류와 내용

<table>
<tr><th>구 분</th><th>종 류</th><th colspan="2">내 용</th></tr>
<tr><td rowspan="9">성문법</td><td>헌법</td><td colspan="2">국가와 국민 간의 권리와 의무에 관한 기본법</td></tr>
<tr><td>법률</td><td colspan="2">국회에서 의결되고 대통령이 공포한 법
예 사회보장기본법, 사회복지사업법, 국민건강보험법, 국민기초생활 보장법 등</td></tr>
<tr><td rowspan="4">명령</td><td colspan="2">국회의 의결을 거치지 않고 행정부에서 제정한 법규</td></tr>
<tr><td>시행령</td><td>대통령령</td></tr>
<tr><td>시행규칙</td><td>총리령, 부령(장관령)</td></tr>
<tr><td colspan="2">예 국민기초생활 보장법의 시행령(대통령령) 및 시행규칙(보건복지부령)</td></tr>
<tr><td rowspan="3">자치
법규</td><td colspan="2">지방자치단체가 법률과 명령의 범위 내에서 제정하는 자치규범</td></tr>
<tr><td>조례</td><td>지방의회에서 만드는 자치법규</td></tr>
<tr><td>규칙</td><td>지방자치단체장의 명령</td></tr>
<tr><td rowspan="3">불문법</td><td>관습법</td><td colspan="2">관행에 의해 발생하는 사회생활의 규범, 사회에서 관행이 계속적이고 일반적으로 행하여짐에 따라 법적으로 효력을 가지는 법</td></tr>
<tr><td>판례법</td><td colspan="2">법원이 내리는 판결을 법으로 보는 경우로 주로 대법원과 헌법재판소의 판례에 의함</td></tr>
<tr><td>조리</td><td colspan="2">사람의 상식으로 판단 가능한 본질적 이치</td></tr>
</table>

더 읽어보기

저상버스 도입의무 불이행 위헌확인(2002.12.18. 2002헌마52)

청구인 "장애인 이동권 쟁취를 위한 연대회의"는 박ㅇㅇ 씨가 2001년 1월 22일 오이도역 장애인 수직 리프트에서 추락하여 사망한 사건이 발생한 후, 장애인의 이동권을 쟁취하기 위해 2001년 4월 19일 29개의 장애인 단체가 모여 결성된 것이다. 청구인은 2001년 11월 26일 보건복지부 장관에게 장애인이 편리하게 승차할 수 있도록 저상버스를 도입할 것을 청구했지만, 보건복지부 장관은 건설교통부와 협의해야 한다는 이유를 들며 이를 이행하지 않았다. 이에 청구인은 보건복지부 장관을 상대로 저상버스를 도입하지 않은 부작위가 청구인의 행복추구권, 인간다운 생활을 할 권리 등을 침해한다는 주장으로 2002년 1월 22일 이 사건에 대한 헌법소원 심판을 청구하였다. 즉, 이 사건의 심판대상은 피청구인인 보건복지부 장관이 저상버스를 도입하지 않고 있는 부작위가 청구인의 기본권을 침해하는지 여부이다.

헌법재판소는 과거 판례(헌재 1991.9.16. 89헌마163, 1996.6.13. 95헌바39 등)를 참고하여, 행정권력의 불행사에 대한 헌법소원이 어떤 상황에서 허용되는지 확인하였다. 행정권력의 불행사에 대한 헌법소원은 공권력의 주체에게 헌법에서 유래하는 작위의무가 특별히 구체적으로 규정되어 있어 이에 따라 기본권의 주체가 행정행위를 청구할 수 있음에도 공권력의 주체가 그 의무를 해태하는 경우에 비로소 허용된다. 따라서 헌법재판소는 이 경우에도 헌법규범에서 '저상버스의 도입'과 같은 구체적인 의무가 나오는가를 살펴보았다. 그 결과 헌법재판소는 국가에게 헌법 제34조에 의해 장애인의 복지를 위하여 노력을 해야 할 의무가 있다는 것은, 장애인도 인간다운 생활을 누릴 수 있는 정의로운 사회질서를 형성해야 할 국가의 일반적인 의무를 뜻하는 것이지, 장애인을 위해 저상버스를 도입해야 한다는 구체적 내용의 의무가 헌법으로부터 나오는 것은 아니라고 판결하였다. 이를 통해 헌법상 인간다운 생활을 할 권리가 개인이 국가에게 주관적으로 주장할 수 있는 권리임은 인정되고 있지만, 해당 권리에 대한 실질적인 심사는 이루어지지 않는 모습을 볼 수 있다.

출처 : 헌법재판소(https://www.ccourt.go.kr/site/kor/main.do).

CHAPTER **05**

국제사회복지법제

1. 국제사회복지 관련 기구
2. 국제사회복지선언
3. 국제사회복지조약
4. 사회보장협정

CHAPTER 05

국제사회복지법제

국제법은 국가와 국가 사이 또는 국가와 국제기구 사이의 문서에 의한 합의로, 조약과 유엔 헌장 등 국제사회에서 일반적으로 그 규범성이 승인된 국제법규를 뜻한다(강정희, 2021 : 77). 우리나라 헌법 제6조 제1항에서는 "헌법에 의하여 체결 공포된 조약과 일반적으로 승인된 국제법규는 국내법과 같은 효력을 가진다"라고 규정하고 있다. 이를 통해 우리나라가 국제법 기준을 국내법에 수용하고 이를 존중하고 있음을 알 수 있다.

특히 사회복지 관련 국제법규는 상징적인 각종 선언문에 의해 영향을 받지만, 주로 국제조약으로 구체화되고 있다. 여기서 국제조약이란 국제법의 주체 사이에서 일정한 권리와 의무를 당사자 간에 발생하도록 하고자 서면 형식으로 국제법의 규율에 따라 체결되는 국제적 합의를 의미하며, 협약, 협정, 규약, 헌장, 규정, 제정서 등이 여기에 속한다. 이러한 국제법규들은 한 국가의 사회복지에도 커다란 영향을 미친다. 가령 유엔 아동권리협약이나 장애인권리협약 등 국제인권협약이 우리나라의 개별 법률 제·개정에 영향을 미치는 것이 예가 될 수 있다. 최근 사람들의 국제적 이동이 활발해지고, 인간다운 생활의 보편화를 추구하는 경향이 증가하면서 사회복지법의 국제화 추세는 더욱 심화되고 있다. 따라서 이번 장에서는 국제사회복지 관련 기구와 주요 국제조약 및 국제헌장, 사회보장협정 등을 살펴봄으로써 국제사회복지법에 대한 이해를 높이고자 한다.

1. 국제사회복지 관련 기구

제2차 세계대전 이후 국제사회복지 관련 기구들은 사회복지 이슈에 관해 국제적으로 연대하고, 보편적 사회보장 기준을 제시하는 등 개별 국가들이 사회보장제도를 도입하는 데 기반을 마련할 수 있도록 근거를 제공하고자 하였다. 여기서는 다양한 국제사회복지 관련 기구 중 국제연합(UN), 국제노동기구(ILO), 세계노동조합연맹(WFTU), 국제사회보장협회(ISSA), 국제사회복지협의회(ICSW)를 중심으로 살펴보고자 한다.

1) 국제연합

국제연합(UN : United Nations)은 제2차 세계대전에 대한 반성의 결과로 1945년 결성된 것이다. 유엔 헌장 제1조에서는 국제연합의 목적을 국제평화와 안전 유지, 평등권과 민족자결에 기초한 국가 간 우호관계 발전, 평등권과 자유권 증진을 위한 국제적 협력, 이러한 목표 달성을 위한 각국의 활동 조화임을 명시하고 있다. 유엔 회원국의 최고 의결기관인 유엔총회는 주요 선언이나 권고협약을 채택함으로써 사회복지 분야를 비롯한 여러 분야의 국제적 기준을 설정하고 있다.

2) 국제노동기구

국제노동기구(ILO : International Labor Organization)는 노동문제를 다루는 유엔의 전문기구로서 자유롭고 평등하며 안전하게 인간의 존엄성을 유지할 수 있는 노동을 보장하는 것을 주된 목표로 한다. ILO는 17~20세기 산업화 과정에서 발생한 노동문제와 자본주의의 모순을 합리적으로 해결하고자 1919년 4월 체결된 베르사유 평화조약에 따라 국제연맹 산하에 설립되었다가, 1946년 12월 최초로 유엔 전문기구로 편입되었고, 현재 187개 회원국이 가입되어 있다. ILO의 주된 기능은 국제노동기준에 대한 수립 및 이행 감독, 양질의 고용 확산을 위한 회원국 지원이며, 노사정 3자로 구성된 국제노동총회에서 이를 위해 각종 조약과 권고를 채택하고 있다. 오늘날 사회복지 또는 사회보장 이슈와 관련하여 ILO가 맡고 있는 역할은 상당히 크다고 볼 수 있다. 이들은 사회보장에 대한 주요 조약이나 권고를 채택하여 조약에 비준한 국가들의 사회보장법과 행정체제에 큰 영향을 끼치고 있다. 우리나라는 1991년 12월 9일 ILO에 가입하여 회원국이 되었다.[1]

3) 세계노동조합연맹

1945년 설립된 세계노동조합연맹(WFTU : The World Federation of Trade Unions)은 노동조합의 연합체인 비정부 민간기구이다. 앞서 살펴본 ILO와 UN이 국가 간 기구였다면, 세계노동조합연맹은 노동조합 연합체이기 때문에 사회복지에 대한 태도가 훨씬 진보적이고, 근로자의 편에 유리한 내용을 채택할 것을 주장한다. 1961년에는 사회보장헌장을 채택하여 근로자의 기본적 권리를 선언하였다(박진화, 2023 : 92).

4) 국제사회보장협회

국제사회보장협회(ISSA : International Social Security Association)는 1927년 질병보험을 확대 및 강화하기 위해 창설된 것으로 각국의 사회보장 관계 기관의 국제적 단체이다. 스위스 제네바에 본부가 있으며, ILO와 밀접한 관계를 가지고 협력하며 사회보장 관련 조사 연구와 출판, 회원국에게 전문적 지식과 가이드라인 제공 등의 일을 수행하고 있다. 우리나라는 1979년 의료보험협회(현 국민건강보험공단)가 처음 가입하였고, 현재 국민연금공단과 근로복지공단이 가입되어 있다(박진화, 2023; 홍봉수 외, 2023).

5) 국제사회복지협의회

1928년 창립된 국제사회복지협의회(ICSW : International Council of Social Welfare)는 사회복지 프로그램의 발전과 지속을 위해 국가 간의 협력을 증진시키는 국제기

1 주제네바 대한민국 대표부 홈페이지(https://overseas.mofa.go.kr).

구로서 영리 민간단체에 속한다. 이들은 국가 간 복지활동을 조화시키고 연구를 돕고, 정보를 보급하며, 다른 나라의 사회복지 지도자 간의 회의를 후원한다.[2] 우리나라는 한국사회복지협의회가 나라를 대표하여 1959년 국제사회복지협의회 회원으로 가입하였다.

2. 국제사회복지선언

제2차 세계대전 이후 국민 생활의 황폐화와 보편적 기본권에 대한 중요성이 부각됨에 따라 국제사회는 사회보장의 권리를 승인하고 이를 실현하고자 다수의 국제적 선언을 채택하기에 이르렀다. 국제적 선언은 법적 구속력을 가지지는 못하지만, 모든 국가와 국민이 달성해야 할 공통적인 기준을 제시하였다는 점에서 의미가 있다. 여기서는 국제사회복지선언과 관련하여 대표적으로 대서양 헌장(1941), 국제노동기구의 필라델피아 선언(1944), 국제연합의 세계인권선언(1948) 등을 살펴보고자 한다.

1) 대서양 헌장

대서양 헌장(Atlantic Charter)은 제2차 세계대전 중이었던 1941년 8월 미국의 루즈벨트 대통령과 영국의 처칠 수상이 대서양에서 회담을 가져 독일의 나치즘을 타파하고, 종전 후 새로운 세계평화와 정착을 희망하며 발표한 공동성명이다. 대서양 헌장의 주된 내용은 민족자결권을 침해하는 영토확장 중단, 주권이 강탈된 국가의 주권 및 자치권 회복, 세계평화와 국제협력 도모였다. 아울러 '공포와 결핍으로부터의 자유'를 슬로건으로 내세우며 보다 나은 근로기준과 경제적 혜택, 사회보장을 모든 사람에게 보장해 줄 것, 경제 분야에 있어 모든 국가의 완전한 협력을 이룩할 것을 결의하였다. 이러한 내용은 서방국가들이 사회보장을 받을 권리를 국민의 기본권으로 인정하게 하고, 사회보장을 추진하

2 더나은복지세상 사회복지용어대백과사전(https://welfare24.net:56715/ab-welfare_dic_v-10168).

도록 하는 계기를 제공했다는 점에서 의미가 있다. 1942년 영국의 베버리지 보고서 역시 이러한 대서양 헌장의 정신이 반영되어 제정된 것이었다고 볼 수 있다(박진화, 2023 : 95).

2) 국제노동기구의 필라델피아 선언(국제노동기구헌장)

국제노동기구헌장(The Constitution of the International Labor Organization)은 제1차 세계대전 이후인 1919년 국제노동기구 창립 당시 제정되었다. 이후 제2차 세계대전이 끝나고 1944년 미국 동부지역인 필라델피아에서 열린 ILO 제26회 총회에서 당초 제정된 헌장을 보완하여 선언하게 되는데, 이를 '필라델피아 선언(Declaration of Philadelphia)'이라고 부른다. 이 선언은 소득보장에 관한 권고, 의료보호에 관한 권고, 군대 및 전시고용으로부터 풀려난 자에 대한 소득보장 및 의료에 관한 권고를 채택하였다. 구체적으로 이 선언에서는 다음과 같은 ILO의 활동규칙을 규정하고 있다. 첫째, 노동은 상품이 아니다. 둘째, 표현과 결사의 자유는 진보를 위한 불가결한 요건이 된다. 셋째, 일부의 빈곤은 사회 전체의 번영에 있어 위험요인이 된다. 넷째, 어려움을 해결하기 위해 정부, 사용자, 노동자 대표들이 국제적 협력을 해야 한다(고수현, 2023 : 84).

3) 국제연합의 세계인권선언

세계인권선언(Universal Declaration of Human Rights)은 제2차 세계대전 중 발생했던 비인권적 행위에 대한 반성에서 시작된 것으로, 1948년 12월 10일 새롭게 출범한 유엔 총회에서 채택되었다. 이 선언은 자유와 평등에 관한 세계적인 지침 역할을 하는 문서로, 기본적 인권 존중을 중요한 원칙으로 하는 유엔 헌장 취지에 따라 보호해야 할 인권을 구체적으로 규정하는 것이 주된 목적이다. 세계인권선언문은 모든 사람이 지니고 있는 불가침적 권리와 자유 30가지를 명시하고 있으며, 본문에는 개인의 기본적 자유와 함께 시민 · 정치적 권리, 경제 · 사회 · 문화적 권리 등 인류가 지켜야 할 최소한의 인권 기준을 제시하고 있다. 세계인권선언은 비록 법적 구속력이 없을지라도 모든 국가에서 증진하고 보호해야 할 보편적인 인권의 명확한 기준을 제시한다는 점, 개별 국가의 법과 국제적 단위의 인권조약에 기반을 제공한다는 점에서 의미가 있다.

4) 그 외

국제연합의 아동권리선언(UN Declaration on the Rights of the Child)은 아동의 최선의 이익을 보장하기 위해 1959년 유엔총회에서 선포된 선언이다. 이는 아동과 청소년을 구제나 보호의 대상이 아니라 인권과 자유의 주체로서 보고자 했다는 점에서 의미가 있다. 한국은 국제연합의 아동권리선언이 채택된 1959년 5월 5일에 〈어린이헌장〉을 선포하였는데, 이는 2016년 선포된 '아동권리헌장'의 전신이라 할 수 있다(고수현, 2023 : 81-82).

한편 국제연합의 장애인권리선언(The Declaration of the Rights of Disabled Persons)은 1975년 12월 9일 유엔의 제30차 총회에서 결의된 것으로, 장애인이 해당 선언에서 제시된 모든 권리를 누릴 수 있도록 권장하고 있다. 이 선언은 세계인권선언에 입각한 이들의 권리를 다시 한번 확인하면서, 장애인의 다양한 활동분야에서 최대한 개인의 능력을 개발할 수 있도록 도와주고, 가능한 한 정상적인 생활 속에서 개인의 이상을 실현할 수 있도록 촉진해야 함을 강조하고 있다(고수현, 2023; 박진화, 2023).

3. 국제사회복지조약

조약은 국제적 권리와 의무의 발생을 목적으로 국제법상의 주체인 국가 간에, 또는 국가와 조약기구 사이에 맺은 문서에 의한 국제적 합의를 뜻하며(박진화, 2023 : 98), 앞서 살펴본 선언과 달리 법적 구속력이 있다는 것이 가장 큰 특징이다. 여기서는 국제노동기구의 사회보장 최저기준에 관한 조약, 국제연합의 국제인권규약 등을 살펴보고자 한다.

1) 국제노동기구의 사회보장 최저기준에 관한 조약

1952년 제35차 총회에서 체결된 사회보장 최저기준에 관한 조약은 ILO가 채택한 사회보장에 관한 대표적인 조약이다. 특히 102호 조약은 각국의 서로 다른 기준을 일원화하고, 미발달된 제도의 기준을 제공함으로써 사회보장의 최저기준을 설정하고자 하였다는 점에서 의미가 있다. 이 조약은 사회보장 적용대상의 보편주의 원칙, 사회보장 비용부담의 공평성 원칙, 최저생활 수준에 상응하는 급여수준의 적절성 원칙을 강조하고 있다. 아울러 사회보장분야를 의료보험, 상병급여, 실업급여, 노령급여, 업무상 재해급여, 가족급여, 모성급여, 장해급여, 유족급여로 규정하였고, 각 급여별로 비준할 수 있도록 하였다(고용노동부, 2012). 우리나라는 2018년 아동수당을 도입하여 가족급여 등의 적용 및 기준에서 적합해 졌으나 상병수당이 도입되지 않아 아직 해당 조약에 비준하지 못한 상태이다.

2) 국제연합의 국제인권규약

1948년 12월 10일 유엔총회에서 채택된 세계인권선언은 보편적으로 사회보장을 받을 권리와 사회보장방법을 제시하고 있었지만, 선언적 상징으로서 의미가 있었을 뿐 법적 구속력이 없다는 한계가 있었다. 이후 1966년 국제인권규약이 채택되면서 세계인권선언은 구체적이고 구속력 있는 국제법규로 발전하게 되었다. 우리나라는 1990년부터 규약을 체결하여 이를 적용해 오고 있다. 국제인권규약은 다시 A규약과 B규약으로 나누어진다(홍봉수 외, 2023 : 120).

A규약은 경제적 · 사회적 · 문화적 권리에 관한 규약으로 1966년 12월에 채택되고, 1976년 1월에 발효되었다. 생존권적 기본권을 대상으로 각 체약국이 그들의 입법조치로서 실현달성할 것을 내용으로 하며, 이에 대한 실시 상황을 유엔인권이사회에 보고할 것을 의무화하였다. 구체적인 내용으로는 자결권 보장(제1조), 차별금지(제2조), 남녀의 동등한 권리보장(제3조), 노동권 보장(제6조), 사회보장에 대한 권리(제9조), 생활향상권(제11조), 건강권(제12조), 교육권(제13조) 등이 있다.

B규약은 시민적 · 정치적 권리에 대한 국제규약으로 1966년 12월에 채택되고

1976년 3월에 발효되었다. 자유권적 기본권의 존재를 전제로 하여 체약국이 이를 존중할 것을 의무화하였고, 이를 시행하기 위해 인권심사위원회와 필요에 따라 특별조정위원회를 설치할 것을 의무화였다. 구체적인 내용으로는 남녀에게 동등한 권리(제3조), 생명권(제6조), 신체의 자유와 안전의 권리(제9조), 이동의 자유와 거주의 자유(제12조), 사생활 보호 권리(제17조), 사상과 양심 및 종교의 자유(제18조), 평화적인 집회의 권리(제21조), 결사의 자유(제22조), 법 앞의 평등(제26조) 등이 있다.

3) 그 외

아동권리협약은 전 세계 아동(만 18세 미만의 사람)의 경제, 사회, 문화에 대한 권리를 규정하는 국제협약이다. 이는 1989년 11월 유엔총회에서 채택되었고, 우리나라의 경우 1990년 9월 협약에 서명하였고, 1991년 11월 20일 비준하여 조약 당사국이 되었다. 아동권리협약은 아동을 보호대상이 아닌 권리의 주체로 인정하였다는 점에서 큰 의미가 있다. 또한 국제인권 A규약과 B규약에 인정되는 제반 권리는 아동권리를 규정할 뿐만 아니라, 의견표명권, 놀이 여가의 권리 등 아동인권보장을 위해 필요한 구체적인 사항을 규정하고 있다(박진화, 2023 : 100).

장애인권리협약은 2006년 12월 13일 유엔총회에서 채택된 것으로, 신체장애, 정신장애, 지적장애를 포함한 모든 장애가 있는 이들의 존엄성과 권리를 보장하기 위한 유엔인권협약이다. 이 협약은 21세기 최초의 국제인권법에 따른 인권조약이며, 차별금지, 여성장애인과 장애아동에 대한 보호, 시설과 서비스, 사법적 접근성, 위급상황으로부터 자유, 자립생활 지원, 이동권, 교육권, 건강권 등의 보장을 주요 내용으로 하고 있다(김 구, 2021; 홍봉수 외, 2023).

4. 사회보장협정

1) 사회보장협정의 체결 목적

사회보장협정은 사회보장에 대해 상호주의 원칙에 입각하여 정부가 외국정부와 맺는 정부 간의 협정을 뜻한다. 국가 간 협정의 내용은 다를 수 있고, 대부분 연금을 포함한 사회보험에 관한 내용이다. 협정 체결국 간 연금제도가 서로 다르기 때문에 상호 조정하여 체결국의 국민에게 사회보장에 관련된 혜택을 제공할 수 있도록 한다(김 구, 2021 : 86). 사회보장협정의 목적은 다음과 같이 크게 네 가지로 설명할 수 있다.[3]

첫째, 이중가입의 면제를 위함이다. 일반적으로 협정 전에는 단기간 외국에서 근로하거나 자영업을 하는 사람들은 양국 연금제도에 보험료를 납부해야 했다. 그러나 협정이 체결되면 본국의 연금제도에만 가입하고 상대국 연금제도 가입은 면제받을 수 있어 재정적 부담이 줄어들게 된다. 둘째, 가입기간을 합산하기 위함이다. 외국으로 이민을 가거나 장기 체류하여 연금 가입기간이 분리되는 사람은 가입기간 부족으로 어느 일방 국가의 연금을 받지 못하게 될 수 있다. 그러나 협정이 체결될 경우 분리된 양국 가입기간을 합산하여 수급권을 결정하므로 해당 국가의 연금을 받을 수 있게 된다. 셋째, 동등한 대우를 받기 위함이다. 협정이 체결되면 연금 수급권 취득이나 급여지급 등 상대국 법령 적용에 있어 상대국 국민과 동등한 대우를 받아 급여 수급권 등이 개선된다. 넷째, 급여 송금 보장이다. 협정 체결국 간에는 연금 급여를 해외로 제한 없이 송금할 수 있도록 하여 상대국에 거주할 경우에도 급여가 삭감되지 않고 지급될 수 있다.

2) 사회보장협정의 체결 유형과 현황

〈표 5-1〉은 우리나라의 사회보장협정 체결국 현황을 정리한 것이다. 2024년 4월 기준 우리나라와 사회보장협정을 체결한 국가는 전체 42개국이며, 사회보장

3 국민연금공단 홈페이지(https://www.nps.or.kr/jsppage/main.jsp).

협정의 체결 유형은 다시 협정의 적용범위에 따라 가입기간 합산협정과 보험료 면제협정으로 구분할 수 있다.[4] 먼저 가입기간 합산협정은 연금제도의 이중가입 방지와 가입기간 합산을 모두 포괄한 사회보장협정이다. 협정 당사국을 오고 가는 근로자는 동일한 근로에 대해 한 국가의 연금제도만 가입하면 되고, 연금 가입기간이 양국으로 분리되어 연금을 받지 못하는 경우 상대국 가입기간을 합산하여 비례연금을 받을 수 있도록 규정하고 있다. 우리나라가 가입기간 합산 협정을 맺은 국가는 캐나다, 미국, 독일, 헝가리, 프랑스, 호주, 체코, 아일랜드, 벨기에, 폴란드, 슬로바키아, 불가리아 등이다.

둘째, 보험료 면제협정은 이중가입 방지만을 규정한 사회보장협정이다. 따라서 파견근로자와 같이 단기간 협정 당사국을 왕래하면서 근로 또는 자영업에 종사하는 사람들은 단기 파견 기간 동안 한 국가의 연금제도에만 가입할 수 있고, 가입기간 합산을 통해 급여 수급권을 개정하는 규정은 없는 것이다. 우리나라가 보험료 면제협정을 맺은 국가는 영국, 중국, 네덜란드, 일본, 이탈리아, 우즈베키스탄, 몽골, 스위스, 칠레 등이다.

〈표 5-1〉 사회보장협정 체결국 현황

구 분	국 가	진행상황	협정형태
협정발효	이란	1977년 5월 11일 서명 1978년 6월 10일 발효	보험료 면제협정
	캐나다	1997년 1월 10일 서명 1999년 5월 1일 발효	가입기간 합산협정(보험료 면제 포함)
	영국	1999년 4월 20일 서명 2000년 8월 1일 발효	보험료 면제협정
	미국	2000년 3월 13일 서명 2001년 4월 1일 발효	가입기간 합산협정(보험료 면제 포함)
	독일	2000년 3월 10일 서명 2003년 1월 1일 발효	가입기간 합산협정(보험료 면제 포함)
	네덜란드	2002년 7월 3일 서명 2003년 10월 1일 발효	보험료 면제협정

4 국민연금공단 홈페이지(https://www.nps.or.kr/jsppage/main.jsp).

일본	2004년 2월 17일 서명 2005년 4월 1일 발효	보험료 면제협정
이탈리아	2000년 3월 3일 서명 2005년 4월 1일 발효	보험료 면제협정
우즈베키스탄	2005년 5월 10일 서명 2006년 5월 1일 발효	보험료 면제협정
몽골	2006년 5월 8일 서명 2007년 3월 1일 발효	보험료 면제협정
헝가리	2006년 5월 12일 서명 2007년 3월 1일 발효	가입기간 합산협정(보험료 면제 포함)
프랑스	2004년 12월 6일 서명 2007년 6월 1일 발효	가입기간 합산협정(보험료 면제 포함)
호주	2006년 12월 6일 서명 2008년 10월 1일 발효	가입기간 합산협정(보험료 면제 포함)
체코	2007년 12월 14일 서명 2008년 11월 1일 발효	가입기간 합산협정(보험료 면제 포함)
아일랜드	2007년 10월 31일 서명 2009년 1월 1일 발효	가입기간 합산협정(보험료 면제 포함)
벨기에	2005년 7월 5일 서명 2009년 7월 1일 발효	가입기간 합산협정(보험료 면제 포함)
폴란드	2009년 2월 25일 서명 2010년 3월 1일 발효	가입기간 합산협정(보험료 면제 포함)
슬로바키아	2009년 2월 9일 서명 2010년 3월 1일 발효	가입기간 합산협정(보험료 면제 포함)
불가리아	2008년 10월 30일 서명 2010년 3월 1일 발효	가입기간 합산협정(보험료 면제 포함)
루마니아	2008년 9월 11일 서명 2010년 7월 1일 발효	가입기간 합산협정(보험료 면제 포함)
오스트리아	2010년 1월 23일 서명 2010년 10월 1일 발효	가입기간 합산협정(보험료 면제 포함)
덴마크	2010년 3월 11일 서명 2011년 9월 1일 발효	가입기간 합산협정(보험료 면제 포함)
인도	2010년 10월 19일 서명 2011년 11월 1일 발효	가입기간 합산협정(보험료 면제 포함)
중국(개정협정)	2012년 10월 29일 서명 2013년 1월 16일 발효	보험료 면제협정
	2003년 2월 28일 잠정조치 협정발효 2013년 1월 17일 종료	

	스페인	2011년 7월 14일 서명 2013년 4월 1일 발효	가입기간 합산협정(보험료 면제 포함)
	튀르키예	2012년 8월 1일 서명 2015년 6월 1일 발효	가입기간 합산협정(보험료 면제 포함)
	스웨덴	2013년 9월 9일 서명 2015년 6월 1일 발효	가입기간 합산협정(보험료 면제 포함)
	스위스	2014년 1월 20일 서명 2015년 6월 1일 발효	보험료 면제협정
	브라질	2012년 11월 22일 서명 2015년 11월 1일 발효	가입기간 합산협정(보험료 면제 포함)
	핀란드	2015년 9월 9일 서명 2017년 2월 1일 발효	가입기간 합산협정(보험료 면제 포함)
	칠레	2015년 4월 22일 서명 2017년 2월 1일 발효	보험료 면제협정
	퀘벡	2015년 11월 24일 서명 2017년 9월 1일 발효	가입기간 합산협정(보험료 면제 포함)
	페루	2017년 3월 2일 서명 2019년 1월 1일 발효	가입기간 합산협정(보험료 면제 포함)
	룩셈부르크	2018년 3월 1일 서명 2019년 9월 1일 발효	가입기간 합산협정(보험료 면제 포함)
	슬로베니아	2018년 2월 20일 서명 2019년 10월 1일 발효	가입기간 합산협정(보험료 면제 포함)
	크로아티아	2018년 12월 18일 서명 2019년 11월 1일 발효	가입기간 합산협정(보험료 면제 포함)
	우루과이	2019년 7월 9일 서명 2021년 11월 1일 발효	가입기간 합산협정(보험료 면제 포함)
	뉴질랜드	2019년 10월 29일 서명 2022년 3월 1일 발효	가입기간합산협정
	베트남	2021년 12월 14일 서명 2024년 1월 1일 발효	가입기간 합산협정(보험료 면제 포함)
	필리핀	2019년 11월 25일 서명 2024년 4월 1일 발효	가입기간 합산협정(보험료 면제 포함)
협정서명	아르헨티나	2018년 11월 27일 서명 미발효	가입기간 합산협정(보험료 면제 포함)
	노르웨이	2019년 6월 13일 서명 미발효	가입기간 합산협정(보험료 면제 포함)

출처 : 국민연금공단 홈페이지.

더 읽어보기

사회보장협정 관련 사례

1. 협정을 통한 외국 보험료 면제 사례

한국 ㅇㅇ건설에 근무 중 터키로 3년간 발령을 받은 김ㅇㅇ 씨(연간 급여 4,800만 원)의 협정 발효 전 연간 연금보험료는 총 1,392만 원(한국 보험료율 9%, 432만 원 + 터키 보험료율 20%, 960만 원)이었다. 그러나 한국-터키 사회보장협정 발효(2015. 6.)로 한국 보험료 연 432만 원만 납부하고, 터키 보험료 연 960만 원을 3년간 계속 면제받게 되었다(총 2,880만 원 면제).

2. 협정을 통한 외국연금 수급 사례

미국 연금제도에 9년간 보험료(약 1억 원)를 납부하고 귀국 후 한국 국민연금을 5년간 납부한 이ㅇㅇ 씨는 협정 발효 전에는 미국 및 한국 수급요건(가입기간 10년)을 충족하지 못하여 연금 혜택을 받을 수 없었다. 그러나 한-미 사회보장협정이 발효(2001. 4.)된 이후 양국 가입기간 합산 14년으로 수급요건이 충족되어 미국 및 한국 연금 가입기간에 해당하는 노령연금을 각각 수령하게 되었다. 즉, 미국 66세 개시 연금액 약 84만 원(총 14년의 가입기간 중 9년에 해당하는 연금액)과 한국 62세 개시 연금액 약 20만 원(총 14년의 가입기간 중 5년에 해당하는 연금액)을 받을 수 있게 된 것이다.

출처 : 보건복지부 보도자료 2019년 6월 25일자.

CHAPTER **06**

기본권과 사회복지

1. 기본권
2. 생존권

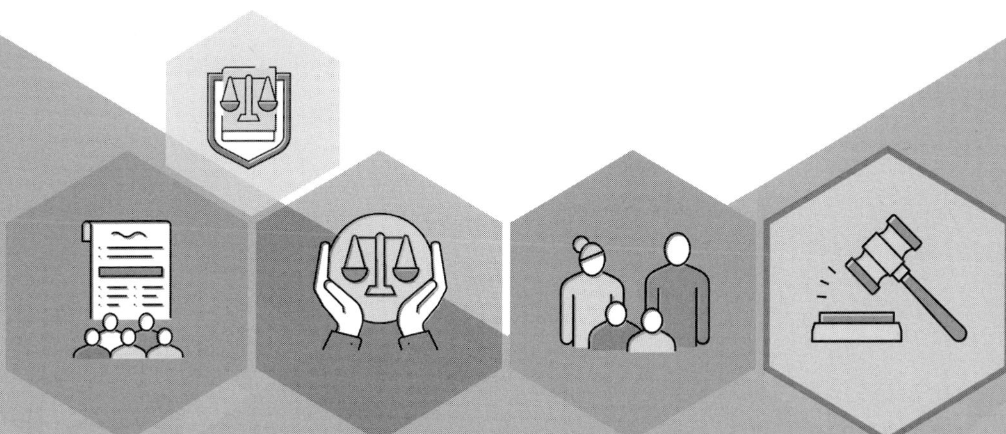

CHAPTER 06

기본권과 사회복지

사회복지법에서 권리는 법의 적용을 받는 대상자들을 권리의 주체로서 인정하고, 사회복지 급여와 서비스에 대한 이익을 추구할 힘을 법이 부여해 주었다고 볼 수 있다. 사회복지법에서 권리는 인권으로부터 출발하여 기본권, 생존권, 사회복지수급권으로 구체화되었다. 이 장에서는 기본권과 생존권을 먼저 살펴보고, 다음 장에서 사회복지수급권에 대해 살펴보고자 한다.

1. 기본권

1) 기본권의 내용과 특징

기본권은 인권과 동일한 개념이 아니다. 인권이 인권사상을 바탕으로 인간이 인간이기 때문에 당연히 누리는 인간의 생래적 · 천부적 권리, 자연권을 의미한다면, 기본권은 헌법이 보장하는 국민의 기본적 권리를 뜻한다(남기민 · 홍성로, 2020 : 85). 우리나라 헌법 제10조에서는 "모든 국민은 인간으로서 존엄과 가치를 가지며, 행복을 추구할 권리를 가진다. 국가는 개인이 가지는 불가침의 기본적 인권을 확인하고 이를 보장할 의무를 진다"라고 규정하고 있다. 이같이 기본적 인권이라 할 수 있는 행복추구권을 포함한 기본권은 자유권, 평등권, 사회권, 참정권, 청구권 등으로 나눌 수 있다. 우리 헌법의 주요 기본권 내용은 〈표 6-1〉과 같다.

〈표 6-1〉 헌법의 주요 기본권 내용

기본권 유형	기본권 보장 내용	조 항
기본적 인권 (포괄적 기본권)	인간의 존엄성과 가치, 행복추구권, 국가가 기본적 인권 보장	제10조
평등권	법 앞에서의 평등, 성별, 종교, 차별 받지 않을 권리	제11조
자유권적 기본권 (자유권)	신체의 자유, 사생활의 자유, 정신적 자유 등	제12~22조
경제적 기본권	재산권, 직업선택의 자유, 소비자의 권리	제15조, 제23조
정치적 기본권	참정권, 정치적 자유권	제24조
청구권적 기본권	청원권, 재판청구권, 국가 배상청구권, 국가 보상청구권 등	제26~30조
사회적 기본권	인간다운 생활을 할 권리, 근로권, 근로3권, 교육권, 환경권, 건강권 등	제31~36조

출처 : 강정희(2021), p. 59.

이러한 인권과 기본권의 규정은 입법 기술상 예시(例示)주의를 따른다. 즉, 헌법에 열거된 권리만 인정하는 열거주의를 지양하고, 예시된 권리들을 기반으로 적극적으로 인권과 기본권을 존중하겠다는 뜻이다. 헌법 제37조 제1항에서는 “국민의 자유와 권리는 헌법에 열거되지 아니한 이유로 경시되지 아니한다”라고 규정하고 있다. 현실적으로 헌법에 모든 권리의 목록을 규정할 수 없기 때문에, 헌법에서 명시하지 않는 자유와 권리도 인정하겠다는 말이다(윤찬영 외, 2023 : 27).

그렇다고 인권과 기본권은 무제한으로, 절대적으로 보장될까? 그렇지 않다. 인권과 기본권은 경우에 따라 제한될 수 있지만, 과잉제한은 금지된다. 국민의 자유와 권리는 국가안전보장, 질서유지 또는 공공복리를 위해 필요한 경우 제한될 수 있다(헌법 제37조 제2항 전단부). 다만, 권력자의 명령이나 다른 방법으로는 불가하며 오로지 법률에 규정함으로써만 제한할 수 있다. 또 불가피하게 자유와 권리를 제한하더라도, 자유와 권리의 본질적인 부분은 지켜져야 한다. 즉, 제한되더라도 자유와 권리의 본질적 내용을 침해할 수는 없는 것이다(헌법 제37조 제2항 후단부). 이를 '과잉제한 금지의 원칙'이라고 일컫는다. 사회복지 역시 이 원칙에 적용될 수 있는데, 공공복리에 포함되는 사회복지를 위해 필요하다면 개인의 권리가 법률로써 제한될 수 있다. 예를 들어, 가난한 사람의 인간다운 생활을 보장하기 위해 국가가 공공부조를 제공할 때, 제도의 합리성과 공정성을 위해 자산조사 등을 시행하게 된다. 그 과정에서 불가피하게 개인의 사생활의 자유 등이 침해될 수 있는데, 이때에도 법률에 의한 인권의 제한은 최소한에 그쳐야 한다(윤찬영 외, 2023 : 27-28).

2) 기본권과 헌법 원리에 따른 사회복지법

헌법은 국민의 기본권을 보장하는 근본 원리이기 때문에 사회복지법의 행사에서 중요한 의미를 가진다. 사회복지법의 효력은 헌법에서 규정한 기본권을 구체적으로 보장하고 실현하기 위한 수단으로 작동하기 때문에, 헌법은 사회복지법을 규율하는 최고 규범이며 국가의 책임 범위와 권력을 정해주는 기본원리라 할 수 있다. 특히 헌법의 기본원리 중에서도 기본권 존중, 법치주의, 사회국가 원리는 사회복지법제에 영향을 끼치는 중요한 원리이다(이명현, 2020 : 97-99).

각각의 내용을 살펴보면 다음과 같다. 첫째, 기본권의 존중이다. 우리 헌법 전문에서는 국민의 자유와 안전, 평등, 행복과 같은 기본권 보장이 목적이라는 점을 밝히고 있다. 이에 따라 국가는 헌법에 규정된 개별적 기본권을 비롯하여 헌법에서 열거하지 않은 자유와 권리까지도 보장해야 한다. 그럼에도 현재는 이 권리의 성격을 국민이 행복을 추구하는 데 필요한 급여 및 각종 서비스를 국가에 적극적으로 요구할 수 있는 것으로 해석하기보다, 국민이 국가의 간섭 없이 포괄적 자유를 누림으로써 행복추구권을 향유할 수 있다는 식의 자유권으로 해석하고 있다.

둘째, 법치주의이다. 국가 권력의 행사는 의회에 의해 제정된 법률에 기반하여 행사되어야 한다. 법적 근거 없이 국가가 국민에게 규제나 급여를 제공할 수 없다. 복지 급여와 서비스 역시 법에 근거한 행정행위에 의해 전달된다. 각 기관들은 복지행정에 의해 법률을 집행하고 적용하며, 그 과정에서 법률위반이 있어서는 안 된다. 법적 근거가 없는 행정작용은 위법한 것이 되기 때문에 국민의 기본권과 관련된 본질적 사항은 법률로 정하며 하위법령에 위임하지 못한다. 또 국민 개개인은 법령의 존속성을 신뢰하여 규범에 맞는 행동을 하므로 국가는 이러한 신뢰 행위를 보여주어야 할 것이다. 즉, 법률을 신뢰하여 일정한 법적 지위를 형성한 경우, 국가가 그러한 법적 지위와 관련된 법령, 법제도의 개폐에 있어서 그 법령을 신뢰한 국민의 법률행위를 보호해야 한다는 것이다(이부하, 2018). 이를 '신뢰보호의 원칙'이라고 한다.

셋째, 사회국가의 원리이다. 사회국가는 사회정의 이념을 헌법에 수용하고 사회문제에 대해 외면하지 않으며 정치경제적, 사회적, 문화적 모든 영역에서 자유로운 사회질서를 형성하고자 개입하고 분배하는 국가를 일컫는다. 이 같은 사회국가의 목적은 국민 각자가 실제로 자유를 행사할 수 있는 실질적 조건을 마련하도록 하는 것이다. 우리 헌법은 균형 있는 국민경제 성장과 안정, 소득분배를 유지하고 시장의 지배와 경제력 남용을 방지하며, 경제주체의 조화를 통한 경제민주화를 위해 경제규제와 조정을 할 수 있다고 규정한다(헌법 제119조 제2항). 또 이러한 경제질서는 사회복지와 사회정의를 위하여 규제 및 조정을 통해 사회적 시장경제를 확립하려는 성격을 지닌다. 따라서 직접적인 언급은 없지만 우리나라 헌법에는 사회적 시장경제 질서와 사회적 기본권 보장 같은 사회국가 원리가 작동하고 있다고 볼 수 있다. 그렇기에 사회적 약자를 위한 소득재분배 정책이나 전 국민에게 강제 적용되는 사회보험과 같은 사회보장제도도 정책으로 추진할 수 있다.

2. 생존권

1) 생존권의 등장배경과 의미

18세기 기본권으로서 자유권은 신분제, 절대왕정, 종교적 속박을 비롯한 옛 구습으로부터 시민을 해방시켰고, 자본주의 경제질서는 눈부신 경제발전과 고도의 번영을 가져다줄 것으로 기대되었다. 하지만 고도로 발전된 자본주의는 대공황과 빈부 격차, 실업자의 급증 등 많은 사회문제를 야기하였고, 이로 인해 실질적인 부자유와 막대한 불평등을 초래하였다. 이후 20세기에 들어 자유권적 기본권 사상을 수정할 새로운 계기가 마련되었다. 무산대중의 인간다운 생활을 보장하기 위해 국가로부터 형식적인 자유의 보장 대신, 국가의 적극적 개입에 의해 실질적 자유를 보장해야 한다는 주장이 제기된 것인데, 이러한 자유권적 이념의 수정에서 생긴 것이 생존권이다(남기민 · 홍성로, 2020 : 91).

헌법상 권리인 생존권은 국민의 최저생활을 유지할 수 있도록 필요한 조건을 국가로 하여금 확보해 주도록 요구할 수 있는 권리를 말한다. 1919년 독일 바이마르 공화국 헌법에 생존권이 최초로 규정되었고, 이후 각국의 헌법과 세계인권선언, 유럽사회헌장 등에 계승되었다. 생존권이 보장되기 위해서는 사람이 살아가기 위한 기본적인 조건, 즉 의식주 생활조건을 비롯하여 심리 · 사회적 욕구, 소득보장, 의료보장, 손상된 사회적 기능의 회복을 위한 사회서비스의 보장 등도 충족되어야 한다(남기민 · 홍성로, 2020 : 92).

2) 생존권의 내용

생존권과 관련된 우리나라 헌법 조항은 제34조이다. 이 조항은 인간다운 생활권을 보장하고 있는데, 일련의 생존권적 기본권의 핵심이며, 이념적 · 총칙적 규정이라 볼 수 있다.

제34조 ① 모든 국민은 인간다운 생활을 할 권리를 가진다.
② 국가는 사회보장 · 사회복지의 증진에 노력할 의무를 진다.
③ 국가는 여자의 복지와 권익의 향상을 위하여 노력하여야 한다.
④ 국가는 노인과 청소년의 복지향상을 위한 정책을 실시할 의무를 진다.
⑤ 신체장애자 및 질병 · 노령 기타의 사유로 생활능력이 없는 국민은 법률이 정하는 바에 의하여 국가의 보호를 받는다.
⑥ 국가는 재해를 예방하고 그 위험으로부터 국민을 보호하기 위하여 노력하여야 한다.

여기서 인간다운 생활을 할 권리의 주체는 "국민"이며, 이때 국민에는 자연인만이 포함되고 법인은 해당되지 않는다(제34조 제1항). 그렇다면 제34조에서 말하는 '인간다운 생활'이란 어떤 의미일까. 이는 곧 헌법 제10조에서 규정하는 것처럼 인간으로서 존엄과 가치를 유지할 수 있도록 하는 건강하고 문화적인 생활을 가리키는 것이다. 하지만 이러한 생활에 대한 구체적인 기준은 역사적 단계마다, 사회경제적 구조에 따라 다르게 규정될 수 있기 때문에 어느 정도 수준의 생활이 해당 권리의 내용을 구성하는지 일률적으로 말하기 어렵다. 이에 대해 우리 헌법재판소는 "인간다운 생활이란 그 자체가 추상적이고 상대적인 개념으로서 그 나라의 문화의 발달과 역사적 · 사회적 · 경제적 여건에 따라 어느 정도는 달라질 수 있는 것이고, '최소한도의 조치' 역시 국민의 사회 인식의 변화, 사회경제적 상황의 변화에 따라 가변적인 것이므로 국가의 인간다운 생활을 보장하기 위한 생계급여의 수준을 구체적으로 결정함에 있어 국민 전체의 소득수준과 생활수준, 국가의 재정규모와 정책, 국민 각 계층의 상충하는 갖가지 이해관계 등 다양한 요소를 함께 고려해야 한다"고 판시하였다(헌재 2004. 10. 28. 2002헌마328; 남기민 · 홍성로, 2020 : 96-97).

한편 헌법 제34조 제2항에서는 인간다운 생활에 대한 보장의 책무를 가지는 주체는 "국가"로 국가의 사회보장과 사회복지 증진 의무를 규정하고 있다. 국가는 모든 국민의 생존권 보장을 위해 사회보장, 사회복지에 관한 정책을 수립할 필요가 있겠으나, 특별히 헌법은 여성, 노인, 청소년, 장애인, 생활무능력자, 이재민에 대한 국가의 보호와 적극적 개입을 명시하고 있다(제34조 제3~6항). 그뿐만 아니라 국가는 국민의 인간다운 생활을 보장하기 위해 경제질서에 관한 규제와 조정을 할 수 있다. 구체적으로 균형 있는 국민경제의 성장 및 안정과 적절한 소득의 분배를 유지하고, 시장의 지배와 경제력의 남용을 방지하며, 경제주체 간의 조화를 통한 경제민주화를 위하여 경제에 관한 규제와 조정을 할 수 있다(제119조 제2항). 그 밖에도 헌법은 교육을 받을 권리(제31조), 근로의 권리(제32조), 근로3권(제33조), 환경권(제35조), 보건권(제36조 제3항) 등 개별적 생존권을 규정하고 있다(남기민 · 홍성로, 2020 : 95-99). 이러한 생존권들도 국가가 보장하기 위해 다양한 법과 제도, 시책을 마련해야 한다.

3) 헌법상 생존권 규정의 변화

우리나라의 생존권 규정은 일련의 헌법 개정을 거쳐 발전되어 왔다(이명현, 2020 : 103-104). 1948년 7월 17일 제정된 제헌 헌법 제19조는 '노령, 질병, 기타 노동능력의 상실로 인하여 생활유지 능력이 없는 자는 법률이 정하는 바에 의하여 국가의 보호를 받는다'고 하여 생활무능력자에 대한 국가의 보호 규정만을 명시하였다. 이후 1962년 제5차 개헌을 통해 기본권의 기본체계를 구축하기 시작했다. 대표적으로 제8조에 "모든 국민은 인간으로서의 존엄과 가치를 가지며, 이를 위하여 국가는 국민의 기본적 인권을 최대한으로 보장할 의무를 진다"고 규정하였고, 그 외에도 모든 국민이 인간다운 생활을 할 권리(제30조 제1항), 국가의 사회보장 책무(제30조 제2항), 생활능력이 없는 국민에 대한 국가의 보호(제30조 제3항)를 명시하였다. 이는 사회복지 대상을 모든 국민으로 확대하고, 국가의 사회보장 책무성을 규정했다는 점에서 의미가 있다.

1980년 제8차 개헌에서는 사회보장뿐만 아니라 사회복지에 대한 국가의 의무를 추가적으로 명시하게 되었다. 제9조 "모든 국민은 인간으로서의 존엄과 가치를 가지며, 행복을 추구할 권리를 가진다. 국가는 개인이 가지는 불가침의 기본적 인권을 확인하고 이를 보장할 의무를 진다"고 규정하였으며, 제32조 제1항 '인간다운 생활을 할 권리'를 보장하기 위해 제2항에서 "국가는 사회보장 · 사회복지 증진에 노력할 의무를 진다"고 명시하였다. 또 제3항 "생활능력이 없는 국민은 법률이 정하는 바에 의하여 국가의 보호를 받는다"고 명시했다.

1987년 개정 이후 현재까지 유지되는 제9차 개헌을 통해 생존권 관련 조항은 6개 조항으로 늘어났다. 제34조 제1항 모든 국민의 인간다운 생활을 할 권리, 제2항 국가의 사회보장 · 사회복지 증진에 대한 의무, 제3~6항 취약계층에 대한 국가의 보호와 기본권 보장이 그것이다. 이와 같이 헌법 개정에 따라 생존권의 기본 토대가 형성되고 그에 상당하는 사회복지 개별 법률 등이 제 · 개정되는 등 변화와 발전의 동향을 볼 수 있다.

4) 생존권의 법적 성격

헌법상 생존권의 법적 성격을 어떻게 보는가에 따라 그 보장의 정도는 달라질 수 있다. 생존권의 법적 성격은 크게 프로그램 규정설과 법적 권리설이 있으며, 법적 권리설은 다시 추상적 권리설과 구체적 권리설로 구분된다(김 구, 2021 : 59-61).

첫째, 프로그램 규정설은 생존권이 국가의 사회정책적 목표와 기본방침을 국민에게 선언한 것에 지나지 않는다고 보는 입장이다. 헌법상 생존권에 대한 실시는 국가의 자유재량이기 때문에 강제할 수 없으며, 생존권 규정은 국가의 사회·경제·재정적 역량에 크게 의존할 수밖에 없다고 여긴다.

둘째, 법적 권리설은 생존권에 대한 헌법 규정이 법적인 권리로 인정되며, 국민은 사회복지의 혜택을 누릴 권리를 법적으로 보장받을 수 있고, 국가는 이를 이행할 의무가 있다는 입장이다. 이러한 법적 권리설은 다시 추상적 권리설과 구체적 권리설로 나뉜다.

추상적 권리설은 국민이 국가에 대해 생존권을 보장받을 추상적 권리를 가지며, 국가는 필요한 조치를 강구할 추상적 의무를 지닌다고 보는 입장이다. 프로그램 규정설이 생존권을 국가 활동의 방침이나 기준 정도로 이해했을 뿐 개인의 권리로 인정하지 않았다면, 추상적 권리설은 생존권이 '기본권'으로 규정되어 있기 때문에 헌법 규정에 부합하도록 그 권리성을 인정하려는 것이다. 그렇기에 구체적인 권리가 보장되지 않는다고 해서 법적 권리가 없는 것이 아니라 국민은 국가에 대해 입법과 기타 조치를 요청할 수 있는 권리를 가진다고 본다. 추상적 권리설은 현재 우리나라의 다수설이며, 헌법재판소도 기본적으로 이러한 입장을 취하고 있다.

구체적 권리설은 생존권이 헌법에 보장된 권리이며, 헌법상 의무이기 때문에 국민은 국가에 직접 생존권 보장을 청구할 수 있고, 국가는 이에 적극적으로 응해야 할 의무가 있다고 보는 입장이다. 그러므로 구체적 권리설은 사회복지에 대해 입법이 없거나 있더라도 불충분할 경우 법률의 제정이나 개정을 요구할 수 있다고 본다. 이 같은 입장은 생존권이 헌법상 권리로 규정되어 있다는 점과 오늘날 그 중요성이 크게 인정받고 있다는 점에서 의미가 있으나, 생존권은 자유권과 달리 입법을 통한 구체화 없이 권리의 내용이 법적 강제력을 가지기 어렵다는 점에서 한계가 있다.

결국 생존권은 헌법에 규정된 것만으로 직접 적용되는 구체적 권리라고 보기에는 어려움이 있고, 일종의 잠정적인 권리로서 성격을 가진다. 하지만 입법자에 의해 구체적인 법률이 만들어진다면 생존권은 현실적 권리가 되고 기본권적 성격을 갖게 된다.

〈표 6-2〉 생존권의 법적 성격 유형별 특징

구 분	구체성	적극성	권리의 강도	법적 권리
프로그램 규정설	매우 약함	매우 미약	매우 미약	아님
추상적 권리설	약함	미약	미약	법적 권리
구체적 권리설	매우 강함	매우 강함	매우 강함	법적 권리

더 읽어보기

국민건강보험법 제109조 제10항 등 위헌확인(2023. 9. 26. 2019헌마1165)

우즈베키스탄 국적(고려인) A씨와 시리아 국적 B씨는 "장기체류 외국인의 국민건강보험 지역 가입자 보험료 산정방식과 보험료 체납 시 불이익에 관한 국민건강보험법, 출입국관리법 및 보건복지부 고시 조항들이 기본권을 침해한다"며 헌법소원을 냈다.
현재 국민건강보험법 제109조 제10항은 지역가입자인 국내 체류 외국인이 보험료를 체납한 경우 체납일로부터 체납 보험료를 완납할 때까지 보험급여를 지급하지 않는다고 규정한다. 이에 대하여 헌법재판소는 먼저 외국인에 대해 보험급여 제한을 달리 실시하는 것 자체는 필요하다고 판단했다. 외국인이 보험료를 체납하더라도 징수가 어렵고 보험료 납부 의무를 회피하는 것이 내국인에 비해 쉽기 때문이다. 그러나 헌재는 그렇더라도 현행 보험급여 조항은 "합리적인 수준을 현저히 벗어난다"며, 합리적인 이유 없이 외국인인 청구인들을 내국인 등과 달리 취급한 것이므로 평등권을 침해한다고 판단하였다.
그 구체적인 내용을 보면 헌법재판소는 "내국인 지역가입자의 경우 체납횟수가 6회 이상이면 체납한 보험료를 완납할 때까지 가입자와 피부양자에 대해 보험급여를 지급하지 않는데, 보험료가 6회 이상 체납됐다고 곧바로 급여제한이 이루어지는 것이 아니라 국민건강보험공단이 별도의 처분을 해야만 급여제한 효력이 발생한다. 또 체납 보험료에 대한 분할납부 승인제도도 건보공단으로부터 체납 보험료의 분할납부 승인을 받고 승인된 보험료를 1회 이상 냈으면 보험급여를 받을 수 있지만 외국인 지역가입자는 이러한 예외규정이 모두 적용 배제되었다"고 지적하였다. 이어 "보험급여 제한 조항은 아무런 예외 없이 보험급여를 제한하여 경제적 사유로 보험료를 납부할 능력이 없는 외국인 지역가입자에게는 질병, 사고, 상해 발생 시 치명적 위험성이 생기는 것에 더해 가족 전체의 생계가 흔들리는 결과를 낳을 수 있다"고 설명했다.
그럼에도 헌법재판소는 납부할 월별 보험료 하한을 전년도 전체 가입자의 보험료 평균을 고려해 정하는 구 장기체류 재외국민 및 외국인에 대한 건강보험 적용기준 및 보험료 납부단위인 세대의 인정 범위를 가입자와 배우자 및 미성년 자녀로 한정한 보건복지부 고시 등에 대해서는 기각 결정을 하였다. 또한 체류 기간 연장 허가 심사 시 보험료 체납정보를 요청할 수 있다고 규정한 출입국관리법 제78조 제2항 제3호 내용에 대해서도 기본권 침해의 적법성 요건을 갖추지 못했다며 각하 결정을 했다.
비록 해당 청구가 기각되기는 하였으나, 외국인의 피보험자 자격을 인정하면서 국민에 비해 불합리한 차별을 할 경우 그 위헌성이 인정될 수 있음을 확인했다는 점에서 매우 중요한 의미가 있다.

출처 : 법률신문 2023년 9월 26일자.

CHAPTER 07

사회복지수급권

1. 사회복지수급권의 규범적 구조
2. 수급자의 권리보호
3. 수급권의 제한과 의무
4. 수급권의 소멸
5. 권리구제

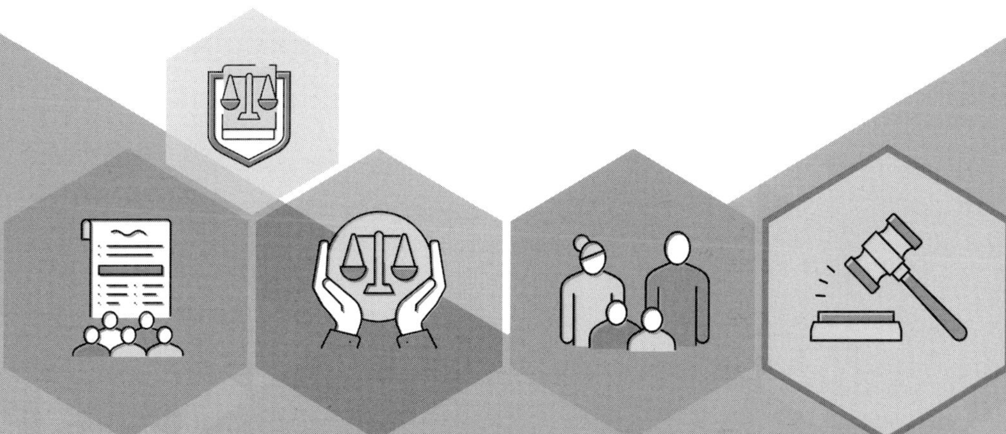

CHAPTER 07

사회복지수급권

사회복지수급권은 사회복지법상 사회복지 급여를 받을 수 있는 권리로 사회복지에 대한 급여청구권을 의미한다(강정희, 2021 : 63). 사회복지수급권은 헌법에 나타난 생존권을 좀 더 구체적으로 표현했다는 점에서 인권이나 기본권보다 구체적이고 직접적인 권리라 볼 수 있다. 사회복지법을 통해 국가가 개인에게 급여나 서비스를 제공할 때, 국가와 국민은 급여 및 서비스를 매개로 법률관계가 형성된다.

1. 사회복지수급권의 규범적 구조

사회복지수급권의 규범적 구조는 사회복지에 대한 수급권의 내용과 형식을 체계적으로 정리한 것을 뜻한다. 일반적으로 수급권의 규범적 구조는 실체적 권리, 수속적 권리, 절차적 권리로 구분할 수 있다(남기민 · 홍성로, 2020 : 103-104).

첫째, 실체적 권리는 사회복지수급권이 보장되는 핵심적 권리로서 사회복지 대상자들이 해당 사회복지법에 의거하여 청구할 수 있는 실체적이고 구체적인 사회복지급여청구권을 말한다. 실체적 권리의 내용으로 수급권자의 수급요건, 급여종류와 수준, 재정조달, 전달체계, 수급권의 보호와 제한 등이 있으며, 사회보험법에 의한 사회보험 청구권, 공공부조법에 의한 공공부조 청구권, 사회서비스법에 의한 사회서비스 청구권이 이에 해당된다.

둘째, 수속적 권리는 사회복지 급여를 받기 위해 거쳐야 하는 적절한 절차들이 적합하게 진행될 것을 요구하는 권리이다. 수급권자가 사회복지 급여를 받기 위해서는 신청에서 시작하여 조사를 거쳐 수급권 내용이 결정되고, 급여가 제공되는 일련의 과정이 수반되는데, 이 모든 과정이 인간다운 생활에 알맞게 전개되도록 요구할 수 있다는 것이다. 이러한 권리는 복지 급여에 대한 권리가 아니기 때문에 1차적 복지권은 아니고, 적법 수속절차의 2차적 복지권이라 할 수 있다. 수속적 권리의 내용은 다시 수속 전 단계와 수속 단계로 나뉜다. 수속 전 단계에는 사회복지 급여에 대해 각종 정보를 요구할 수 있는 권리, 상담과 조언을 요구할 권리, 각종 사회복지기관을 이용할 수 있는 권리가 해당되며, 수속 단계에서는 신청, 조사, 결정, 실시의 각 단계에서 사회복지 대상자의 권리가 침해되지 않도록 진행될 것을 요구할 권리가 해당된다.

셋째, 절차적 권리는 실체적 권리가 보장되지 않을 때 이에 대한 보전, 이행, 강제를 구체적으로 실현하는 절차와 관련된 권리이다. 절차적 권리의 내용은 크게 사회복지급여쟁송권, 사회복지행정참여권, 사회복지입법청구권으로 구분된다. 사회복지급여쟁송권은 실체적 권리인 사회복지 급여 청구권이 행정기관의 위법 또는 부당한 조치에 의해 침해되었을 때 이의 구제를 신청할 수 있는 권리이다. 여기에는 행정심판인 행정적 구제와 행정소송을 통한 사법적 구제가 있다. 사회복지행정참여권은 사회복지행정 과정에 사회복지 대상자나 국민이 참여할 권리를 뜻한다. 이는 사회복지 수급자격과 급여를 결정할 때 이루어지는 자산조사 과정에서 재량권의 남용을 막고 적절한 욕구의 충족에 기여하기 위함이다. 끝으로 사회복지입법청구권은 생존권 보장을 위해 사회복지 급여를 제공하는 구체적인 법률이 제정되지 않았거나, 제정되었더라도 충분치 않은 경우 사회복지 입법을 추진하거나 개정을 청구할 수 있는 권리이다.

〈표 7-1〉은 지금까지 설명한 사회복지수급권의 규범적 구조를 표로 정리한 것이다.

〈표 7-1〉 사회복지수급권의 규범적 구조

	규범적 구조		내 용
사회복지 수급권	실체적 권리		사회보험 청구권 공공부조 청구권 사회서비스 청구권
	수속적 권리	수속 전 단계	정보 제공 요구권 상담 및 조언 제공 요구권 사회복지기관 이용 요구권
		수속 단계	신청, 조사, 결정, 급여 실시 등의 수속 단계에서 권리가 침해되지 않도록 진행될 것을 요구할 수 있는 권리
	절차적 권리		사회복지급여쟁송권 사회복지행정참여권 사회복지입법청구권

출처 : 박진화(2023), p. 52의 내용을 일부 수정하였음.

2. 수급자의 권리보호

사회복지수급권은 권리실현이 취약하다. 그 이유는 크게 다음과 같이 정리할 수 있다(강정희, 2021 : 66-67). 첫째, 사회복지수급권이 헌법상 생존권을 구체적으로 실현하기 위한 사회복지법상의 사회복지서비스에 대한 급여청구권이지만, 현실적으로 우리나라와 같이 사회복지 역사가 짧은 경우 단순히 구빈적 관점에서 부여된 시혜적인 것으로 인식되는 경향이 많다. 둘째, 사회복지 급여는 현금이나 현물 이외 사회복지서비스라는 비금전적이고 전문기술적인 급여에 의해 이루어지는 면이 많은데, 이러한 급여는 개별적이고 유동적이라 그 권리실현을 표준화하고 계량화하여 법률로 규정하기 곤란한 부분이 있다. 셋째, 사회복지법이 갖는 이중성, 즉 사회복지에 대한 책임이 국가에 있다는 공적 성격과 개인의 생활유지라는 수급자의 사적 성격이 결합하여 권리성을 약하게 만들기도 한다. 넷째, 여전히 많은 사람이 생존권을 국민 다수가 누리는 권리라기보다 사회 내 소수 극빈층에 속하는 사람들을 위한 권리라고 인식하여, 생존권이 기본권으로 인정받기 어렵다. 다섯째, 빈곤을 개인의 책임으로 돌리려는 사회적 인식이 수급권에 대한 권리실현을 약하게 만든다.

이 같은 사회복지수급권의 권리성 약화에 대한 위험 때문에 우리나라 사회복지법에서는 수급자의 권리보호와 권리침해 가능성을 규제하기 위해 다양한 방법을 규정하고 있다.

1) 처분, 압류, 상계의 금지

일반적으로 민법상 채권은 법률행위에 의해 양도가 가능하지만, 공법상의 권리는 일신전속적[1]이므로 양도할 수 없다. 사회복지수급권도 공법적 성격을 지니기 때문에 양도, 담보 제공, 압류를 금지하고 있다(박진화, 2023 : 53). 예를 들어, 사회복지사업법 제48조(압류금지), 국민연금법 제58조(양도, 압류, 담보제공 금지), 국민건강보험법 제59조(양도, 압류금지), 산업재해보상보험법 제88조(양도, 압류, 담보제공 금지), 고용보험법 제38조(양도, 압류, 담보제공 금지), 국민기초생활 보장법 제35조와 제36조(양도, 압류금지) 등이 이에 해당된다. 아울러 사회복지 급여는 상계도 금지·제한되어야 한다. 여기서 상계란 "채권자와 채무자가 동종의 채권과 채무를 가지는 경우 그 채권과 채무를 대등액에 있어서 소멸하게 하는 일방적 의사표시"를 뜻한다(남기민·홍성로, 2020 : 106). 우리나라는 상계에 관한 규정을 전혀 두지 않거나, 부당이득 등의 반환청구권을 능동채권으로 할 때 한정하여 인정하는 등 개별 법률에서 상계에 대한 규정을 달리하고 있다.

2) 조세, 기타 공과금의 부과 금지

대부분의 국가들이 사회복지 입법례에서 사회복지 급여에 대한 조세 및 공과금 부과를 금지하고 있다. 사회복지 급여 제공을 통해 인간으로서 최소한의 삶을 영위하도록 하는 것이 주된 목적이기에, 급여에 대한 조세나 기타 공과금 부과가

1 일신전속성은 권리의 향유 및 행사가 특정 권리자의 일신에 전속하여 권리자와 분리할 수 없는 성질을 말한다. 따라서 양도, 상속이 허용되지 않는 성질을 가지고 있다. 예컨대, 일신전속적 권리에는 인격권, 가족권, 부양청구권, 친권 등이 있다.

적절치 않다고 보는 것이다. 대표적으로 국민연금법 제60조(조세, 기타 지자체 공과금 부과 금지), 산업재해보상보험법 제91조(공과금 면제) 등이 있으며, 이는 생존권 보장을 위해 사회복지법이 사회복지수급권을 보호하려는 목적에서 취한 조치이다.

3) 불이익변경금지의 원칙

불이익변경금지의 원칙은 사회복지 급여가 결정된 경우 해당 급여에 대해 정당한 이유 없이 변경하는 것은 기득권을 침해하는 행위가 되기 때문에 이를 금지하는 것을 말한다. 예를 들어, 국민기초생활 보장법 제34조에서는 “수급자에 대한 급여는 정당한 사유 없이 수급자에게 불리하게 변경할 수 없다”고 명시함으로써 불이익 변경의 금지를 규정하고 있다. 이러한 불이익변경금지는 여타 다른 사회복지법규에 규정되어 있지 않더라도 같은 취지로 해석되고 있다.

3. 수급권의 제한과 의무

1) 수급권의 제한

사회복지수급권은 국민의 인간다운 생활을 보장하고자 사회복지의 제도적 장치를 통해 구체적으로 실현된 것이다. 그러나 사회복지 급여를 필요로 하게 된 상태가 수급권자에게 책임을 물을 수 있는 행위로 인해 발생되었거나, 그로 인해 상태가 악화되거나, 호전되는 것을 방해할 때, 또는 수급권자가 사회복지 급여에 필요한 여러 협조 의무에 응하지 않았을 때 수급권은 제한되기도 한다. 단, 이때에도 생존권 보장을 위해 그 제한은 예외적이고 최소한으로 그쳐야 한다. 사회복지수급권이 제한되는 대표적인 경우로 다음의 네 가지 경우를 들 수 있다(강희갑 외, 2016 : 100-102; 박진화, 2023 : 54-55).

첫째, 이중급여의 제한이다. 사회복지수급권자가 다른 종류의 급여를 받게 될 때 급여를 지급하지 않거나 시급이 정지된다. 수급권자가 동일한 수급 사유로 중복수급 또는 이중보상을 받는 것은 사회적 형평성에 어긋나기 때문이다. 가령 국민건강보험법 제53조 제2항은 "공단은 보험급여를 받을 수 있는 사람이 다른 법령에 따라 국가나 지방자치단체로부터 보험급여에 상당하는 급여를 받거나 보험급여에 상당하는 비용을 지급받게 되는 경우 그 한도에서 보험급여를 하지 아니한다"고 규정하는데, 이는 이중급여 제한에 해당하는 경우라 볼 수 있다.

둘째, 수급권의 악용이다. 사회복지 급여를 받을 목적으로 고의로 사회복지 급여 지급의 원인이 되는 사유를 발생시켰을 때, 사회복지 급여 사유가 발생하지 않았음에도 불구하고 발생한 것처럼 하여 급여를 지급받았을 때, 낮은 수준의 급여 사유가 발생하였음에도 높은 수준의 급여 사유가 발생한 것처럼 부당하게 급여를 받았을 때는 수급권을 제한하게 된다. 그 예로서 국민건강보험법과 국민연금법을 들 수 있다. 국민건강보험법 제53조 제1항 제1호에서는 "고의 또는 중대한 과실로 인한 범죄행위에 그 원인이 있거나 고의로 사고를 일으킨 경우에 해당하면 보험급여를 하지 아니한다"고 규정하고 있다. 또 국민연금법 제82조 제1항에서도 "가입자 또는 가입자였던 자가 고의로 질병, 부상 또는 그 원인이 되는 사고를 일으켜 그로 인하여 장애를 입게 되는 경우에는 그 장애를 지급 사유로 하는 장애연금을 지급하지 아니할 수 있다"고 규정한다.

셋째, 수급권의 남용이다. 수급권자는 법령이 정하는 조건에 따른 의무와 함께, 권한 있는 기관의 정당한 지도 및 지시를 따를 의무가 있다. 따라서 이러한 의무를 태만히 하여 사회복지 수급 사유와 조건을 연기시키거나 수급을 부당하게 장기화하는 경우 수급권 남용에 해당되어 수급권이 제한된다.

넷째, 부당이득의 징수이다. 위법으로 사회복지 급여를 수급받은 자는 해당 급여를 반환해야 한다. 아울러 허위 기타 부정한 방법으로 급여를 받았을 때 부정수급자는 부당이득을 반환 또는 배상해야 한다. 예를 들어, 산업재해보상보험법 제84조 제1항은 부당하게 보험급여를 받은 경우 급여액의 2배에 해당하는 금액을 징수한다고 규정하고 있으며, 국민건강보험법 제57조 제1항에서도 부당한 방법으로 보험급여를 받은 자에 대해 보험급여 비용에 상당하는 금액의 전부 또는 일부를 징수할 수 있도록 규정하고 있다.

2) 수급권자의 의무

사회복지수급권자에게 주어지는 의무는 사회보험료 납부, 사회복지 급여에 대한 부담금, 수급권자의 조사순응 의무, 신의성실의 의무, 노동참여의 의무 등이 있다(김 구, 2021 : 67; 박진화, 2023 : 56-57).

첫째, 사회보험급여 수급권자는 해당 보험료를 납부해야 수급권을 인정받을 수 있다. 국민연금의 사업장가입자와 국민건강보험 직장가입자, 고용보험가입자(실업급여 부분만)의 보험료는 사용자와 가입자 각각 50%씩 부담하여 납부하고, 산재보험은 사용자가 전액 부담하여 납부한다. 또 국민연금 지역가입자의 보험료는 지역가입자가 모두 부담하여 납부하고, 국민건강보험 지역가입자의 보험료는 가입자가 속한 세대의 지역가입자 전원이 연대 부담하여 납부한다.

둘째, 사회복지 급여에 대한 부담금이란 의료나 사회서비스 등 현물급여를 이용하는 자들에게 부과되는 본인일부 부담금을 말한다. 국민건강보험이나 장기요양보험 등을 이용할 때 공단부담금을 제외한 본인부담금과 사회서비스를 이용할 때 실비부담금이 여기에 해당된다.

셋째, 사회복지수급권자는 급여제공자의 복지제공 책임의 수행에 응하여 그 책임이행 과정이 원활하게 이루어질 수 있도록 수급권자의 조사순응 의무를 부여하고 있다. 국민기초생활 보장법 제22조 제8항은 수급권자 또는 부양의무자가 급여의 결정 및 실시에 따른 조사 또는 자료제출 요구에 2회 이상 거부할 경우, 방해 또는 기피하거나 검진 지시에 따르지 않을 경우 급여신청을 각하할 수 있다고 규정하고 있다.

넷째, 사회복지수급권자는 수급조건에 따른 의무를 성실하게 이행해야 한다. 가령 수급권자가 복지수급 사유 및 조건을 고의 또는 악의 있는 행위를 통해 발생시켰을 때, 수급 사유 및 조건이 허위로 판명되었을 때, 부당하게 수급기간을 연장했을 때는 신의성실의 원칙에 따라 수급권이 제한되거나 금지될 수 있다. 국민기초생활 보장법 제37조 '신고의 의무'에서 수급자는 거주 지역, 세대의 구성 또는 임대차 계약내용이 변동되거나 소득, 재산 등이 현저히 변동되었을 때 지체 없이 관할 보장기관에 이를 신고해야 한다는 규정을 두고 있다.

다섯째, 근로능력이 있는 자가 수급권자가 될 경우 근로의 의무를 이행하여야 한다. 근로능력이 있는 자는 성실하게 자활사업에 참여하여야 수급권이 보장되며, 이를 이행하지 않았을 때 수급권이 제한될 수 있다. 국민기초생활 보장법 제9조 제5항은 근로능력이 있는 수급자에게 자활사업에 참여하는 것을 조건으로 생계급여를 지급하도록 규정되어 있다.

4. 수급권의 소멸

사회복지수급권은 무한히 보장되지는 않는다. 수급권은 일정 요건에 해당되면 소멸되는데, 그 경우는 크게 세 가지로 나눌 수 있다(남기민 · 홍성로, 2020 : 109-110).

첫째, 수급권자가 사망할 경우 그 권리가 소멸된다. 이에 대한 규정은 개별 사회복지법에서 확인할 수 있다(국민연금법 제75조 제1항 제1호, 공무원연금법 제59조 제1항 제1호 등). 수급권자가 실종선고를 받았을 때도 마찬가지로 적용된다.

둘째, 수급권자가 수급권을 포기했을 경우이다. 공법상 권리인 수급권은 양도나 처분이 금지되어 있어 권리의 포기가 가능한지 의문이 들 수 있다. 또 사회통합과 사회적 형평성을 생각할 때 수급권을 포기할 수 없도록 해야 한다는 의견이 존재할 수 있다. 하지만 사회복지 급여나 서비스를 받겠다는 동기가 없는 사람에게 이익 처분을 강제할 수 있기에 포기할 수 있다고 본다. 사회보장기본법 제14조에서는 사회보장수급권을 정당한 권한이 있는 기관에 서면으로 통지하여 포기할 수 있다(제1항)고 규정하며, 수급권의 포기는 취소도 가능하다고 명시하고 있다(제2항).

셋째, 사회복지수급권을 수급권자가 일정한 기간 동안 행사하지 않으면 시효에 의해 그 권리가 소멸하게 된다. 사회복지법에서는 수급권과 관련하여 통일된 시효 규정을 두고 있지 않으며, 개별 법에서 각각 규정하고 있다[2]. 또한 사회복

2 국민건강보험의 보험급여를 받을 권리에 대한 시효는 3년(제91조 제1항), 국민연금법상의 급여를 지급받을 권리에 대한 시효는 5년(제115조 제1항), 고용보험법상의 급여를 지급받을 권리에 대한 시효는 3년(제107조 제1항), 산업재해보상보험법상의 급여를 지급받을 권리에 대한 시효는 3년(제112조 제1항) 등이 있다.

지법에서 시효 관련 규정을 두고 있지 않은 경우에는 민법 규정(제162조)에 의해 시효가 소멸된다.

5. 권리구제

권리구제란 사회복지 급여의 수급권자가 보험료, 수급자격, 급여내용 등과 관련하여 해당 처분에 이의가 있거나 불복하는 경우, 사회복지 관련법에서 규정하는 각종 심사위원회 또는 법원에 그 처분의 시정을 구할 수 있는 절차를 말한다. 심사위원회를 통한 시정절차는 이의신청, 심사청구, 재심사청구 등의 절차로 규정되어 있고, 법원을 통한 시정절차는 행정소송을 통해 구제할 수 있는 절차이다. 여기서는 권리구제 유형 중 이의신청, 행정심판, 행정소송을 중심으로 살펴보고자 한다(박진화, 2023 : 58-59).

첫째, 이의신청은 사회복지 급여와 관련하여 부당한 행정처분을 받은 당사자가 해당 행정처분의 이의를 행정처분기관에 제출하는 권리구제제도이다. 이의신청 기간은 통상적으로 처분이 있다는 것을 안 날로부터 90일 이내이며, 문서로 신청해야 한다. 다만, 국민기초생활보장제도의 경우 서면이나 구두로 신청할 수 있는데, 구두로 신청받은 경우 이의신청을 접수한 공무원이 이의신청서를 작성할 수 있도록 협조해야 한다.

둘째, 행정심판은 행정청의 위법 또는 부당한 처분이나 부작위로 침해된 국민의 권리 또는 이익을 구제하고, 행정의 적정한 운영을 꾀함을 목적으로 행정심판 절차를 통해 심리·판정하는 절차를 말한다(행정심판법 제1조). 사법이나 공법상의 구제절차에 앞서 사회적 약자의 생존권을 신속하게 확보하여 수급자의 권익을 보호하고 증진하기 위해, 또 사법적 판단과정에서 소요되는 재정적·시간적 부담을 줄이기 위해 행정기관을 통한 권리구제 절차를 각 법률별로 규정하고 있다. 국민연금법, 산업재해보상보험법, 고용보험법에는 재심사청구에 대해 행정심판법에 따른 행정심판으로 본다고 규정하고 있다.

셋째, 행정소송은 행정청의 위법한 처분이나 그 밖에 공권력의 행사·불행사 등으로 인한 국민의 권리 또는 이익의 침해를 구제하고, 공법상의 권리관계 또는 법 적용에 관한 다툼을 적정하게 해결하기 위한 소송절차이다(행정소송법 제1조). 행정소송은 행정쟁송이라는 점에서 행정심판과 같지만, 분쟁해결기관과 절차는 법원을 통한다는 점에서 차이가 있다. 과거에는 행정심판을 반드시 거쳐야만 행정소송이 가능했지만, 1988년 행정소송법 개정을 통해 당해 법률에 규정이 있는 경우를 제외하고는 행정심판과 관계없이 행정소송을 제기할 수 있게 되었다. 그러므로 사회복지법상 권리구제는 상황에 따라 행정소송을 직접 제기하거나 행정심판 절차를 선택할 수 있다.

더 읽어보기

국민연금 권리구제 사례 :

주소지가 상이하고 기초연금을 단독가구로 수급하였으나 배우자의 생계유지를 인정한 사례

청구인은 배우자의 사망으로 공단에 유족연금을 청구하였지만, 공단은 청구인이 망인과 부양관계가 없다(주소지 상이, 기초연금을 단독가구로 수급)고 판단하여 유족연금 지급을 거부하였다. 이에 대해 청구인은 망인과 본인이 집안의 경조사와 명절에 교류가 있었으며, 망인이 청구인에게 경제적 지원을 하는 등 생계유지가 있었으므로 유족연금 지급을 주장하였다. 대법원은 법률혼이 사실상 형식적으로 존재하고 실제로 혼인관계가 해소되어 법률상 이혼이 있었던 것과 마찬가지로 볼 수 있는 등 예외적인 경우를 제외하고 함부로 법률상 배우자를 연금 수급권자에서 제외할 수는 없다는 판례(대법원 1993. 7. 27. 선고, 93누1497판결)를 참고하여 다음과 같이 판결하였다.

청구인은 망인의 법률상 배우자로 신분관계가 인정되고, 공단의 사실확인내용을 보면 청구인이 외손자를 돌보느라 거주지가 상이했다고 진술하는 점, 다른 가족들도 청구인이 망인의 장례식에 참석하고 망인의 제사를 지내고 있다고 일관되게 진술하는 점 등을 종합적으로 고려해 볼 때, 망인과 청구인 사이에 명백하게 부양관계가 없는 경우는 아니므로 청구인의 유족연금 수급권을 인정한다.

출처 : 보건복지부 · 국민연금공단(2022). 국민연금 권리구제 사례집, p. 85.

CHAPTER 08

사회복지법의 분석

CHAPTER 08

사회복지법의 분석[1]

법은 규범적 타당성과 법적 실효성을 요구한다. 법 철학자 예링은 법에 대해 다음과 같이 말했다(김환준, 2018 : 17). '정의의 여신은 한 손에 칼을, 다른 손에 저울을 든다. 권리를 주장하는 칼과 권리를 달아 비교하는 저울을 쥐고 있다. 저울을 갖지 못한 칼은 단순히 물리적 폭력에 지나지 않는다. 반대로 칼 없는 저울도 무력한 것이다. 칼과 저울이 함께 갖추어질 때 법이 지켜진다.'

생명력을 가진 법인지 판단하기 위해 다음과 같은 분석기준을 참고로 판단해 보자. 첫째, 규범적 타당성이다. 여기에는 입법목적의 타당성, 대상자의 권리 및 국가책임 명시 여부, 대상자의 요건과 범위, 급여의 요건과 내용, 국가의 재정부담 책임이 포함된다. 둘째, 법적 실효성이다. 이를 위해 구체적으로 조직과 인력, 재정조달 방법, 권리구제 및 벌칙 여부를 판단한다.

1 이명현(2020)의 9장 참고.

1. 규범적 타당성

1) 입법목적 및 권리 · 책임

우리나라의 사회복지법에서는 제1조에서 해당 법의 입법목적을 밝히고 있다. 국민연금법은 국민의 노령, 장애 또는 사망에 대하여 연금급여를 실시함으로써 국민의 생활 안정과 복지 증진에 이바지하는 것을 목적으로 하고 있다(제1조). 국민기초생활 보장법은 생활이 어려운 사람에게 필요한 급여를 실시하여 이들의 최저생활을 보장하고 자활을 돕는 것을 목적으로 한다(제1조). 아동복지법은 아동이 건강하게 출생하여 행복하고 안전하게 자랄 수 있도록 아동의 복지를 보장하는 것이 목적이다(제1조). 노인복지법은 노인의 질환을 사전에 예방 또는 조기발견하고 질환 상태에 따른 적절한 치료 · 요양으로 심신의 건강을 유지하며, 노후의 생활 안정을 위해 필요한 조치를 강구함으로써 노인의 보건복지 증진에 기여하는 것을 목적으로 한다(제1조). 장애인복지법은 장애인의 인간다운 삶과 권리보장을 위한 국가와 지방자치단체 등의 책임을 명백히 하고, 장애 발생 예방과 장애인의 의료, 교육, 직업, 재활, 생활환경 개선 등에 관한 사업을 정하여 장애인복지대책을 종합적으로 추진하며, 장애인의 자립생활, 보호 및 수당 지급 등에 관해 필요한 사항을 정하여 장애인의 생활 안정에 기여하는 등 장애인의 복지와 사회활동 참여 증진을 통하여 사회통합에 이바지하는 것이 목적이다.

한편 사회복지법에서는 대상자의 용어 정의와 함께 이들의 권리와 국가의 책임을 명시하고 있다. 예를 들어, 국민연금법은 제3조 용어의 정의에서 "수급권"이란 이 법에 따른 급여를 받을 권리를 말한다고 규정하고, "수급권자"란 수급권을 가진 자를 말한다고 규정하고 있다. 국가의 책임에 대해서는 제3조의2에 '국가는 이 법에 따른 연금급여가 안정적 · 지속적으로 지급되도록 필요한 시책을 수립 · 시행하여야 한다'고 명문화하였다. 국민기초생활 보장법의 경우, 이 법에 따른 급여를 받을 수 있는 자격을 가진 사람을 수급권자라 정하고(제2조), 급여기준에 대해 건강하고 문화적인 최저생활을 유지할 수 있는 것으로 규정함으로써

(제4조 제1항) 수급자의 인간다운 생활을 보장받을 권리를 명문화하였다. 아동복지법도 기본이념과 국가의 책임을 규정하고 있다. 아동은 아동의 권리보장과 복지 증진을 위해 이 법에 따른 보호와 지원을 받을 권리를 가지며(제2조 제4항), 국가와 지방자치단체는 아동의 안정, 건강 및 복지 증진을 위해 아동과 그 보호자 및 가정을 지원하기 위한 정책을 수립 · 시행하여야 한다(제4조 제1항). 장애인복지법은 장애인의 권리를 제4조에 규정하였다. 장애인은 인간으로서 존엄과 가치를 존중받으며, 그에 어울리는 대우를 받는다(제1항). 장애인은 국가 · 사회의 구성원으로서 정치 · 경제 · 사회 · 문화, 그 밖의 모든 분야의 활동에 참여할 권리를 가진다(제2항). 장애인은 장애인 관련 정책결정 과정에 우선적으로 참여할 권리가 있다(제3항). 아울러 제9조에 국가와 지방자치단체의 책임을 규정하였다. 국가와 지방자치단체는 장애 발생을 예방하고, 장애의 조기발견에 대한 국민의 관심을 높이며, 장애인의 자립을 지원하고, 보호가 필요한 장애인을 보호하여 장애인의 복지를 향상시킬 책임을 가진다(제1항).

2) 대상자의 요건과 범위

대상자의 요건과 범위에 대해 개별 법률에 구체적으로 명확히 규정할 수도 있고, 재량적 판단의 여지를 남겨둘 수도 있다. 여기에는 서로 다른 견해가 존재할 수 있지만, 인간다운 생활 보장을 위해 대상자의 범위는 가급적 넓게 규정될 필요가 있다. 특히 사회복지법은 욕구에 맞는 서비스 제공과 관련된 내용이 많으므로 대상자의 요건과 범위를 법령으로 엄격히 규정하기보다는 전문성에 근거한 재량적 판단에 맡길 여지가 있다. 예를 들어, 장애인복지법 제2조 제1항에서는 장애인 정의를 비교적 폭넓게 규정하고 있다.[2]

한편, 노인복지법과 같이 대상자의 법적 요건과 범위에 대해 명확히 규정하는

2 제2조(장애인의 정의 등) ① "장애인"이란 신체적 · 정신적 장애로 오랫동안 일상생활이나 사회생활에서 상당한 제약을 받는 자를 말한다. ② 이 법을 적용받는 장애인은 제1항에 따른 장애인 중 다음 각 호의 어느 하나에 해당하는 장애가 있는 자로서 대통령령으로 정하는 장애의 종류 및 기준에 해당하는 자를 말한다. 1. "신체적 장애"란 주요 외부 신체기능의 장애, 내부기관의 장애 등을 말한다. 2. "정신적 장애"란 발달장애 또는 정신질환으로 발생하는 장애를 말한다.

경우도 있다. 노인복지법 제25조는 노인의 생업지원에 대하여 ① 국가, 지방자치단체, 그 밖의 공공단체 중 대통령령으로 정하는 기관은 소관 공공시설에 식료품 · 사무용품 · 신문 등 일상생활용품 판매를 위한 매점이나 자동판매기의 설치를 허가 또는 위탁할 때에는 65세 이상 노인의 신청이 있는 경우 이를 우선적으로 반영하여야 한다고 규정하고 있다. 또 제26조 경로우대에 대해서는 ① 국가 또는 지방자치단체는 65세 이상의 자에 대하여 대통령령이 정하는 바에 의하여 국가 또는 지방자치단체의 수송시설 및 고궁 · 능원 · 박물관 · 공원 등의 공공시설을 무료로 또는 그 이용요금을 할인하여 이용할 수 있도록 정하고 있다. 제28조 상담 · 입소 등의 조치로는 ① 보건복지부 장관, 특별시장 · 광역시장 · 특별자치시장 · 도지사 · 특별자치도지사, 시장 · 군수 · 구청장은 노인에 대한 복지를 도모하기 위해 필요하다고 인정한 때에는 다음 각 호의 조치를 하여야 한다고 정하고 있다. 가령 제1호는 65세 이상의 자 또는 그를 보호하고 있는 자를 관계공무원 또는 노인복지상담원으로 하여금 상담 · 지도하게 하는 것이라 정하고 있다. 제2호는 65세 이상의 자로서 신체적 · 정신적 · 경제적 이유 또는 환경상의 이유로 거택에서 보호받기가 곤란한 자를 노인주거복지시설 또는 재가노인복지시설에 입소시키거나 입소를 위탁하는 것이라 정하고 있다. 제3호는 65세 이상의 자로서 신체 또는 정신상의 현저한 결함으로 인하여 항상 보호를 필요로 하고 경제적 이유로 거택에서 보호받기가 곤란한 자를 노인의료복지시설에 입소시키거나 입소를 위탁하도록 정하고 있다.[3]

3) 급여의 요건과 내용

복지 급여는 모든 생활상의 위험에 대응할 수 있도록 포괄적이어야 한다. 특별한 경우를 제외하고서는 급여가 제한되어서는 안 될 것이다.

---

3 노인복지법 제31조에서 규정하는 노인복지시설의 종류는 다음과 같다. ① 노인주거복지시설 : 양로시설, 노인공동생활가정, 노인복지주택, ② 노인의료복지시설 : 노인요양시설, 노인요양공동생활가정, ③ 노인여가복지시설 : 노인복지관, 경로당, 노인교실, ④ 재가노인복지시설 : 방문요양, 주야간보호, 단기보호, 방문목욕 등의 서비스를 제공하는 시설, ⑤ 노인보호전문기관, ⑥ 노인일자리지원기관 : 노인인력개발기관, 노인일자리지원기관, 노인취업알선기관, ⑦ 학대피해노인 전용쉼터

산재보험의 경우 업무상의 사유로 인한 재해를 급여요건으로 하고 있다. 이와 관련하여 출근 중 교통사고에 대한 대법원 판결(2007. 9. 28. 선고 2005두12572)은 다음과 같이 판단하고 있다. 다수의견은 출퇴근 중에 발생한 재해가 업무상 재해로 되기 위해서는 사업주가 제공한 교통수단을 근로자가 이용하거나 또는 사업주가 이에 준하는 교통수단을 이용하도록 하는 등 근로자의 출퇴근 과정이 사업주의 지배·관리하에 있다고 볼 수 있는 경우라 판단하였다. 이에 대해 소수의견은 출퇴근은 노무 제공을 위해 반드시 거쳐야 할 필수적 과정이므로 다수의견에 따르게 되면 당해 출퇴근 행위자가 공무원 또는 군인인지 아니면 일반 근로자인지에 따라, 나아가 같은 일반 근로자라 할지라도 사립학교 교직원인지 아닌지에 따라 그 규범적 평가를 달리하게 된다는 것이다. 따라서 이것은 형평성 내지 평등의 원칙에 반하고 법 규범의 통일적 해석 및 적용의 견지에서 타당하지 못하다고 판단하였다. 덧붙여 다수의견에 대한 보충의견은 산재보험법에 의해 비로소 구체화되는 사회적 기본권의 하나이므로 출퇴근 재해가 보상범위에 포함되면 산재보험 재정이 현저히 악화되고 보험강제 가입자인 사업주의 부담 증가, 예산의 효율적인 배분 저해, 기준 해석에 관한 혼란이 초래될 것이라는 입장이었다. 반면에 소수의견에 대한 보충의견은 재정적인 문제가 있다는 점을 들어 입법자가 정한 법률의 내용을 차별적으로 해석·적용하여 일반 근로자에 대해 입법자의 본래 의도보다 축소하여 해석하고 집행하는 것이 허용될 수 있다면, 이는 법률 해석에 있어서 본말이 전도된 것으로 타당하지 않다는 입장이었다(김환준, 2018 : 19).

이러한 대법원의 판단을 반영하여 2007년 12월 산업재해보상보험법이 전면 개정되었다. 그 내용은 업무상의 재해를 업무상의 사유에 따른 근로자의 부상·질병·장해 또는 사망으로 규정(제5조)하고, 업무상 재해 인정 기준으로서 근로자가 업무상 사고나 업무상 질병으로 인한 사유로 부상·질병 또는 장해가 발생하거나 사망하면 업무상 재해로 본다고 규정하면서도, 업무와 재해 사이에 상당한 인과관계가 없는 경우에는 인정 기준에서 제외하도록 한 것이다(제37조 제1항 제1호 다목). 이 같은 산업재해보상보험법 업무상 재해 인정 기준(제37조 제1항 제1호 다목)은 2016년 9월 출퇴근 재해에 대해 헌법상 평등원칙에 위배된다는 이유로 헌법재판소의 불합치 결정이 내려짐에 따라 출퇴근 중 발생한 사고에 대해 산재를 인정하도록 법이 개정되었다. 이 중 주요 내용을 요약하면 다음과 같다(김환준, 2018 : 20).

'도보나 자기 소유 교통수단 또는 대중교통수단 등을 이용하여 출퇴근하는 산업재해보상보험 가입 근로자(이하 '비혜택근로자')는 사업주가 제공하거나 그에 준하는 교통수단을 이용하여 출퇴근하는 산재보험 가입 근로자와 같은 근로자인데도, 사업주의 지배관리 아래 있다고 볼 수 없는 통상적 경로와 방법으로 출퇴근하던 중에 발생한 재해로 인정받지 못한다는 점에서 차별 취급이 존재한다. 통상의 출퇴근 재해를 산업보험법상 업무상 재해로 인정할 경우 산재보험 재정상황이 악화되거나 사업주 부담 보험료가 인상될 수 있다는 문제점은 보상대상을 제한하거나 근로자에게도 해당 보험료의 일정 부분을 부담시키는 방법 등으로 어느 정도 해결할 수 있다. 반면에 통상의 출퇴근 중 재해를 입은 비혜택근로자는 가해자를 상대로 불법행위 책임을 물어도 충분한 구제를 받지 못하는 것이 현실이고, 심판대상 조항으로 초래되는 비혜택근로자와 그 가족의 정신적·신체적 혹은 경제적 불이익은 매우 중대하다. 따라서 심판대상 조항은 합리적 이유 없이 비혜택근로자를 자의적으로 차별하는 것이므로, 헌법상 평등원칙에 위배된다. 심판대상을 단순위헌으로 선고하는 경우 출퇴근 재해를 업무상 재해로 인정하는 최소한의 법적 근거마저도 상실되는 부당한 법적 공백 상태와 혼란이 발생할 우려가 있다. 그러므로 심판대상 조항에 대해 헌법불합치 결정을 선고하되, 2017년 12월 31일을 시한으로 입법자의 개선이 있을 때까지 계속 적용을 명한다.'

이에 따라 2017년 10월 24일 법의 일부 개정이 추진되어 2018년 12월 13일부터 시행되는 현행 산업재해보상보험법 규정을 수정하였다. 즉, 법 제37조 '업무상 재해의 인정 기준'에서 근로자의 업무상 사고를 구분하는 가~바 중 헌법불합치 결정에 의해 '다'를 삭제하였다. 따라서 업무상 사고란 '근로자가 근로계약에 따라 업무나 그에 따르는 행위를 하던 중 발생한 사고(가), 사업주가 제공한 시설물 등을 이용하던 중 그 시설물 등의 결함이나 관리 소홀로 발생한 사고(나), 사업주가 주관하거나 사업주의 지시에 따라 참여한 행사나 행사준비 중에 발생한 사고(라), 휴게시간 중 사업주의 지배관리하에 있다고 볼 수 있는 행위로 발생한 사고(마), 그 밖에 업무와 관련하여 발생한 사고(바)를 말한다(제37조 제1항 제1호).

업무상 질병이란 업무수행 과정에서 물리적 인자, 화학물질, 분진, 병원체, 신체에 부담을 주는 업무 등 근로자의 건강에 재해를 일으킬 수 있는 요인을 취급하거나 그에 노출되어 발생한 질병, 업무상 부상이 원인이 되어 발생한 질병, 근로기준법 제76조의2에 따른 직장 내 괴롭힘, 고객의 폭언 등으로 인한 업무상 정신적 스트레스가 원인이 되어 발생한 질병, 그 밖에 업무와 관련하여 발생한 질병이다(제37조 제1항 제2호).

출퇴근 재해란 사업주가 제공한 교통수단이나 그에 준하는 교통수단을 이용하는 등 사업주의 지배관리하에서 출퇴근하는 중 발생한 사고, 그 밖에 통상적인 경로와 방법으로 출퇴근하는 중 발생한 사고를 말한다(제37조 제1항 제3호).

4) 재정부담

사회보장에 대한 비용부담은 각 제도의 목적에 따라 국가, 지방자치단체 및 민간부문 간에 합리적으로 조정되어야 한다. 사회보험에 드는 비용은 사용자, 피용자 및 자영업자가 부담하는 것을 원칙으로 하되, 관계 법령에서 정하는 바에 따라 국가가 그 비용의 일부를 부담할 수 있다. 공공부조 및 관계 법령에서 정하는 일정 소득 수준 이하의 국민에 대한 사회서비스에 드는 비용의 전부 또는 일부는 국가와 지방자치단체가 부담한다. 부담능력이 있는 국민에 대한 사회서비스에 드는 비용은 그 수익자가 부담함을 원칙으로 하되, 관계 법령에서 정하는 바에 따라 국가와 지방자치단체가 그 비용의 일부를 부담할 수 있다(사회보장기본법 제28조 비용의 부담).

2. 법적 실효성

법적 실효성은 각 법률에서 규정하는 조직과 인력, 재정조달 방법, 권리구제 및 벌칙의 기준을 말한다. 이러한 기준이 충족되어 있는지 분석함으로써 실효성 확보 여부를 판단할 수 있다.

1) 조직과 인력

우리나라 개별 사회복지법에서는 사회복지조직과 인력에 대한 내용을 명시하고 있다. 사회보장기본법은 제29조 제1~3항에 걸쳐 사회보장 전달체계의 기준을 정하고 있다. 이에 따르면 국가와 지방자치단체는 모든 국민이 쉽게 이용할 수 있고 사회보장급여가 적시에 제공될 수 있도록 지역적 · 기능적으로 균형 잡힌 사회보장 전달체계를 구축하여야 한다. 또한 국가와 지방자치단체는 사회보장 전달체계의 효율적 운영에 필요한 조직, 인력, 예산을 갖추어야 한다. 아울러 공공부문과 민간부문의 사회보장 전달체계를 효율적으로 연계할 수 있도록 노력하여야 한다.

사회복지사업법에서도 제11~13조에 걸쳐 사회복지사의 자격증 발급, 사회복지사 결격사유, 자격취소, 유사명칭 사용금지, 국가시험, 채용 및 교육 등에 관한 규정을 두고 있으며, 「사회보장급여의 이용 · 제공 및 수급권자 발굴에 관한 법률」(사회보장급여법) 제43조에도 사회복지전담공무원의 배치 · 업무 · 교육훈련 등에 관한 규정을 명시하고 있다.

2) 재정조달 방법

재정조달 방법의 경우, 국민연금법에서는 제87조에 의해 국가가 매년 공단 및 건강보험공단이 국민연금사업을 관리 · 운영하는 데 필요한 비용의 전부 또는 일부를 부담할 것을 명시하고 있다. 또한 제88조 제3항에 의해 사업장가입자의 연금보험료 중 기여금은 사업장가입자 본인이, 부담금은 사용자가 각각 부담하되,

그 금액은 각각 기준소득월액의 1천분의 45에 해당하는 금액으로 할 것을 명시하였다. 제4항에 의해 지역가입자, 임의가입자 및 임의계속가입자의 연금보험료는 지역가입자, 임의가입자 또는 임의계속가입자 본인이 부담하되, 그 금액은 기준소득월액의 1천분의 90으로 할 것을 명시하였다. 한편, 사업장가입자인 근로자로서 소득이 일정 금액 미만인 경우에는 연금보험료 중 기여금 및 부담금의 일부를 예산의 범위에서 지원할 수 있다.[4]

3) 권리구제 및 벌칙 여부

우리나라 사회복지법에서는 권리구제에 관한 내용을 명시하고 있다. 국민연금법은 급여 구제절차에 대하여 제108조 심사청구 조항을 통해 이의신청 절차를 마련하고 있다. 즉, 가입자의 자격, 기준소득월액, 연금보험료, 그 밖의 이 법에 따른 징수금과 급여에 관한 공단 또는 건강보험공단의 처분에 이의가 있는 자는 그 처분을 한 공단 또는 건강보험공단에 심사청구를 할 수 있다. 심사청구에 대한 결정에 불복하는 사람은 결정통지를 받은 날부터 90일 이내에 국민연금재심사위원회에 재심사를 청구할 수 있다(제109조 제1-2항 참조).

국민기초생활 보장법에서도 제38조에 이의신청 절차로서 '시장 · 군수 · 구청장의 처분에 대하여 이의가 있는 경우에는 결정의 통지를 받은 날부터 90일 이내에 해당 보장기관을 거쳐 시 · 도지사에게 서면 또는 구두로 이의를 신청'할 수 있도록 하고 있다. 이때 구두로 이의신청을 접수한 보장기관의 공무원은 이의신청서를 작성할 수 있도록 협조해야 한다. 또 이의신청서를 받은 시 · 도지사는 30일 이내에 필요한 심사를 하고 이의신청을 각하 또는 기각하거나 해당 처분을 변경 또는 취소하거나 그 밖에 필요한 급여를 해야 한다(제39조).

한편, 개별 사회복지법은 금지행위 등을 규정하고 있다. 사회복지사업법은 보

4 국민연금법 제100조의3(연금보험료의 지원) ① 국가는 제8조에 따른 사업장가입자로서 국민인 근로자가 다음 각 호의 요건을 모두 충족하는 경우에는 연금보험료 중 기여금 및 부담금의 일부를 예산의 범위에서 지원할 수 있다. 1. 대통령령으로 정하는 규모의 사업장에 고용되어 대통령령으로 정하는 금액 미만의 소득을 얻을 것. 2. 근로자의 재산 및 소득세법 제4조 제1항 제1호에 따른 종합소득이 대통령령으로 정하는 기준 미만일 것. ② 제1항에 따른 연금보험료의 지원수준, 지원방법 및 절차 등에 필요한 사항은 대통령령으로 정한다.

호대상자에 대한 금지행위 위반자에 대한 처벌규정을 둠으로써 실효성을 확보하고자 하였다. 즉, 수급권자에게 의무를 부과하고 이를 위반한 사람에게 일정한 벌칙을 가할 수 있는 것이다. 벌칙은 사회복지법의 목적 실현을 위한 국가의 명령이나 금지를 위반한 자에 대한 처벌을 의미한다. 이는 신체형(사형, 징역 금고, 구류)과 재산형(벌금과 과태료), 명예형(자격정지와 자격상실)으로 구분된다.

예를 들어, 사회복지사업법 제6조 제1항은 '누구든지 정당한 이유 없이 사회복지시설의 설치를 방해하여서는 아니 된다'라고 명시하며, 규정을 위반한 자는 1년 이하의 징역 또는 1천만 원 이하의 벌금에 처할 수 있다고 명시한다(동법 제54조 제1호). 또한 시설운영이 중단되거나 시설이 폐지되는 경우에 정당한 이유 없이 시설 거주자의 권익보호 조치를 거부하거나 기피한 자에 대해 1년 이하의 징역 또는 1천만 원 이하의 벌금을 부과할 수 있다고 명시한다(제54조 제4조).

장애인복지법은 장애인에 대한 차별 및 영리행위를 금지하고 있다. 가령 장애인복지법 제87조 제1호의 경우, 장애인을 위하여 부당한 영리행위를 한 자에 대해 1년 이하의 징역이나 1천만 원 이하의 벌금에 처하도록 규정하고 있다. 또한 제88조 제1호에서는 교육을 필요로 하는 장애인의 입학지원을 거부하거나 입학시험 합격자의 입학을 거부하는 등 불리한 조치를 취한 자의 경우에 500만 원 이하의 벌금에 처하는 등 실효성 확보 조치를 두고 있다.

아동복지법은 제17조에서 금지행위를 통해 아동을 매매하는 행위, 음란행위, 성희롱, 정서적 학대, 신체적 학대행위, 아동 양육을 알선하거나, 금품 취득이나 요구, 아동에게 증여된 금품을 목적 외의 용도로 사용하는 행위를 규정하고, 제71조를 통해 처벌할 수 있도록 하고 있다. 구체적으로 아동을 매매하는 행위는 10년 이하의 징역에 처한다. 또한 음란행위나 성적 수치심을 주는 성희롱 등 성적 학대는 10년 이하의 징역 또는 1억 원 이하의 벌금에 처한다. 「아동 · 청소년의 성보호에 관한 법률」에 따른 성희롱, 성폭력을 제외한 제3호부터 제8호까지의 금지행위 위반자에 대해서는 5년 이하의 징역 또는 5천만 원 이하의 벌금에 처한다. 제10호 또는 제11호에 해당하는 행위는 3년 이하의 징역 또는 3천만 원 이하의 벌금에 처한다.

국민연금법은 사회보험 가입을 방해한 사용자에 대해 1년 이하의 징역이나

1천만 원 이하의 벌금에 처하는 벌칙규정을 두고 있다. 즉, 국민연금법 제128조에 의해 부담금의 전부 또는 일부를 사업장가입자에게 부담하게 하거나 임금에서 기여금을 공제할 때 기여금을 초과하는 금액을 사업장가입자의 임금에서 공제한 사용자, 납부기한까지 정당한 사유 없이 연금보험료를 내지 아니한 사용자, 근로자가 가입자로 되는 것을 방해하거나 부담금의 증가를 기피할 목적으로 정당한 사유 없이 근로자의 승급 또는 임금 인상을 하지 아니하거나 해고나 그 밖의 불리한 대우를 한 사용자 등 어느 하나에 해당하더라도 1년 이하 징역이나 1천만 원 이하 벌금형으로 처벌한다.

국민기초생활 보장법과 국민연금법은 허위 또는 부정수급에 대한 처벌규정을 두고 있다. 예를 들어, 국민기초생활 보장법은 제49조 벌칙규정에 속임수나 그 밖의 부정한 방법으로 급여를 받거나 타인으로 하여금 급여를 받게 한 자는 1년 이하의 징역, 1천만 원 이하의 벌금, 구류 또는 과료에 처하도록 하고 있다. 국민연금법은 제128조 제1항에 거짓이나 그 밖의 부정한 방법으로 급여를 받은 자는 3년 이하의 징역이나 3천만 원 이하의 벌금에 처하도록 하고 있다.

한편 행정상의 무질서를 야기하는 상대적으로 가벼운 의무위반 행위에 대해서는 행정질서벌로서 과태료와 같은 재산형 벌칙이 부과된다. 가령 사회복지사업법은 보수교육(제13조 제2항), 법인임면보고(제18조 제6항), 사회복지법인 용어사용 금지(제31조), 법인의 재산취득 보고의무(제24조), 시설의 안전점검(제34조의4) 위반 등에 대해 300만 원 이하의 과태료 벌칙을 명시하고 있다(제58조).

마지막으로 명예형으로서 예를 들면, 사회복지사업법 제11조의3에 보건복지부장관이 사회복지사의 자격을 취소하거나 일정 기간 정지시킬 수 있는 금지행위 처벌 조항들이 규정되어 있다.

더 읽어보기

아래 기사를 읽고 규범적 타당성과 법적 실효성을 갖춘 상병수당 제도의 도입을 위해 어떤 조건들이 갖춰져야 할지 생각해 보자.

"아프면 쉬라고 도입하는 '상병수당'…신청하다 더 아플 지경"

살면서 한 번도 안 아플 수는 없다. 그런데 한국 사회에서 아프다고 밝히기는 쉽지 않다. 아프면 참는 게 먼저다. 아프다고 해도 도움을 받기 힘들고, 오히려 '잘못된 몸', '쓸모없는 몸'으로 여겨질까 두렵기 때문이다. 잘 아플 수 있는 사회가 되려면 구성원의 인식이나 문화의 변화와 함께 제도가 뒷받침돼야 한다. 보건의료·노동계에서는 잘 아플 수 있는 사회, 아프면 쉴 수 있는 사회를 위한 기본적인 제도로 '상병수당'을 꼽는다.

상병수당은 '부상이나 질병으로 아플 때 받는 돈'이다. 아파서 일을 못할 때, 치료에 집중할 수 있도록 일정 부분 소득을 보장해 주는 제도다. 이 제도는 여러 국가에서 시행 중이다. 보건복지부 자료를 보면 2019년 기준 상병수당 제도가 있는 나라는 163개국이다. 경제협력개발기구(OECD) 38개 회원국 중 한국과 미국만 이 제도가 없다. 다만, 미국에선 뉴욕 등 일부 주 차원에서는 운영 중이다.

한국에서 상병수당 도입 논의는 오래전부터 있었다. 국가인권위원회가 2006년 도입을 권고했고, 2014년 국회에서 '상병휴직법' 입법 시도가 있었지만 무산됐다. 코로나19 팬데믹이 닥치면서 이 제도의 도입 필요성이 다시 부각됐고, 정부는 2022년 '한국형 상병수당 제도' 시범사업을 시작했다. 3년의 시범사업을 거쳐 내년에 본격 도입할 예정이다.

시범사업은 3단계로 진행 중이다. 여러 모형을 시험해 보고 결과를 최종 설계에 반영하겠다는 계획이다. 그러나 시범사업 단계에서부터 우려가 쏟아졌다. 우선 상병수당 금액이 너무 적다는 지적이 나온다. 모든 모형에 적용하는 수당 금액은 최저임금의 60%(지난해 기준 하루 4만 6,180원)이다. 상병수당 제도를 도입한 대부분의 국가들이 최저임금이 아닌 종전 소득의 50% 이상을 보장하는 것과 대비된다. 보장 기간도 90~120일로 상대적으로 짧다. 180일 이상 보장하는 국가가 대부분이다.

지원 대상도 너무 협소하다는 비판이 나온다. 1단계 지급 대상은 건강·고용보험 등에 가입된 취업자 등이다. 비정규직이나 5인 미만 영세 사업장 일부 노동자는 대상이 아니다. 2단계는 소득 조건이 추가돼 대상이 더 좁아졌다. 2단계 지원 대상은 '가구 합산 건강보험료 기준 중위소득 120% 이하'로 설정됐다. 지난해 기준 1인 가구는 월소득 249만3,470원, 4인 가구는 648만1,157원보다 많으면 제외된다. 건강보험 급여는 소득과 상관없이 지급하는 것과 대비된다. 실효성 없는 보상, 까다로운 요건에 홍보도 제대로 되지 않아 지난해 책정된 시범사업 예산의 절반이 남았다.

어렵게 첫발을 뗀 상병수당 제도가 성공적으로 도입되려면 전반적 개선이 필요하다는 지적이 나온다. ○○○ 교수는 "지난해 시범사업 지역을 순회했는데 상병수당이 있는지도 모르는 노동자들이 많았다"라면서 "제도 취지나 의미뿐 아니라 상병수당은 노동자의 당연한 권리라는 걸 시민들이 알 수 있도록 해야 한다"라고 말했다.

출처 : 경향신문 2024년 2월 5일자.

CHAPTER **09**

사회보장기본법과 사회보장급여법

1. 사회보장기본법의 개요
2. 사회보장기본법의 내용
3. 사회보장급여의 이용 · 제공 및 수급권자 발굴에 관한 법률(이하 사회보장급여법)

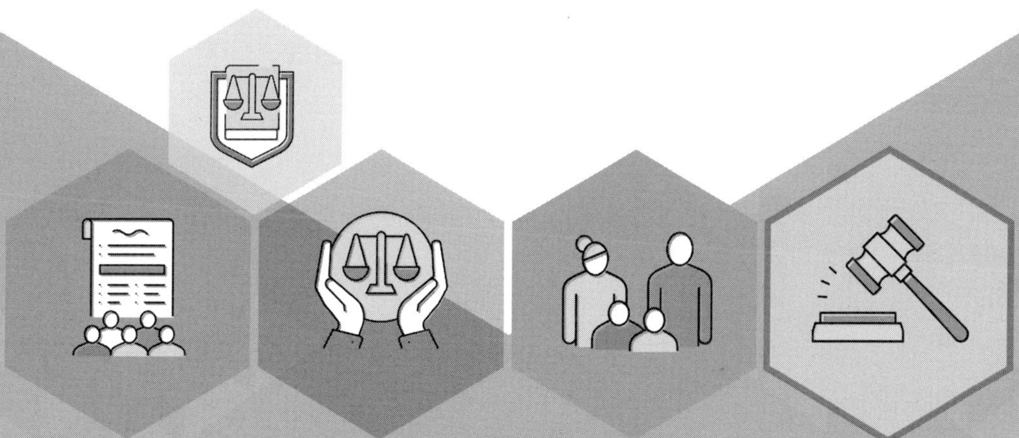

CHAPTER 09

사회보장기본법과 사회보장급여법

1. 사회보장기본법의 개요

1) 개 요

사회보장기본법은 사회복지 관련법의 가장 기본이 되는 법이며, 일반법의 위치에 있는 세 가지 법인 사회보장기본법, 사회보장급여제공에 관한 법률, 사회사업법 중 하나이다. 사회보장기본법에서는 용어의 정의, 사회보장제도의 운영원칙과 비용부담의 원칙, 사회보장급여의 기준, 사회보장수급권의 특징 등을 다룬다. 특히 사회보장기본법에서는 사회복지사 1급 시험에서 매년 2~4문제 정도가 출제되고 있기 때문에 전체적인 내용을 잘 파악할 필요성이 있다.

2) 입법배경

복지선진국의 경우에는 사회복지제도의 통합과 조정을 위한 사회복지에 관한 법을 모아둔 사회법전 등이 존재한다. 우리나라의 경우에는 사회보장기본법이 사회복지제도 간의 유기적 통합과 조정 역할을 한다.

사회보장기본법 이전에는 1963년 제정된 「사회보장에관한법률」이 존재하였으나, 내용이 지나치게 간결하여 기본법으로서의 역할을 하지 못하였다. 다만, 경제성장기에는 복지를 통한 분배보다는 경제정책을 통한 경제성장을 우선시하였기 때문에 크게 문제 되지 않았다. 그러나 정부가 민주화되고, 점차 복지에 대한 관심이 높아지면서 복지제도가 많아지게 되자, 이 제도들을 유기적으로 통합하고 조정할 수 있는 기본법의 역할이 필요하게 되었다. 이에 1995년 「사회보장기본법」을 제정하였다.

사회보장기본법의 역할은 「사회보장기본법」 제4조(다른 법률과의 관계)에서 명확하게 나타난다. "사회보장에 관한 다른 법률을 제정 또는 개정하는 경우에는 이 법에 부합되도록 하여야 한다"는 문장은 「사회보장기본법」이 헌법의 이념을 실현하는 제반의 제도들, 즉 사회보험, 공공부조, 사회서비스의 제정뿐만 아니라 관련 법률의 개정이나 제도의 운영 등 전체적인 방향을 정해주는 일종의 상위규범으로써 역할함을 규정하는 것으로 보아야 한다.

2. 사회보장기본법의 내용

1) 총 칙

총칙에서는 사회보장기본법의 목적, 용어의 정의, 국가 및 지방자치단체, 국민의 책임 등이 자주 출제된다.

제1조(목적) 이 법은 사회보장에 관한 국민의 권리와 국가 및 지방자치단체의 책임을 정하고 사회보장정책의 수립·추진과 관련 제도에 관한 기본적인 사항을 규정함으로써 국민의 복지 증진에 이바지하는 것을 목적으로 한다.

제2조(기본 이념) 사회보장은 모든 국민이 다양한 사회적 위험으로부터 벗어나 행복하고 인간다운 생활을 향유할 수 있도록 자립을 지원하며, 사회참여·자아실현에 필요한 제도와 여건을 조성하여 사회통합과 행복한 복지사회를 실현하는 것을 기본 이념으로 한다.

제3조(정의) 이 법에서 사용하는 용어의 뜻은 다음과 같다. 〈개정 2021. 6. 8.〉

1. "사회보장"이란 출산, 양육, 실업, 노령, 장애, 질병, 빈곤 및 사망 등의 사회적 위험으로부터 모든 국민을 보호하고 국민 삶의 질을 향상시키는 데 필요한 소득·서비스를 보장하는 사회보험, 공공부조, 사회서비스를 말한다.
2. "사회보험"이란 국민에게 발생하는 사회적 위험을 보험의 방식으로 대처함으로써 국민의 건강과 소득을 보장하는 제도를 말한다.
3. "공공부조"(公共扶助)란 국가와 지방자치단체의 책임하에 생활 유지 능력이 없거나 생활이 어려운 국민의 최저생활을 보장하고 자립을 지원하는 제도를 말한다.
4. "사회서비스"란 국가·지방자치단체 및 민간부문의 도움이 필요한 모든 국민에게 복지, 보건의료, 교육, 고용, 주거, 문화, 환경 등의 분야에서 인간다운 생활을 보장하고 상담, 재활, 돌봄, 정보의 제공, 관련 시설의 이용, 역량 개발, 사회참여 지원 등을 통하여 국민의 삶의 질이 향상되도록 지원하는 제도를 말한다.
5. "평생사회안전망"이란 생애주기에 걸쳐 보편적으로 충족되어야 하는 기본욕구와 특정한 사회위험에 의하여 발생하는 특수욕구를 동시에 고려하여 소득·서비스를 보장하는 맞춤형 사회보장제도를 말한다.
6. "사회보장 행정데이터"란 국가, 지방자치단체, 공공기관 및 법인이 법령에 따라 생성 또는 취득하여 관리하고 있는 자료 또는 정보로서 사회보장정책 수행에 필요한 자료 또는 정보를 말한다.

제4조(다른 법률과의 관계) 사회보장에 관한 다른 법률을 제정하거나 개정하는 경우에는 이 법에 부합되도록 하여야 한다.

제5조(국가와 지방자치단체의 책임) ① 국가와 지방자치단체는 모든 국민의 인간다운 생활을 유지·증진하는 책임을 가진다.

② 국가와 지방자치단체는 사회보장에 관한 책임과 역할을 합리적으로 분담하여야 한다.

③ 국가와 지방자치단체는 국가 발전수준에 부응하고 사회환경의 변화에 선제적으로 대응하며 지속가능한 사회보장제도를 확립하고 매년 이에 필요한 재원을 조달하여야 한다.

④ 국가는 사회보장제도의 안정적인 운영을 위하여 중장기 사회보장 재정추계를 격년으로 실시하고 이를 공표하여야 한다.

제6조(국가 등과 가정) ① 국가와 지방자치단체는 가정이 건전하게 유지되고 그 기능이 향상되도록 노력하여야 한다.

② 국가와 지방자치단체는 사회보장제도를 시행할 때에 가정과 지역공동체의 자발적인 복지활동을 촉진하여야 한다.

제7조(국민의 책임) ① 모든 국민은 자신의 능력을 최대한 발휘하여 자립·자활(自活)할 수 있도록 노력하여야 한다.

② 모든 국민은 경제적·사회적·문화적·정신적·신체적으로 보호가 필요하다고 인정되는 사람에게 지속적인 관심을 가지고 이들이 보다 나은 삶을 누릴 수 있는 사회환경 조성에 서로 협력하고 노력하여야 한다.

③ 모든 국민은 관계 법령에서 정하는 바에 따라 사회보장급여에 필요한 비용의 부담, 정보의 제공 등 국가의 사회보장정책에 협력하여야 한다.

제8조(외국인에 대한 적용) 국내에 거주하는 외국인에게 사회보장제도를 적용할 때에는 상호주의의 원칙에 따르되, 관계 법령에서 정하는 바에 따른다.

2) 사회보장에 관한 국민의 권리(사회보장수급권)

사회보장수급권은 사회보장급여를 받을 권리로써, 본 단락에서는 사회보장급여의 수준, 보호, 제한, 포기 등에 대한 내용이 자주 언급된다. 신청이나 구상의 경우에는 각 법률에 의해 다시 결정되기 때문에, 다른 법률과 연계하여 알아두면 좋다.

제9조(사회보장을 받을 권리) 모든 국민은 사회보장 관계 법령에서 정하는 바에 따라 사회보장급여를 받을 권리(이하 "사회보장수급권"이라 한다)를 가진다.

제10조(사회보장급여의 수준) ① 국가와 지방자치단체는 모든 국민이 건강하고 문화적인 생활을 유지할 수 있도록 사회보장급여의 수준 향상을 위하여 노력하여야 한다.

② 국가는 관계 법령에서 정하는 바에 따라 최저보장수준과 최저임금을 매년 공표하여야 한다.

③ 국가와 지방자치단체는 제2항에 따른 최저보장수준과 최저임금 등을 고려하여 사회보장급여의 수준을 결정하여야 한다.

제11조(사회보장급여의 신청) ① 사회보장급여를 받으려는 사람은 관계 법령에서 정하는 바에 따라 국가나 지방자치단체에 신청하여야 한다. 다만, 관계 법령에서 따로 정하는 경우에는 국가나 지방자치단체가 신청을 대신할 수 있다.

② 사회보장급여를 신청하는 사람이 다른 기관에 신청한 경우에는 그 기관은 지체 없이 이를 정당한 권한이 있는 기관에 이송하여야 한다. 이 경우 정당한 권한이 있는 기관에 이송된 날을 사회보장급여의 신청일로 본다.

제12조(사회보장수급권의 보호) 사회보장수급권은 관계 법령에서 정하는 바에 따라 다른 사람에게 양도하거나 담보로 제공할 수 없으며, 이를 압류할 수 없다.

제13조(사회보장수급권의 제한 등) ① 사회보장수급권은 제한되거나 정지될 수 없다. 다만, 관계 법령에서 따로 정하고 있는 경우에는 그러하지 아니하다.

② 제1항 단서에 따라 사회보장수급권이 제한되거나 정지되는 경우에는 제한 또는 정지하는 목적에 필요한 최소한의 범위에 그쳐야 한다.

제14조(사회보장수급권의 포기) ① 사회보장수급권은 정당한 권한이 있는 기관에 서면으로 통지하여 포기할 수 있다.

② 사회보장수급권의 포기는 취소할 수 있다.

③ 제1항에도 불구하고 사회보장수급권을 포기하는 것이 다른 사람에게 피해를 주거나 사회보장에 관한 관계 법령에 위반되는 경우에는 사회보장수급권을 포기할 수 없다.

제15조(불법행위에 대한 구상) 제3자의 불법행위로 피해를 입은 국민이 그로 인하여 사회보장수급권을 가지게 된 경우 사회보장제도를 운영하는 자는 그 불법행위의 책임이 있는 자에 대하여 관계 법령에서 정하는 바에 따라 구상권(求償權)을 행사할 수 있다.

3) 사회보장 기본계획과 사회보장위원회

사회보장 기본계획은 5년마다 발표되는 사회복지제도의 장기적 발전방향과 관련된 계획을 말한다. 몇몇 관련법들은 자체적인 기본계획에 관한 조항을 가지고 있으며, 발표시기는 조금씩 차이가 있으니 잘 구분할 필요가 있다. 또한 사회보장위원회와 같은 위원회 역시 관련법에 따라 위원회가 운영되는 경우가 많으니, 각 위원회를 구분할 수 있을 정도로 정리해 놓는 것이 좋다.

제16조(사회보장 기본계획의 수립) ① 보건복지부장관은 관계 중앙행정기관의 장과 협의하여 사회보장 증진을 위하여 사회보장에 관한 기본계획(이하 "기본계획"이라 한다)을 5년마다 수립하여야 한다.

② 기본계획에는 다음 각 호의 사항이 포함되어야 한다.

1. 국내외 사회보장환경의 변화와 전망
2. 사회보장의 기본목표 및 중장기 추진방향
3. 주요 추진과제 및 추진방법
4. 필요한 재원의 규모와 조달방안
5. 사회보장 관련 기금 운용방안
6. 사회보장 전달체계
7. 그 밖에 사회보장정책의 추진에 필요한 사항

③ 기본계획은 제20조에 따른 사회보장위원회와 국무회의의 심의를 거쳐 확정한다. 기본계획 중 대통령령으로 정하는 중요한 사항을 변경하려는 경우에도 같다.

제21조(위원회의 구성 등) ① 위원회는 위원장 1명, 부위원장 3명과 행정안전부장관, 고용노동부장관, 여성가족부장관, 국토교통부장관을 포함한 30명 이내의 위원으로 구성한다.

② 위원장은 국무총리가 되고 부위원장은 기획재정부장관, 교육부장관 및 보건복지부장관이 된다.

③ 위원회의 위원은 다음 각 호의 어느 하나에 해당하는 사람으로 한다.

1. 대통령령으로 정하는 관계 중앙행정기관의 장

2. 다음 각 목의 사람 중에서 대통령이 위촉하는 사람
가. 근로자를 대표하는 사람
나. 사용자를 대표하는 사람
다. 사회보장에 관한 학식과 경험이 풍부한 사람
라. 변호사 자격이 있는 사람

④ 위원의 임기는 2년으로 한다. 다만, 공무원인 위원의 임기는 그 재임 기간으로 하고, 제3항 제2호 각 목의 위원이 기관·단체의 대표자 자격으로 위촉된 경우에는 그 임기는 대표의 지위를 유지하는 기간으로 한다.

⑤ 보궐위원의 임기는 전임자 임기의 남은 기간으로 한다.

4) 사회보장정책의 기본방향

제22조(평생사회안전망의 구축·운영) ① 국가와 지방자치단체는 모든 국민이 생애 동안 삶의 질을 유지·증진할 수 있도록 평생사회안전망을 구축하여야 한다.

② 국가와 지방자치단체는 평생사회안전망을 구축·운영함에 있어 사회적 취약계층을 위한 공공부조를 마련하여 최저생활을 보장하여야 한다.

제23조(사회서비스 보장) ① 국가와 지방자치단체는 모든 국민의 인간다운 생활과 자립, 사회참여, 자아실현 등을 지원하여 삶의 질이 향상될 수 있도록 사회서비스에 관한 시책을 마련하여야 한다.

② 국가와 지방자치단체는 사회서비스 보장과 제24조에 따른 소득보장이 효과적이고 균형적으로 연계되도록 하여야 한다.

제24조(소득 보장) ① 국가와 지방자치단체는 다양한 사회적 위험하에서도 모든 국민들이 인간다운 생활을 할 수 있도록 소득을 보장하는 제도를 마련하여야 한다.

② 국가와 지방자치단체는 공공부문과 민간부문의 소득보장제도가 효과적으로 연계되도록 하여야 한다.

5) 사회보장제도의 운영

사회보장제도의 운영원칙은 ① 보편성의 원칙, ② 형평성의 원칙, ③ 민주성의 원칙, ④ 효율성과 전문성의 원칙, ⑤ 역할조정의 원칙이 있다. 이 내용은 법 소

항으로 나올 수도 있으나, 대부분 위와 같이 '~의 원칙'이라는 형태로 시험문제에 자주 나오는 경우가 많다.

제29조에서는 사회보장 전달체계의 원칙이 언급되는데, 이와 구별할 필요가 있다. 그 외에도 민간의 참여(유도), 비용의 부담, 전달체계에 대한 조항도 잘 알아두는 것이 좋다.

제25조(운영원칙) ① 국가와 지방자치단체가 사회보장제도를 운영할 때에는 이 제도를 필요로 하는 모든 국민에게 적용하여야 한다.

② 국가와 지방자치단체는 사회보장제도의 급여 수준과 비용 부담 등에서 형평성을 유지하여야 한다.

③ 국가와 지방자치단체는 사회보장제도의 정책 결정 및 시행 과정에 공익의 대표자 및 이해관계인 등을 참여시켜 이를 민주적으로 결정하고 시행하여야 한다.

④ 국가와 지방자치단체가 사회보장제도를 운영할 때에는 국민의 다양한 복지 욕구를 효율적으로 충족시키기 위하여 연계성과 전문성을 높여야 한다.

⑤ 사회보험은 국가의 책임으로 시행하고, 공공부조와 사회서비스는 국가와 지방자치단체의 책임으로 시행하는 것을 원칙으로 한다. 다만, 국가와 지방자치단체의 재정 형편 등을 고려하여 이를 협의 · 조정할 수 있다.

제27조(민간의 참여) ① 국가와 지방자치단체는 사회보장에 대한 민간부문의 참여를 유도할 수 있도록 정책을 개발 · 시행하고 그 여건을 조성하여야 한다.

② 국가와 지방자치단체는 사회보장에 대한 민간부문의 참여를 유도하기 위하여 다음 각 호의 사업이 포함된 시책을 수립 · 시행할 수 있다.

1. 자원봉사, 기부 등 나눔의 활성화를 위한 각종 지원사업
2. 사회보장정책의 시행에 있어 민간부문과의 상호협력체계 구축을 위한 지원사업
3. 그 밖에 사회보장에 관련된 민간의 참여를 유도하는 데에 필요한 사업

제28조(비용의 부담) ① 사회보장 비용의 부담은 각각의 사회보장제도의 목적에 따라 국가, 지방자치단체 및 민간부문 간에 합리적으로 조정되어야 한다.

② 사회보험에 드는 비용은 사용자, 피용자(被傭者) 및 자영업자가 부담하는 것

을 원칙으로 하되, 관계 법령에서 정하는 바에 따라 국가가 그 비용의 일부를 부담할 수 있다.

③ 공공부조 및 관계 법령에서 정하는 일정 소득 수준 이하의 국민에 대한 사회서비스에 드는 비용의 전부 또는 일부는 국가와 지방자치단체가 부담한다.

④ 부담 능력이 있는 국민에 대한 사회서비스에 드는 비용은 그 수익자가 부담함을 원칙으로 하되, 관계 법령에서 정하는 바에 따라 국가와 지방자치단체가 그 비용의 일부를 부담할 수 있다.

제29조(사회보장 전달체계) ① 국가와 지방자치단체는 모든 국민(보편성의 원칙)이 쉽게 이용할 수 있고(접근성의 원칙) 사회보장급여가 적시에 제공되도록 지역적 · 기능적으로 균형 잡힌(적절성/적시성의 원칙) 사회보장 전달체계를 구축하여야 한다.

② 국가와 지방자치단체는 사회보장 전달체계의 효율적 운영(효율성의 원칙)에 필요한 조직, 인력, 예산 등을 갖추어야 한다.

③ 국가와 지방자치단체는 공공부문과 민간부문의 사회보장 전달체계가 효율적으로 연계(연계성의 원칙)되도록 노력하여야 한다.

제32조(사회보장통계) ① 국가와 지방자치단체는 효과적인 사회보장정책의 수립 · 시행을 위하여 사회보장에 관한 통계(이하 "사회보장통계"라 한다)를 작성 · 관리하여야 한다.

② 관계 중앙행정기관의 장과 지방자치단체의 장은 소관 사회보장통계를 대통령령으로 정하는 바에 따라 보건복지부장관에게 제출하여야 한다.

③ 보건복지부장관은 제2항에 따라 제출된 사회보장통계를 종합하여 위원회에 제출하여야 한다.

제33조(정보의 공개) 국가와 지방자치단체는 사회보장제도에 관하여 국민이 필요한 정보를 관계 법령에서 정하는 바에 따라 공개하고, 이를 홍보하여야 한다.

제34조(사회보장에 관한 설명) 국가와 지방자치단체는 사회보장 관계 법령에서 규정한 권리나 의무를 해당 국민에게 설명하도록 노력하여야 한다.

제35조(사회보장에 관한 상담) 국가와 지방자치단체는 사회보장 관계 법령에서 정하는 바에 따라 사회보장에 관한 상담에 응하여야 한다.

제36조(사회보장에 관한 통지) 국가와 지방자치단체는 사회보장 관계 법령에서 정하는 바에 따라 사회보장에 관한 사항을 해당 국민에게 알려야 한다.

6) 사회보장정보의 관리

본 단락은 사회복지현장에서 활용하는 사회보장정보시스템의 구축과 운영에 관한 조항이다. 사회보장정보시스템이 어떤 법령에 근거하고 있는지, 어떤 목적을 가지고 있는지, 총괄하는 사람은 누구인지, 사회보장정보시스템의 활용이 가져올 수 있는 단점인 개인정보보호는 어떻게 해야 하는지 등에 대해 규정하고 있다.

제37조(사회보장정보시스템의 구축 · 운영 등) ① 국가와 지방자치단체는 국민편익의 증진과 사회보장업무의 효율성 향상을 위하여 사회보장업무를 전자적으로 관리하도록 노력하여야 한다.

② 국가는 관계 중앙행정기관과 지방자치단체에서 시행하는 사회보장수급권자 선정 및 급여 관리 등에 관한 정보를 통합 · 연계하여 처리 · 기록 및 관리하는 시스템(이하 "사회보장정보시스템"이라 한다)을 구축 · 운영할 수 있다.

③ 보건복지부장관은 사회보장정보시스템의 구축 · 운영을 총괄한다.

④ 보건복지부장관은 사회보장정보시스템 구축 · 운영의 전 과정에서 개인정보 보호를 위하여 필요한 시책을 마련하여야 한다.

⑤ 보건복지부장관은 관계 중앙행정기관, 지방자치단체 및 관련 기관 · 단체에 사회보장정보시스템의 운영에 필요한 정보의 제공을 요청하고 제공받은 목적의 범위에서 보유 · 이용할 수 있다. 이 경우 자료의 제공을 요청받은 자는 정당한 사유가 없으면 이에 따라야 한다.

제38조(개인정보 등의 보호) ① 사회보장업무에 종사하거나 종사하였던 자는 사회보장업무 수행과 관련하여 알게 된 개인 · 법인 또는 단체의 정보를 관계 법령에서 정하는 바에 따라 보호하여야 한다.

② 국가와 지방자치단체, 공공기관, 법인 · 단체, 개인이 조사하거나 제공받은 개인 · 법인 또는 단체의 정보는 이 법과 관련 법률에 근거하지 아니하고 보유, 이용, 제공되어서는 아니 된다.

7) 보 칙

권리구제에 대한 구체적인 내용은 해당 법률에서 규정하고 있으며, 해당 규정에 따라 이루어진다. 사회보장기본법에 권리구제에 대한 조항이 있다는 것만 알아두자.

> 제39조(권리구제) 위법 또는 부당한 처분을 받거나 필요한 처분을 받지 못함으로써 권리 또는 이익을 침해받은 국민은 「행정심판법」에 따른 행정심판을 청구하거나 「행정소송법」에 따른 행정소송을 제기하여 그 처분의 취소 또는 변경 등을 청구할 수 있다.

3. 사회보장급여의 이용 · 제공 및 수급권자 발굴에 관한 법률(이하 사회보장급여법)

1) 개요 및 총칙

(1) 개요

사회보장급여법은 본래 사회복지사업법 안에 조항으로 존재하였으나, 2014년 서울 송파 세모녀 사망사건 이후 복지전달체계의 효과적인 서비스 제공 및 통합적 제공을 목적으로 분리 · 제정되었다.

따라서 사회보장급여법은 사회보장기본법의 목적을 실현하기 위한 세부적인 실행방안과 절차를 담고 있으며, 전반적인 사회보장급여의 신청, 조사, 결정 및 지급, 사후관리 등 수급자의 선정과 지원에 대한 일련의 절차 등을 구체적으로 규정하고 있다. 이 외에도 앞서 언급한 세모녀 사망사건과 같이 복지사각지대의 소외계층을 발굴하기 위한 신고의무, 보호대상자에게 필요한 급여의 직권신청, 수급권자의 보호 등 다양한 방안을 규정하고 있다.

또한 구체적인 방안 이외에도 사회보장정보의 관리, 사회복지전담공무원에 관한 규정, 지역사회보장계획, 시·도 사회보장위원회, 시·군·구 지역사회보장협의체 등에 관한 규정 역시 담고 있다는 점에서 사회보장급여의 제공에 대한 전반적인 내용을 옮겨왔다고 볼 수 있다.

(2) 목적 및 정의, 기본원칙

제1조(목적) 이 법은 「사회보장기본법」에 따른 사회보장급여의 이용 및 제공에 관한 기준과 절차 등 기본적 사항을 규정하고 지원을 받지 못하는 지원대상자를 발굴하여 지원함으로써 사회보장급여를 필요로 하는 사람의 인간다운 생활을 할 권리를 최대한 보장하고, 사회보장급여가 공정하고 효과적으로 제공되도록 하며, 사회보장제도가 지역사회에서 통합적으로 시행될 수 있도록 그 기반을 구축하는 것을 목적으로 한다.

제2조(정의) ① "사회보장급여"란 제5호의 보장기관이 「사회보장기본법」 제3조 제1호에 따라 제공하는 현금, 현물, 서비스 및 그 이용권을 말한다.

② "수급권자"란 「사회보장기본법」 제9조에 따른 사회보장급여를 제공받을 권리를 가진 사람을 말한다.

③ "수급자"란 사회보장급여를 받고 있는 사람을 말한다.

④ "지원대상자"란 사회보장급여를 필요로 하는 사람을 말한다.

⑤ "보장기관"이란 관계 법령 등에 따라 사회보장급여를 제공하는 국가기관과 지방자치단체를 말한다.

제4조(기본원칙) ① 사회보장급여가 필요한 사람은 누구든지 자신의 의사에 따라 사회보장급여를 신청할 수 있으며, 보장기관은 이에 필요한 안내와 상담 등의 지원을 충분히 제공하여야 한다.

② 보장기관은 지원이 필요한 국민이 급여대상에서 누락되지 아니하도록 지원대상자를 적극 발굴하여 이들이 필요로 하는 사회보장급여를 적절하게 제공받을 수 있도록 노력하여야 한다.

③ 보장기관은 국민의 다양한 복지욕구를 충족시키고 생애주기별 필요에 맞는 사회보장급여가 공정·투명·적정하게 제공될 수 있도록 노력하여야 한다.

④ 보장기관은 사회보장급여와 「사회복지사업법」 제2조 제3호 및 제4호의 사

회복지법인, 사회복지시설 등 사회보장 관련 민간 법인 · 단체 · 시설이 제공하는 복지혜택 또는 서비스를 효과적으로 연계하여 제공할 수 있도록 노력하여야 한다.

⑤ 보장기관은 국민이 사회보장급여를 편리하게 이용할 수 있도록 사회보장 정책 및 관련 제도를 수립 · 시행하기 위하여 노력하여야 한다.

⑥ 보장기관은 지역의 사회보장 수준이 균등하게 실현될 수 있도록 노력하여야 한다.

2) 사회보장급여

(1) 사회보장급여의 이용

제5조(사회보장급여의 신청) ① 지원대상자와 그 친족, 「민법」에 따른 후견인, 「청소년 기본법」에 따른 청소년상담사 · 청소년지도사, 지원대상자를 사실상 보호하고 있는 자(관련 기관 및 단체의 장을 포함한다) 등(이하 "사회보장급여 신청권자"라 한다)은 지원대상자의 주소지 관할 보장기관에 사회보장급여를 신청할 수 있다. 다만, 지원대상자의 주소지와 실제 거주지가 다른 경우에는 실제 거주지 관할 보장기관에도 신청할 수 있고, 중앙행정기관의 장이 지원대상자의 이용 편의, 사회보장급여의 제공 유형 등을 고려하여 필요하다고 결정한 사회보장급여의 경우에는 지원대상자의 주소지 관할이 아닌 보장기관에도 신청할 수 있다.

② 보장기관의 업무담당자는 지원대상자가 누락되지 아니하도록 하기 위하여 관할 지역에 거주하는 지원대상자에 대한 사회보장급여의 제공을 직권으로 신청할 수 있다. 이 경우 지원대상자의 동의를 받아야 하며, 동의를 받은 경우에는 지원대상자가 신청한 것으로 본다.

③ 제2항 후단에도 불구하고 보장기관의 업무담당자는 지원대상자가 심신미약 또는 심신상실 등 대통령령으로 정하는 경우에 해당하면 지원대상자의 동의 없이 직권으로 사회보장급여의 제공을 신청할 수 있다. 이 경우 보장기관의 업무담당자는 직권 신청한 사실을 보장기관의 장에게 지체 없이 보고하여야 한다.

④ 보장기관의 장이 지정한 법인·단체·시설·기관 등은 사회보장급여 신청권자의 요청에 따라 제1항에 따른 신청을 지원할 수 있다.

⑤ 보장기관의 업무담당자는 제1항 및 제2항에 따른 신청 시 신청인 또는 지원대상자에 대하여 다음 각 호의 사항을 고지하여야 한다.

1. 근거 법령, 제7조에 따른 조사의 목적, 조사 정보의 범위 및 이용방법
2. 제20조에 따른 신고의무
3. 제34조에 따른 정보의 보유기간 및 파기

제6조(사회보장 요구의 조사) 보장기관의 장은 제5조에 따른 사회보장급여의 신청을 받으면 다음 각 호의 사항을 조사하여야 한다.

① 지원대상자의 사회보장 요구와 관련된 사항

② 지원대상자의 건강상태, 가구 구성 등 생활 실태에 관한 사항

③ 그 밖에 지원대상자에게 필요하다고 인정되는 사회보장급여에 관한 사항

제7조(수급자격의 조사) ① 보장기관의 장은 제5조에 따른 사회보장급여의 신청을 받으면 지원대상자와 그 부양의무자(배우자와 1촌의 직계혈족 및 그 배우자를 말한다. 이하 같다)에 대하여 사회보장급여의 수급자격 확인을 위하여 다음 각 호의 어느 하나에 해당하는 자료 또는 정보를 제공받아 조사하고 처리(「개인정보 보호법」 제2조 제2호의 처리를 말한다. 이하 같다)할 수 있다. 다만, 부양의무자에 대한 조사가 필요하지 아니하거나 그 밖에 대통령령으로 정하는 사유에 해당하는 경우는 제외한다.

1. 인적사항 및 가족관계 확인에 관한 사항
2. 소득·재산·근로능력 및 취업상태에 관한 사항
3. 사회보장급여 수급이력에 관한 사항
4. 그 밖에 수급권자를 선정하기 위하여 보장기관의 장이 필요하다고 인정하는 사항

② 보장기관의 장은 제1항 각 호의 사항을 확인하기 위하여 필요한 자료의 확보가 곤란한 경우 신청인 또는 지원대상자와 그 부양의무자에게 필요한 자료의 제출을 요구할 수 있다.

③ 보장기관의 업무담당자는 제1항 각 호의 사항을 확인하기 위하여 필요한 경우 그 권한을 표시하는 증표 및 조사기간, 조사범위, 조사담당자, 관계 법령

등 보건복지부령으로 정하는 사항이 기재된 서류를 제시하고 거주지 및 사실 확인에 필요한 관련 장소를 방문할 수 있다.

④ 보장기관의 장이 제1항 각 호의 조사를 실시하기 위하여 주민등록전산정보 · 가족관계등록전산정보, 금융 · 국세 · 지방세, 토지 · 건물 · 건강보험 · 국민연금 · 고용보험 · 산업재해보상보험 · 출입국 · 병무 · 보훈급여 · 교정 등 대통령령으로 정하는 관련 전산망 또는 자료를 이용하고자 하는 경우에는 관계 중앙행정기관, 법원행정처, 지방자치단체, 관련 기관 및 단체, 법인 · 시설 등에 협조를 요청할 수 있다. 이 경우 자료의 제출을 요청받은 기관 및 단체, 법인 · 시설 등은 정당한 사유가 없으면 이에 따라야 한다.

⑤ 보장기관의 장은 제1항에 따른 조사 과정에서 지원대상자에게 의견을 진술할 기회를 제공하여야 한다.

⑥ 보장기관은 신청인 또는 지원대상자와 그 부양의무자가 제1항에 따른 조사를 방해 또는 기피하거나 제2항에 따른 자료 제출 요구를 두 번 이상 거부하는 경우에는 해당 사회보장급여의 신청을 각하할 수 있다.

⑦ 제1항에 따른 조사의 내용 · 절차 · 방법 등에 관하여 이 법에서 정하는 사항을 제외하고는 「행정조사기본법」에서 정하는 바를 따른다.

제9조(사회보장급여 제공의 결정) ① 보장기관의 장이 제6조 및 제7조에 따른 조사를 실시한 경우에는 사회보장급여의 제공 여부 및 제공 유형을 결정하되, 제공하고자 하는 사회보장급여는 지원대상자가 현재 제공받고 있는 사회보장급여와 보장내용이 중복되도록 하여서는 아니 된다.

② 보장기관의 장은 사회보장급여의 제공 결정에 필요한 경우 지원대상자와 그 친족, 그 밖에 관계인의 의견을 들을 수 있다.

③ 보장기관의 장은 제1항에 따라 결정된 사회보장급여의 제공 여부와 그 유형 및 변경사항 신고의무 등을 서면(신청인의 동의에 의한 전자문서를 포함한다)으로 신청인에게 통지하여야 하며, 필요한 경우 구두 등의 방법을 병행할 수 있다. 이 경우 통지에 필요한 사항은 대통령령으로 정한다.

④ 보장기관의 장이 제1항에 따른 사회보장급여의 제공 여부 및 제공 유형을 결정할 때 제7조 제4항 또는 제8조 제2항에 따라 제공받은 자료 · 정보의 전부 또는 일부를 통해 평가한 지원대상자와 그 부양의무자의 소득 · 재산 수준이

보건복지부장관이 정하는 기준 이하인 경우에는 소득 · 재산 관련 조사의 일부를 생략하고 사회보장급여의 지급을 결정할 수 있다.

(2) 지원대상자의 발굴

제9조의2(위기가구의 발굴) ① 보장기관의 장은 누락된 지원대상자가 적절한 사회보장급여를 제공받을 수 있도록 지원이 필요한 다음 각 호의 가구(이하 이 조에서 "위기가구"라 한다)를 발굴하기 위하여 노력하여야 한다.

1. 제11조 제1항 각 호에 해당하는 관계 기관 · 법인 · 단체 · 시설의 장에게 공유받은 정보와 제12조 제1항 각 호의 자료 또는 정보의 처리 결과 보장기관의 장이 위기상황에 처하여 있다고 판단한 사람의 가구
2. 자살자가 발생한 가구 또는 자살시도자가 발생한 가구로서 대통령령으로 정하는 기준에 해당하는 가구

제10조(자료 또는 정보의 제공과 홍보) 보장기관의 장은 지원대상자를 발굴하기 위하여 다음 각 호의 사항에 대한 자료 또는 정보의 제공과 홍보에 노력하여야 한다.

1. 사회보장급여의 내용 및 제공규모
2. 수급자가 되기 위한 요건과 절차
3. 그 밖에 사회보장급여 수급을 위하여 필요한 정보

제13조(지원대상자 발견 시 신고의무) ① 누구든지 출산, 양육, 실업, 노령, 장애, 질병, 빈곤 및 사망 등의 사회적 위험으로 인하여 사회보장급여를 필요로 하는 지원대상자를 발견하였을 때에는 보장기관에 알려야 한다.

② 다음 각 호의 어느 하나에 해당하는 사람은 그 직무상 제1항과 같은 사회적 위험으로 인하여 사망 또는 중대한 정신적 · 신체적 장애를 입을 위기에 처한 지원대상자를 발견한 경우 지체 없이 보장기관에 알리고, 지원대상자가 신속하게 지원을 받을 수 있도록 노력하여야 한다.

(3) 수급권자 등의 지원

제15조(지원계획의 수립 및 시행) ① 보장기관의 장은 제9조 제1항에 따라 사회보

장급여의 제공을 결정한 때에는 필요한 경우 다음 각 호의 사항이 포함된 수급권자별 사회보장급여 제공계획(이하 이 조에서 "지원계획"이라 한다)을 수립하여야 한다. 이 경우 수급권자 또는 그 친족이나 그 밖의 관계인의 의견을 고려하여야 한다.

1. 사회보장급여의 유형 · 방법 · 수량 및 제공기간
2. 사회보장급여를 제공할 기관 및 단체
3. 동일한 수급권자에 대하여 사회보장급여를 제공할 보장기관 또는 관계 기관 · 법인 · 단체 · 시설이 둘 이상인 경우 상호 간 연계방법
4. 사회보장 관련 민간 법인 · 단체 · 시설이 제공하는 복지혜택과 연계가 필요한 경우 그 연계방법

② 보장기관의 장은 지원계획에 따라 사회보장급여가 제공될 수 있도록 노력하여야 하며, 필요한 경우 사회보장급여 제공결과를 정기적으로 평가하고 그 결과에 따라 지원계획을 변경할 수 있다.

③ 보장기관의 장은 수급권자의 지원계획 수립 · 변경 시 사회보장정보시스템을 통하여 수급자격을 확인할 수 있다.

④ 보장기관의 장은 지원계획의 실행을 위하여 필요하다고 판단되는 최소한의 정보를 관계 보장기관과 공유할 수 있으며, 필요한 경우 수급권자의 동의를 받아 대통령령으로 정하는 법인 · 단체 · 시설과 공유할 수 있다.

제17조(이의신청) ① 이 법에 따른 처분에 이의가 있는 수급권자 등은 그 처분을 받은 날로부터 90일 이내에 처분을 결정한 보장기관의 장에게 이의신청을 할 수 있다. 다만, 정당한 사유로 인하여 그 기간 내에 이의신청을 할 수 없음을 증명한 때에는 그 사유가 소멸한 때부터 60일 이내에 이의신청을 할 수 있다.

② 보장기관의 장은 이의신청을 받은 날부터 10일 이내에 그 이의신청에 대하여 결정하고 그 결과를 신청인에게 지체 없이 통지하여야 한다. 다만, 부득이한 사유로 정하여진 기간 이내에 결정할 수 없을 때에는 그 기간의 만료일 다음 날부터 기산하여 10일 이내의 범위에서 연장할 수 있으며, 연장 사유를 신청인에게 통지하여야 한다.

(4) 사회보장급여의 관리

제19조(사회보장급여의 적정성 확인조사) ① 보장기관의 장은 수급자에 대한 사회보장급여의 적정성을 확인하기 위하여 제7조 제1항 각 호에 해당하는 정보를 조사할 수 있다.

제19조의2(사회보장급여 부정수급 실태조사) ① 보건복지부장관은 속임수 등의 부정한 방법으로 사회보장급여를 받거나 타인으로 하여금 사회보장급여를 받게 한 경우에 대하여 보장기관이 효과적인 대책을 세울 수 있도록 그 발생 현황, 피해사례 등에 관한 실태조사를 3년마다 실시하고, 그 결과를 공개하여야 한다.

제20조(수급자의 변동신고) 주기적으로 또는 기간을 정하여 사회보장급여를 제공받는 수급자는 거주지, 세대원, 소득 · 재산 상태, 근로능력, 다른 급여의 수급이력 등 제7조 제1항 각 호의 사항이 변동되었을 때에는 지체 없이 관할 보장기관의 장에게 신고하여야 한다.

제21조(사회보장급여의 변경 · 중지) ① 보장기관의 장은 제19조에 따른 사회보장급여의 적정성 확인조사 및 제20조에 따른 수급자의 변동신고에 따라 수급자 및 그 부양의무자의 인적사항, 가족관계, 소득 · 재산 상태, 근로능력 등에 변동이 있는 경우에는 직권 또는 수급자나 그 친족, 그 밖의 관계인의 신청에 따라 수급자에 대한 사회보장급여의 종류 · 지급방법 등을 변경할 수 있다.

제22조(사회보장급여의 환수) ① 수급자가 제20조에 따른 신고를 고의로 회피하거나 속임수 등의 부정한 방법으로 사회보장급여를 받거나 타인으로 하여금 사회보장급여를 받게 한 경우에는 사회보장급여를 제공한 보장기관의 장은 그 사회보장급여의 전부 또는 일부를 그 사회보장급여를 받거나 받게 한 자(이하 "부정수급자"라 한다)로부터 환수할 수 있다.

② 보장기관의 장은 수급권이 없는 자에게 사회보장급여를 제공하거나 그 변경 · 중지로 인하여 수급자에게 이미 제공한 사회보장급여 중 과잉지급분이 발생한 경우에는 즉시 이를 제공받은 사람에 대하여 그 전부 또는 일부의 반환을 명하여야 한다. 다만, 이를 이미 소비하였거나 그 밖에 수급자에게 부득이한 사유가 있는 때에는 그 반환을 면제할 수 있다.

3) 사회보장정보

(1) 사회보장정보 및 사회보장정보시스템의 이용 등

제24조(사회보장정보시스템의 이용 등) ① 보장기관의 장은 제5조부터 제22조까지에 따른 업무를 효율적으로 수행하기 위하여 사회보장정보시스템을 이용하거나 관할 업무시스템과 사회보장정보시스템을 연계하여 이용할 수 있다. 이 경우 보장기관의 장은 사회보장정보시스템을 이용하여 처리하고자 하는 자료 또는 정보와 그 범위, 처리 목적 · 방식, 해당 자료 또는 정보의 보유기관(이하 "정보보유기관"이라 한다) 등을 특정하여 보건복지부장관과 협의하여야 한다.

② 보장기관의 장이 제1항에 따라 보건복지부장관과 협의하는 경우 제27조에 따라 보건복지부장관이 정하는 소득 · 재산조사의 유형 등 사회보장정보의 표준화에 관한 사항을 준수하여야 한다.

③ 보건복지부장관은 사회보장의 사각지대를 해소하기 위하여 사회보장정보시스템을 통하여 처리된 정보를 보장기관의 장에게 제공할 수 있으며, 보장기관의 장은 필요한 경우 지원대상자의 동의를 받아 대통령령으로 정하는 법인 · 단체 · 시설의 장이 활용할 수 있도록 지원할 수 있다.

제29조(한국사회보장정보원) ① 사회보장정보시스템의 운영 · 지원을 위하여 한국사회보장정보원을 설립한다.

② 한국사회보장정보원은 법인으로 한다.

③ 한국사회보장정보원은 제51조 제2항에 따른 위탁 등을 받아 다음 각 호의 업무를 수행한다.

1. 사회보장정보시스템의 구축 및 유지 · 기능개선 · 관리 · 교육 · 상담 등 운영에 관한 사항
2. 제12조 제1항에 따른 자료 또는 정보의 처리 및 사회보장정보의 처리
3. 사회보장급여의 수급과 관련된 법령 등에 따른 신청, 접수, 조사, 결정, 환수 등 업무의 전자적 처리지원
4. 「사회서비스 이용 및 이용권 관리에 관한 법률」 등 관계 법령 등에 따른 사회서비스이용권의 이용 · 지급 및 정산 등에 필요한 정보시스템의 운영, 사

회서비스이용권을 통하여 사회서비스를 제공하는 사업의 관리에 관한 사항
5. 사회보장 관련 민간 법인·단체·시설에 대한 전자화 지원
6. 사회보장제도의 운영에 필요한 정책정보 및 통계정보의 생산·분석, 제공과 사회보장정책 지원을 위한 조사·연구
7. 제25조에 따른 대국민 포털의 운영에 관한 사항
8. 그 밖에 이 법 또는 다른 법령에 따라 보건복지부장관, 국가 또는 지방자치단체로부터 위탁받은 업무

4) 사회보장에 관한 지역계획 및 운영체계 등

(1) 지역사회보장에 관한 계획

제35조(지역사회보장에 관한 계획의 수립) ① 특별시장·광역시장·특별자치시장·도지사·특별자치도지사(이하 "시·도지사"라 한다) 및 시장·군수·구청장은 지역사회보장에 관한 계획(이하 "지역사회보장계획"이라 한다)을 4년마다 수립하고, 매년 지역사회보장계획에 따라 연차별 시행계획을 수립하여야 한다. 이 경우 「사회보장기본법」 제16조에 따른 사회보장에 관한 기본계획과 연계되도록 하여야 한다.

② 시장·군수·구청장은 해당 시·군·구의 지역사회보장계획을 지역주민 등 이해관계인의 의견을 들은 후 수립하고, 제41조에 따른 지역사회보장협의체의 심의와 해당 시·군·구 의회의 보고를 거쳐 시·도지사에게 제출하여야 한다.

③ 시·도지사는 제2항에 따라 제출받은 시·군·구의 지역사회보장계획을 지원하는 내용 등을 포함한 해당 특별시·광역시·도·특별자치도의 지역사회보장계획을 수립하여야 한다.

④ 특별자치시장은 지역주민 등 이해관계인의 의견을 들어 지역사회보장계획을 수립하여야 한다.

⑤ 시·도지사는 제3항 및 제4항에 따른 지역사회보장계획을 제40조에 따른 시·도사회보장위원회의 심의와 해당 시·도 의회의 보고를 거쳐 보건복지부장관에게 제출하여야 한다. 이 경우 보건복지부장관은 제출된 계획을 사회보장위원회에 보고하여야 한다.

⑥ 시·도지사 또는 시장·군수·구청장은 지역사회보장계획을 수립할 때 필요하다고 인정하는 경우에는 사회보장 관련 기관·법인·단체·시설에 자료 또는 정보의 제공과 협력을 요청할 수 있다.

⑦ 보장기관의 장은 지역사회보장계획의 수립 및 지원 등을 위하여 지역 내 사회보장 관련 실태와 지역주민의 사회보장에 관한 인식 등에 관하여 필요한 조사(이하 "지역사회보장조사"라 한다)를 실시할 수 있으며, 시·도지사 및 시장·군수·구청장은 지역사회보장계획 수립 시 지역사회보장조사 결과를 반영할 수 있다.

제36조(지역사회보장계획의 내용) ① 제35조 제2항에 따른 시·군·구 지역사회보장계획은 다음 각 호의 사항을 포함하여야 한다.

1. 지역사회보장 수요의 측정, 목표 및 추진전략
2. 지역사회보장의 목표를 점검할 수 있는 지표(이하 "지역사회보장지표"라 한다)의 설정 및 목표
3. 지역사회보장의 분야별 추진전략, 중점 추진사업 및 연계협력 방안
4. 지역사회보장 전달체계의 조직과 운영
5. 사회보장급여의 사각지대 발굴 및 지원 방안
6. 지역사회보장에 필요한 재원의 규모와 조달 방안
7. 지역사회보장에 관련한 통계 수집 및 관리 방안
8. 지역 내 부정수급 발생 현황 및 방지대책
9. 그 밖에 대통령령령으로 정하는 사항

② 제35조 제3항에 따른 특별시·광역시·도·특별자치도 지역사회보장계획은 다음 각 호의 사항을 포함하여야 한다.

1. 시·군·구의 사회보장이 균형적이고 효과적으로 추진될 수 있도록 지원하기 위한 목표 및 전략
2. 지역사회보장지표의 설정 및 목표
3. 시·군·구에서 사회보장급여가 효과적으로 이용 및 제공될 수 있는 기반 구축 방안
4. 시·군·구 사회보장급여 담당 인력의 양성 및 전문성 제고 방안
5. 지역사회보장에 관한 통계자료의 수집 및 관리 방안

6. 시 · 군 · 구의 부정수급 방지대책을 지원하기 위한 방안
7. 그 밖에 지역사회보장 추진에 필요한 사항

(2) 지역사회보장 운영체계

시 · 도는 사회보장위원회, 시 · 군 · 구는 지역사회보장협의체로 구분해야 한다.

제40조(시 · 도사회보장위원회) ① 시 · 도지사는 시 · 도의 사회보장 증진을 위하여 시 · 도사회보장위원회를 둔다.

② 시 · 도사회보장위원회는 다음 각 호의 업무를 심의 · 자문한다.

1. 시 · 도의 지역사회보장계획 수립 · 시행 및 평가에 관한 사항
2. 시 · 도의 지역사회보장조사 및 지역사회보장지표에 관한 사항
3. 시 · 도의 사회보장급여 제공에 관한 사항
4. 시 · 도의 사회보장 추진과 관련한 중요 사항
5. 제41조 제7항에 따른 읍 · 면 · 동 단위 지역사회보장협의체의 구성 및 운영에 관한 사항(특별자치시에 한정한다)
6. 사회보장과 관련된 서비스를 제공하는 관계 기관 · 법인 · 단체 · 시설과의 연계 · 협력 강화에 관한 사항(특별자치시에 한정한다)
7. 그 밖에 위원장이 필요하다고 인정되는 사항

제41조(지역사회보장협의체) ① 시장 · 군수 · 구청장은 지역의 사회보장을 증진하고, 사회보장과 관련된 서비스를 제공하는 관계 기관 · 법인 · 단체 · 시설과 연계 · 협력을 강화하기 위하여 해당 시 · 군 · 구에 지역사회보장협의체를 둔다.

② 지역사회보장협의체는 다음 각 호의 업무를 심의 · 자문한다.

1. 시 · 군 · 구의 지역사회보장계획 수립 · 시행 및 평가에 관한 사항
2. 시 · 군 · 구의 지역사회보장조사 및 지역사회보장지표에 관한 사항
3. 시 · 군 · 구의 사회보장급여 제공에 관한 사항
4. 시 · 군 · 구의 사회보장 추진에 관한 사항
5. 읍 · 면 · 동 단위 지역사회보장협의체의 구성 및 운영에 관한 사항
6. 그 밖에 위원장이 필요하다고 인정하는 사항

제42조(사회보장사무 전담기구) ① 특별자치시장 및 시장 · 군수 · 구청장은 사회보

장에 관한 업무를 효율적으로 수행하기 위하여 관련 조직, 인력, 관계 기관 간 협력체계 등을 마련하여야 하며, 필요한 경우에는 사회보장에 관한 사무를 전담하는 기구(이하 "사회보장사무 전담기구"라 한다)를 별도로 설치할 수 있다.

② 사회보장사무 전담기구는 사회보장정보시스템을 활용하여 수급권자에게 필요한 정보를 종합 안내하고, 사회보장급여에 대한 신청 등이 편리하게 이루어질 수 있도록 운영되어야 한다.

제42조의2(통합사례관리) ① 보건복지부장관, 시 · 도지사 및 시장 · 군수 · 구청장은 지원대상자의 사회보장 수준을 높이기 위하여 지원대상자의 다양하고 복합적인 특성에 따른 상담과 지도, 사회보장에 대한 욕구조사, 서비스 제공 계획의 수립을 실시하고, 그 계획에 따라 지원대상자에게 보건 · 복지 · 고용 · 교육 등에 대한 사회보장급여 및 민간 법인 · 단체 · 시설 등이 제공하는 서비스를 종합적으로 연계 · 제공하는 통합사례관리를 실시할 수 있다.

② 제1항에 따른 통합사례관리를 실시하기 위하여 필요한 경우에는 특별자치시 및 시 · 군 · 구에 통합사례관리사를 둘 수 있다.

③ 보건복지부장관은 통합사례관리 사업의 전문적인 지원을 위하여 해당 업무를 공공 또는 민간 기관 · 단체 등에 위탁하여 실시할 수 있다.

제43조(사회복지전담공무원) ① 사회복지사업에 관한 업무를 담당하게 하기 위하여 시 · 도, 시 · 군 · 구, 읍 · 면 · 동 또는 사회보장사무 전담기구에 사회복지전담공무원을 둘 수 있다.

② 사회복지전담공무원은 「사회복지사업법」 제11조에 따른 사회복지사의 자격을 가진 사람으로 하며, 그 임용 등에 필요한 사항은 대통령령으로 정한다.

③ 사회복지전담공무원은 사회보장급여에 관한 업무 중 취약계층에 대한 상담과 지도, 생활실태의 조사 등 보건복지부령으로 정하는 사회복지에 관한 전문적 업무를 담당한다.

④ 국가는 사회복지전담공무원의 보수 등에 드는 비용의 전부 또는 일부를 보조할 수 있다.

⑤ 시 · 도지사 및 시장 · 군수 · 구청장은 「지방공무원 교육훈련법」 제3조에 따라 사회복지전담공무원의 교육훈련에 필요한 시책을 수립 · 시행하여야 한다.

기출문제

16회 기출

사회보장기본법의 내용으로 옳은 것은?

① 지방자치단체의 장은 사회보장제도를 신설할 경우 신설의 타당성 등에 대하여 보건복지부장관과 협의하여야 하고, 협의가 이루어지지 아니할 경우 대통령이 이를 조정한다.

② 보건복지부장관은 사회보장급여 관련 업무에 공통적으로 적용되는 기준을 마련할 수 있다.

③ 사회보장수급권은 관계 법령에서 정하는 바에 따라 다른 사람에게 양도할 수 없으나 담보로 제공할 수 있다.

④ 사회보장수급권은 포기할 수 있으나, 포기는 취소할 수 없다.

⑤ 사회보장수급권은 어떤 경우에도 제한되거나 정지될 수 없다.

정답 ②

〈해설〉 ① 대통령이 아니라 사회보장위원회가 조정한다.

③ 사회보장수급권은 일신전속권적 성격을 갖기 때문에, 양도, 담보, 압류 모두 불가능하다.

④ 사회보장수급권은 포기할 수 있고, 포기를 취소할 수도 있다.

⑤ 사회보장수급권은 관계 법령에서 따로 정하고 있는 바에 따라 정지하거나 제한할 수 있다.

20회 기출

사회보장기본법상 국가와 지방자치단체에 관한 설명으로 옳지 않은 것은?

① 국가와 지방자치단체는 모든 국민의 인간다운 생활을 유지 · 증진하는 책임을 가진다.

② 국가와 지방자치단체는 사회보장에 관한 책임과 역할을 합리적으로 분담하여야 한다.

③ 국가와 지방자치단체는 사회보장제도의 안정적인 운영을 위하여 중장기 사회보장 재정추계를 매년 실시하고 이를 공표하여야 한다.
④ 국가와 지방자치단체는 지속가능한 사회보장제도를 확립하고 매년 이에 필요한 재원을 조달하여야 한다.
⑤ 국가와 지방자치단체는 가정이 건전하게 유지되고 그 기능이 향상되도록 노력하여야 한다.

정답 ④

〈해설〉 ④ 국가와 지방자치단체는 지속가능한 사회보장제도를 확립하고 격년으로 실시하고 이를 공표하여야 한다.

20회 기출

사회보장급여의 이용 · 제공 및 수급권자 발굴에 관한 법률의 내용으로 옳지 않은 것은?

① 보장기관의 장은 「긴급복지지원법」 제7조의2에 따른 발굴조사를 실시한 경우를 제외하고 지원대상자에 대한 발굴조사를 1년마다 정기적으로 실시한다.
② 보장기관은 지역의 사회보장 수준이 균등하게 실현될 수 있도록 노력하여야 한다.
③ 누구든지 사회적 위험으로 인하여 사회보장급여를 필요로 하는 지위대상자를 발견하였을 때에는 보장기관에 알려야 한다.
④ 이의신청은 그 처분을 받을 날로부터 90일 이내에 처분을 결정한 보장기관의 장에게 할 수 있다.
⑤ 사회서비스 제공기관의 운영자는 위기가구의 발굴지원업무 수행을 위해 사회서비스정보시스템을 이용할 수 있다.

정답 ①

〈해설〉 ① 보장기관의 장은 지원대상자에 대한 발굴조사를 분기마다 정기적으로 실시하여야 한다.

20회 기출

사회보장급여의 이용 · 제공 및 수급권자 발굴에 관한 법률상 수급자격 확인을 위해 지원대상자와 그 부양의무자에 대하여 조사할 수 있는 사항을 모두 고른 것은?

ㄱ. 인적사항 및 가족관계 확인에 관한 사항
ㄴ. 소득 · 재산 · 근로능력 및 취업상태에 관한 사항
ㄷ. 사회보장급여 수급이력에 관한 사항
ㄹ. 수급권자를 선정하기 위하여 보장기관의 장이 필요하다고 인정하는 사항

① ㄱ, ㄴ ② ㄷ, ㄹ ③ ㄱ, ㄴ, ㄷ ④ ㄴ, ㄷ, ㄹ ⑤ ㄱ, ㄴ, ㄷ, ㄹ

정답 ⑤

〈해설〉 보장기관 장은 사회보장급여의 신청을 받으면 지원대상자와 부양의무자에 대하여 사회보장급여의 수급자격을 확인하기 위하여 자료 또는 정보를 제공받아 조사하고 처리할 수 있다. 보기의 모든 사항은 수급자격 확인을 위하여 조사할 수 있는 사항이다.

CHAPTER 10

사회복지사업법

1. 사회복지사업법의 개요 및 입법배경
2. 법의 내용

CHAPTER 10

사회복지사업법

1. 사회복지사업법의 개요 및 입법배경

1) 개 요

사회복지사업법은 사회서비스에 대한 기본법의 역할을 하는 법으로써, 사회복지사업(사회서비스)에 관한 기본적 사항을 규정함으로써 인간다운 생활보장과 삶의 질 향상을 지원한다. 사회복지사업법은 사회복지에 대한 기본적 사항을 규정하기 때문에 역사적 변화나 흐름에 대한 내용이 자주 출제되는 편이다.

사회복지사업법은 1970년 1월 제정되었으며, 1997년 8월 22일 전부 개정되면서 사회복지사의 전문성을 제고하기 위하여 국가시험제도를 도입하였다. 또한 사회복지시설의 설치와 운영이 허가제에서 신고제로 변경되었으며, 개인도 시설이 설치하도록 개정되었다.

2012년에는 속칭 '도가니법'으로의 개정으로 사회복지법인 및 시설 대표자의 전횡, 시설 내 인권침해 문제, 사적 이익 추구 등이 사회문제로 대두됨에 따라 임원 자격요건을 강화하고, 성폭력범, 전관예우 방지 등 이용자의 인권보호와 사회복지법인 및 시설 운영의 투명성을 높이기 위한 다양한 방안이 강구되기 시작하는 등 사회복지사업의 운영과 관련된 전반적인 내용을 규정하고 있다.

2018년에는 일부 개정하여 2020년부터 정신건강 · 의료 · 학교 등의 직무영역별 전문사회복지사 제도를 시행하였다.

2) 입법배경

우리나라는 1950년 한국전쟁 이후 사회 복구 과정에서 여러 사회문제들이 등장하였다. 이를 해결하기 위해서는 우리나라의 역량이 부족하였기 때문에, 외국의 원조에 의지하여 사회문제를 해결할 수밖에 없었다. 이 과정에서 각종 사회복지시설의 운영은 체계적인 규정을 통해 수행되기보다는 임시방편적으로 운영될 수밖에 없었다.

산업화 이후 사회적 역량은 강화되었으나, 이촌향도, 핵가족화 등 사회구조적인 변화로 인하여 사회문제는 더욱 다양화되었고, 이에 대처하기 위해 각종 사회복지시설이나 기관이 증가하면서 이에 대한 설립기준이나 절차, 종사자의 자격 등에 대한 기준의 필요성이 부각되기 시작하였다. 이에 따라 사회복지사업법은 주로 사회복지사업의 내용 및 절차 등에 관한 내용을 규정하는 일반법으로서 역할을 한다.

2. 법의 내용

1) 총 칙

사회복지사업법의 기본이념과 정의, 사회복지사업 등 용어 및 적용 범위, 사회복지사업에 대한 기본적 원칙에 대한 내용을 주로 다루고 있다. 사회복지사에 대한 자격증, 교육, 사회복지사의 결격사유 및 자격취소 사유 등도 종종 출제되니, 유의할 필요가 있다.

제1조(목적) 이 법은 사회복지사업에 관한 기본적 사항을 규정하여 사회복지를 필요로 하는 사람에 대하여 인간의 존엄성과 인간다운 생활을 할 권리를 보장

하고 사회복지의 전문성을 높이며, 사회복지사업의 공정·투명·적정을 도모하고, 지역사회복지의 체계를 구축하고 사회복지서비스의 질을 높여 사회복지의 증진에 이바지함을 목적으로 한다.

제1조의2(기본이념) ① 사회복지를 필요로 하는 사람은 누구든지 자신의 의사에 따라 서비스를 신청하고 제공받을 수 있다.

② 사회복지법인 및 사회복지시설은 공공성을 가지며 사회복지사업을 시행하는 데 있어서 공공성을 확보하여야 한다.

③ 사회복지사업을 시행하는 데 있어서 사회복지를 제공하는 자는 사회복지를 필요로 하는 사람의 인권을 보장하여야 한다.

④ 사회복지서비스를 제공하는 자는 필요한 정보를 제공하는 등 사회복지서비스를 이용하는 사람의 선택권을 보장하여야 한다.

제2조(정의) 1. "사회복지사업"이란 다음 각 목의 법률에 따른 보호·선도(善導) 또는 복지에 관한 사업과 사회복지상담, 직업지원, 무료 숙박, 지역사회복지, 의료복지, 재가복지(在家福祉), 사회복지관 운영, 정신질환자 및 한센병력자의 사회복귀에 관한 사업 등 각종 복지사업과 이와 관련된 자원봉사활동 및 복지시설의 운영 또는 지원을 목적으로 하는 사업을 말한다.

2. "지역사회복지"란 주민의 복지 증진과 삶의 질 향상을 위하여 지역사회 차원에서 전개하는 사회복지를 말한다.
3. "사회복지법인"이란 사회복지사업을 할 목적으로 설립된 법인을 말한다.
4. "사회복지시설"이란 사회복지사업을 할 목적으로 설치된 시설을 말한다.
5. "사회복지관"이란 지역사회를 기반으로 일정한 시설과 전문인력을 갖추고 지역주민의 참여와 협력을 통하여 지역사회의 복지문제를 예방하고 해결하기 위하여 종합적인 복지서비스를 제공하는 시설을 말한다.
6. "사회복지서비스"란 국가·지방자치단체 및 민간부문의 도움을 필요로 하는 모든 국민에게 「사회보장기본법」 제3조 제4호에 따른 사회서비스 중 사회복지사업을 통한 서비스를 제공하여 삶의 질이 향상되도록 제도적으로 지원하는 것을 말한다.
7. "보건의료서비스"란 국민의 건강을 보호·증진하기 위하여 보건의료인이 하는 모든 활동을 말한다.

사회복지사업의 종류(27개 법)

「국민기초생활 보장법」, 「아동복지법」, 「노인복지법」, 「장애인복지법」, 「한부모가족지원법」, 「영유아보육법」, 「성매매방지 및 피해자보호 등에 관한 법률」, 「정신건강증진 및 정신질환자 복지서비스 지원에 관한 법률」, 「성폭력방지 및 피해자보호 등에 관한 법률」, 「입양특례법」, 「일제하 일본군위안부 피해자에 대한 생활안정지원 및 기념사업 등에 관한 법률」, 「사회복지공동모금회법」, 「장애인 · 노인 · 임산부 등의 편의증진 보장에 관한 법률」, 「가정폭력방지 및 피해자보호 등에 관한 법률」, 「농어촌주민의 보건복지증진을 위한 특별법」, 「식품등 기부 활성화에 관한 법률」, 「의료급여법」, 「기초연금법」, 「긴급복지지원법」, 「다문화가족지원법」, 「장애인연금법」, 「장애인활동 지원에 관한 법률」, 「노숙인 등의 복지 및 자립지원에 관한 법률」, 「보호관찰 등에 관한 법률」, 「장애아동 복지지원법」, 「발달장애인 권리보장 및 지원에 관한 법률」, 「청소년복지 지원법」, 그 밖에 대통령령으로 정하는 법률

제3조(다른 법률과의 관계) ① 사회복지사업의 내용 및 절차 등에 관하여 제2조 제1호 각 목의 법률에 특별한 규정이 있는 경우를 제외하고는 이 법에서 정하는 바에 따른다.

제4조(복지와 인권증진의 책임) ① 국가와 지방자치단체는 사회복지서비스를 증진하고, 서비스를 이용하는 사람에 대하여 인권침해를 예방하고 차별을 금지하며 인권을 옹호할 책임을 진다.

② 국가와 지방자치단체는 사회복지서비스와 보건의료서비스를 함께 필요로 하는 사람에게 이들 서비스가 연계되어 제공되도록 노력하여야 한다.

③ 국가와 지방자치단체, 그 밖에 사회복지사업을 하는 자는 사회복지를 필요로 하는 사람에 대하여 그 사업과 관련한 상담, 작업치료(作業治療), 직업훈련 등을 실시하고 필요한 경우에는 주민의 복지욕구를 조사할 수 있다.

④ 국가와 지방자치단체는 도움을 필요로 하는 국민이 본인의 선호와 필요에 따라 적절한 사회복지서비스를 제공받을 수 있도록 사회복지서비스 수요자 등을 고려하여 사회복지시설이 균형 있게 설치되도록 노력하여야 한다.

⑤ 국가와 지방자치단체는 민간부문의 사회복지 증진활동이 활성화되고 국가 및 지방자치단체의 사회복지사업과 민간부문의 사회복지 증진활동이 원활하게 연계될 수 있도록 노력하여야 한다.

⑥ 국가와 지방자치단체는 사회복지를 필요로 하는 사람의 인권이 충분히 존중되는 방식으로 사회복지서비스를 제공하고 사회복지와 관련된 인권교육을 강화하여야 한다.

⑦ 국가와 지방자치단체는 사회복지서비스를 이용하는 사람이 긴급한 인권침해 상황에 놓인 경우 신속히 대응할 체계를 갖추어야 한다.

⑧ 국가와 지방자치단체는 시설 거주자의 희망을 반영하여 지역사회보호체계에서 서비스가 제공될 수 있도록 노력하여야 한다.

⑨ 국가와 지방자치단체는 사회복지서비스를 필요로 하는 사람들에게 사회복지서비스의 실시에 대한 정보를 제공하여야 한다.

⑩ 국가와 지방자치단체는 사회복지서비스를 제공하는 자로부터 위법 또는 부당한 처분을 받아 권리나 이익을 침해당한 사람을 위하여 간이하고 신속한 구제조치를 마련하여야 한다.

제5조(인권존중 및 최대 봉사의 원칙) ① 이 법에 따라 복지업무에 종사하는 사람은 그 업무를 수행할 때에 사회복지를 필요로 하는 사람을 위하여 인권을 존중하고 차별 없이 최대로 봉사하여야 한다.

② 국가와 지방자치단체는 복지업무에 종사하는 사람이 그 업무를 수행할 때에 사회복지를 필요로 하는 사람의 인권을 침해하는 행위를 한 경우에는 제2조 제1호 각 목의 법률이 정하는 바에 따라 처분하고 그 사실을 공표하는 등의 조치를 하여야 한다.

제5조의2(사회복지서비스 제공의 원칙) ① 사회복지서비스를 필요로 하는 사람(이하 "보호대상자"라 한다)에 대한 사회복지서비스 제공(이하 "서비스 제공"이라 한다)은 현물(現物)로 제공하는 것을 원칙으로 한다.

② 시장(「제주특별자치도 설치 및 국제자유도시 조성을 위한 특별법」 제11조 제2항에 따른 행정시장을 포함한다. 이하 같다)·군수·구청장(자치구의 구청장을 말한다. 이하 같다)은 국가 또는 지방자치단체 외의 자로 하여금 제1항의 서비스 제공을 실시하게 하는 경우에는 보호대상자에게 사회복지서비스 이용권(이하 "이용권"이라 한다)을 지급하여 국가 또는 지방자치단체 외의 자로부터 그 이용권으로 서비스 제공을 받게 할 수 있다.

③ 국가와 지방자치단체는 사회복지서비스의 품질향상과 원활한 제공을 위하여 필요한 시책을 마련하여야 한다.

④ 국가와 지방자치단체는 사회복지서비스의 품질을 관리하기 위하여 사회복지서비스를 제공하는 기관 · 법인 · 시설 · 단체의 서비스 환경, 서비스 제공 인력의 전문성 등을 평가할 수 있다.

⑤ 보건복지부장관은 제4항에 따른 평가를 위하여 평가기관을 설치 · 운영하거나, 평가의 전부 또는 일부를 관계 기관 또는 단체에 위탁할 수 있다.

⑥ 보건복지부장관은 제5항에 따라 평가를 위탁한 기관 또는 단체에 대하여 그 운영에 필요한 비용을 지원할 수 있다.

제6조(시설 설치의 방해 금지) ① 누구든지 정당한 이유 없이 사회복지시설의 설치를 방해하여서는 아니 된다.

② 시장 · 군수 · 구청장은 정당한 이유 없이 사회복지시설의 설치를 지연시키거나 제한하는 조치를 하여서는 아니 된다.

제6조의2(사회복지시설 업무의 전자화) ① 보건복지부장관은 사회복지법인 및 사회복지시설의 종사자, 거주자 및 이용자에 관한 자료 등 운영에 필요한 정보의 효율적 처리와 기록 · 관리 업무의 전자화를 위하여 정보시스템을 구축 · 운영할 수 있다.

② 보건복지부장관은 제1항에 따른 정보시스템을 구축 · 운영하는 데 필요한 자료를 수집 · 관리 · 보유할 수 있으며 관련 기관 및 단체에 필요한 자료의 제공을 요청할 수 있다. 이 경우 요청을 받은 기관 및 단체는 정당한 사유가 없으면 그 요청에 따라야 한다.

③ 지방자치단체의 장은 사회복지사업을 수행할 때 관할 복지행정시스템과 제1항에 따른 정보시스템을 전자적으로 연계하여 활용하여야 한다.

④ 사회복지법인의 대표이사와 사회복지시설의 장은 국가와 지방자치단체가 실시하는 사회복지업무의 전자화 시책에 협력하여야 한다.

⑤ 보건복지부장관은 제1항에 따른 정보시스템을 효율적으로 운영하기 위하여 「사회보장기본법」 제37조 제7항에 따른 전담기구에 그 운영에 관한 업무를 위탁할 수 있다.

제9조(사회복지 자원봉사활동의 지원 · 육성) ① 국가와 지방자치단체는 사회복지 자원봉사활동을 지원 · 육성하기 위하여 다음 각 호의 사항을 실시하여야 한다.

1. 자원봉사활동의 홍보 및 교육
2. 자원봉사활동 프로그램의 개발 · 보급
3. 자원봉사활동 중의 재해에 대비한 시책의 개발
4. 그 밖에 자원봉사활동의 지원에 필요한 사항

② 국가와 지방자치단체는 제1항 각 호의 사항을 효율적으로 수행하기 위하여 사회복지법인이나 그 밖의 비영리법인 · 단체에 이를 위탁할 수 있다.

제10조(지도 · 훈련) ① 보건복지부장관은 이 법이나 그 밖의 사회복지 관련 법률의 시행에 관한 사무에 종사하는 공무원과 사회복지사업에 종사하는 사람의 자질 향상을 위하여 인권교육 등 필요한 지도와 훈련을 할 수 있다.

제11조(사회복지사 자격증의 발급 등) ① 보건복지부장관은 사회복지에 관한 전문지식과 기술을 가진 사람에게 사회복지사 자격증을 발급할 수 있다. 다만, 자격증 발급 신청일 기준으로 제11조의2에 따른 결격사유에 해당하는 사람에게 자격증을 발급해서는 아니 된다.

② 제1항에 따른 사회복지사의 등급은 1급 · 2급으로 하되, 정신건강 · 의료 · 학교 영역에 대해서는 영역별로 정신건강사회복지사 · 의료사회복지사 · 학교사회복지사의 자격을 부여할 수 있다.

③ 사회복지사 1급 자격은 국가시험에 합격한 사람에게 부여하고, 정신건강사회복지사 · 의료사회복지사 · 학교사회복지사의 자격은 1급 사회복지사의 자격이 있는 사람 중에서 보건복지부령으로 정하는 수련기관에서 수련을 받은 사람에게 부여한다.

④ 제2항에 따른 사회복지사의 등급별 · 영역별 자격기준 및 자격증의 발급절차 등은 대통령령으로 정한다.

⑤ 보건복지부장관은 제4항에 따른 사회복지사 자격증을 발급받거나 재발급받으려는 사람에게 보건복지부령으로 정하는 바에 따라 수수료를 내게 할 수 있다.

⑥ 제1항에 따라 사회복지사 자격증을 발급받은 사람은 다른 사람에게 그 자격증을 빌려주어서는 아니 되고, 누구든지 그 자격증을 빌려서는 아니 된다.

⑦ 누구든지 제6항에 따라 금지된 행위를 알선하여서는 아니 된다.

제11조의2(사회복지사의 결격사유) 다음 각 호의 어느 하나에 해당하는 사람은 사회복지사가 될 수 없다.

1. 피성년후견인
2. 금고 이상의 형을 선고받고 그 집행이 끝나지 아니하였거나 그 집행을 받지 아니하기로 확정되지 아니한 사람
3. 법원의 판결에 따라 자격이 상실되거나 정지된 사람
4. 마약 · 대마 또는 향정신성의약품의 중독자
5. 「정신건강증진 및 정신질환자 복지서비스 지원에 관한 법률」 제3조 제1호에 따른 정신질환자. 다만, 전문의가 사회복지사로서 적합하다고 인정하는 사람은 그러하지 아니하다.

제11조의3(사회복지사의 자격취소 등) ① 보건복지부장관은 사회복지사가 다음 각 호의 어느 하나에 해당하는 경우 그 자격을 취소하거나 1년의 범위에서 정지시킬 수 있다. 다만, 제1호부터 제3호까지에 해당하면 그 자격을 취소하여야 한다.

1. 거짓이나 그 밖의 부정한 방법으로 자격을 취득한 경우
2. 제11조의2 각 호의 어느 하나에 해당하게 된 경우
3. 자격증을 대여 · 양도 또는 위조 · 변조한 경우
4. 사회복지사의 업무수행 중 그 자격과 관련하여 고의나 중대한 과실로 다른 사람에게 손해를 입힌 경우
5. 자격정지 처분을 3회 이상 받았거나, 정지 기간 종료 후 3년 이내에 다시 자격정지 처분에 해당하는 행위를 한 경우
6. 자격정지 처분 기간에 자격증을 사용하여 자격 관련 업무를 수행한 경우

② 보건복지부장관은 제1항 제4호에 해당하여 사회복지사의 자격을 취소하거나 정지시키려는 경우에는 제46조에 따른 한국사회복지사협회의 장 등 관계 전문가의 의견을 들을 수 있다.

③ 제1항에 따라 자격이 취소된 사람은 취소된 날부터 15일 내에 자격증을 보건복지부장관에게 반납하여야 한다.

④ 보건복지부장관은 제1항에 따라 자격이 취소된 사람에게는 그 취소된 날부터 2년 이내에 자격증을 재교부하지 못한다.

제11조의4(유사명칭의 사용금지) 이 법에 따른 사회복지사가 아니면 사회복지사 또는 이와 유사한 명칭을 사용하지 못한다.

제12조(국가시험) ① 제11조 제3항에 따른 국가시험은 보건복지부장관이 시행하되, 시험의 관리는 대통령령으로 정하는 바에 따라 시험관리능력이 있다고 인정되는 관계 전문기관에 위탁할 수 있다.

② 보건복지부장관은 제1항에 따라 국가시험의 관리를 위탁하였을 때에는 그에 드는 비용을 예산의 범위에서 보조할 수 있다.

③ 제1항에 따라 시험의 관리를 위탁받은 기관은 보건복지부장관의 승인을 받아 정한 금액을 응시수수료로 받을 수 있다.

④ 시험 과목, 응시자격 등 시험의 실시에 필요한 사항은 대통령령으로 정한다.

제13조(사회복지사의 채용 및 교육 등) ① 사회복지법인 및 사회복지시설을 설치 · 운영하는 자는 대통령령으로 정하는 바에 따라 사회복지사를 그 종사자로 채용하고, 보고방법 · 보고주기 등 보건복지부령으로 정하는 바에 따라 특별시장 · 광역시장 · 특별자치시장 · 도지사 · 특별자치도지사(이하 "시 · 도지사"라 한다) 또는 시장 · 군수 · 구청장에게 사회복지사의 임면에 관한 사항을 보고하여야 한다. 다만, 대통령령으로 정하는 사회복지시설은 그러하지 아니하다.

② 보건복지부장관은 사회복지사의 자질 향상을 위하여 필요하다고 인정하면 사회복지사에게 교육을 받도록 명할 수 있다. 다만, 사회복지법인 또는 사회복지시설에 종사하는 사회복지사는 정기적으로 인권에 관한 내용이 포함된 보수교육(補修敎育)을 받아야 한다.

③ 사회복지법인 또는 사회복지시설을 운영하는 자는 그 법인 또는 시설에 종사하는 사회복지사에 대하여 제2항 단서에 따른 교육을 이유로 불리한 처분을 하여서는 아니 된다.

④ 보건복지부장관은 제2항에 따른 교육을 보건복지부령으로 정하는 기관 또는 단체에 위탁할 수 있다.

⑤ 제2항에 따른 교육의 기간 · 방법 및 내용과 제4항에 따른 위탁 등에 관하여 필요한 사항은 보건복지부령으로 정한다.

2) 사회복지법인

법인은 자연인은 아니지만 법을 통해 인격을 부여하여 법적으로 인정받는 주체이다. 사회복지법인 사회복지사업을 할 목적으로 인격을 인정받은 법인을 말한다. 법인은 법인이 가지는 성격에 따라 자유롭게 설립·운영하도록 되어 있지만, 사회복지법인은 사회복지사업법에 규정하고 있는 사업을 목적으로 허가를 받아야만 설립될 수 있다. 이 외에도 사회복지법인을 운영할 때 지켜야 할 여러 규정들이 존재한다. 시설과 구분하여 잘 알아둘 필요가 있다.

제16조(법인의 설립허가) ① 사회복지법인(이하 이 장에서 "법인"이라 한다)을 설립하려는 자는 대통령령으로 정하는 바에 따라 시·도지사의 허가를 받아야 한다.
② 제1항에 따라 허가를 받은 자는 법인의 주된 사무소의 소재지에서 설립등기를 하여야 한다.

제17조(정관) ① 법인의 정관에는 다음 각 호의 사항이 포함되어야 한다.
1. 목적
2. 명칭
3. 주된 사무소의 소재지
4. 사업의 종류
5. 자산 및 회계에 관한 사항
6. 임원의 임면(任免) 등에 관한 사항
7. 회의에 관한 사항
8. 수익(收益)을 목적으로 하는 사업이 있는 경우 그에 관한 사항
9. 정관의 변경에 관한 사항
10. 존립시기와 해산 사유를 정한 경우에는 그 시기와 사유 및 남은 재산의 처리방법
11. 공고 및 공고방법에 관한 사항

② 법인이 정관을 변경하려는 경우에는 시·도지사의 인가를 받아야 한다. 다만, 보건복지부령으로 정하는 경미한 사항의 경우에는 그러하지 아니하다.

제18조(임원) ① 법인은 대표이사를 포함한 이사 7명 이상과 감사 2명 이상을 두

어야 한다.

② 법인은 제1항에 따른 이사 정수의 3분의 1(소수점 이하는 버린다) 이상을 다음 각 호의 어느 하나에 해당하는 기관이 3배수로 추천한 사람 중에서 선임하여야 한다.

③ 이사회의 구성에 있어서 대통령령으로 정하는 특별한 관계에 있는 사람이 이사 현원(現員)의 5분의 1을 초과할 수 없다.

④ 이사의 임기는 3년으로 하고 감사의 임기는 2년으로 하며, 각각 연임할 수 있다.

⑤ 외국인인 이사는 이사 현원의 2분의 1 미만이어야 한다.

⑥ 법인은 임원을 임면하는 경우에는 보건복지부령으로 정하는 바에 따라 지체 없이 시ㆍ도지사에게 보고하여야 한다.

제19조(임원의 결격사유) ① 다음 각 호의 어느 하나에 해당하는 사람은 임원이 될 수 없다.

1. 미성년자

1의2. 피성년후견인 또는 피한정후견인

1의3. 파산선고를 받고 복권되지 아니한 사람

1의4. 법원의 판결에 따라 자격이 상실되거나 정지된 사람

1의5. 금고 이상의 실형을 선고받고 그 집행이 끝나거나(집행이 끝난 것으로 보는 경우를 포함한다) 집행이 면제된 날부터 3년이 지나지 아니한 사람

1의6. 금고 이상의 형의 집행유예를 선고받고 그 유예기간 중에 있는 사람

1의7. 제1호의5 및 제1호의6에도 불구하고 사회복지사업 또는 그 직무와 관련하여 「아동복지법」 제71조, 「보조금 관리에 관한 법률」 제40조부터 제42조까지, 「지방재정법」 제97조, 「영유아보육법」 제54조 제2항 제1호, 「장애아동 복지지원법」 제39조 제1항 제1호 또는 「형법」 제28장ㆍ제40장(제360조는 제외한다)의 죄를 범하거나 이 법을 위반하여 다음 각 목의 어느 하나에 해당하는 사람

가. 100만 원 이상의 벌금형을 선고받고 그 형이 확정된 후 5년이 지나지 아니한 사람

나. 형의 집행유예를 선고받고 그 형이 확정된 후 7년이 지나시 아니한 사람

다. 징역형을 선고받고 그 집행이 끝나거나(집행이 끝난 것으로 보는 경우를 포함한다) 집행이 면제된 날부터 7년이 지나지 아니한 사람

1의8. 제1호의5부터 제1호의7까지의 규정에도 불구하고 「성폭력범죄의 처벌 등에 관한 특례법」 제2조의 성폭력범죄 또는 「아동·청소년의 성보호에 관한 법률」 제2조 제2호의 아동·청소년대상 성범죄를 저지른 사람으로서 형 또는 치료감호를 선고받고 확정된 후 그 형 또는 치료감호의 전부 또는 일부의 집행이 끝나거나(집행이 끝난 것으로 보는 경우를 포함한다) 집행이 유예·면제된 날부터 10년이 지나지 아니한 사람

1의9. 제1호의5부터 제1호의8까지의 규정에도 불구하고 「아동복지법」 제3조 제7호의2에 따른 아동학대관련범죄를 저지른 사람으로서 다음 각 목의 어느 하나에 해당하는 사람

가. 금고 이상의 실형을 선고받고 그 집행이 끝나거나(집행이 끝난 것으로 보는 경우를 포함한다) 집행이 면제된 날부터 10년이 지나지 아니한 사람

나. 금고 이상의 형의 집행유예를 선고받고 그 집행유예가 확정된 날부터 10년이 지나지 아니한 사람

다. 벌금형을 선고받고 그 형이 확정된 날부터 5년이 지나지 아니한 사람

2. 제22조에 따른 해임명령에 따라 해임된 날부터 5년이 지나지 아니한 사람

2의2. 제26조에 따라 설립허가가 취소된 사회복지법인의 임원이었던 사람(그 허가의 취소사유 발생에 관하여 직접적인 또는 이에 상응하는 책임이 있는 자로서 대통령령으로 정하는 사람으로 한정한다)으로서 그 설립허가가 취소된 날부터 5년이 지나지 아니한 사람

2의3. 제40조에 따라 시설의 장에서 해임된 사람으로서 해임된 날부터 5년이 지나지 아니한 사람

2의4. 제40조에 따라 폐쇄명령을 받고 3년이 지나지 아니한 사람

3. 사회복지분야의 6급 이상 공무원으로 재직하다 퇴직한 지 3년이 경과하지 아니한 사람 중에서 퇴직 전 5년 동안 소속하였던 기초자치단체가 관할하는 법인의 임원이 되고자 하는 사람

② 임원이 제1항 각 호의 어느 하나에 해당하게 되었을 때에는 그 자격을 상실한다.

제20조(임원의 보충) 이사 또는 감사 중에 결원이 생겼을 때에는 2개월 이내에 보충하여야 한다.

제21조(임원의 겸직 금지) ① 이사는 법인이 설치한 사회복지시설의 장을 제외한 그 시설의 직원을 겸할 수 없다.

② 감사는 법인의 이사, 법인이 설치한 사회복지시설의 장 또는 그 직원을 겸할 수 없다.

제22조(임원의 해임명령) ① 시 · 도지사는 임원이 다음 각 호의 어느 하나에 해당할 때에는 법인에 그 임원의 해임을 명할 수 있다.

1. 시 · 도지사의 명령을 정당한 이유 없이 이행하지 아니하였을 때
2. 회계부정이나 인권침해 등 현저한 불법행위 또는 그 밖의 부당행위 등이 발견되었을 때
3. 법인의 업무에 관하여 시 · 도지사에게 보고할 사항에 대하여 고의로 보고를 지연하거나 거짓으로 보고를 하였을 때
4. 제18조 제2항 · 제3항 또는 제7항을 위반하여 선임된 사람
5. 제21조를 위반한 사람
6. 제22조의2에 따른 직무집행 정지명령을 이행하지 아니한 사람
7. 그 밖에 이 법 또는 이 법에 따른 명령을 위반하였을 때

② 제1항에 따른 해임명령은 시 · 도지사가 해당 법인에게 그 사유를 들어 시정을 요구한 날부터 15일이 경과하여도 이에 응하지 아니한 경우에 한한다. 다만, 시정을 요구하여도 시정할 수 없는 것이 명백하거나 회계부정, 횡령, 뇌물수수 등 비리의 정도가 중대한 경우에는 시정요구 없이 임원의 해임을 명할 수 있으며, 그 세부적 기준은 대통령령으로 정한다.

③ 제1항에 따라 해임명령을 받은 법인은 2개월 이내에 임원의 해임에 관한 사항을 의결하기 위한 이사회를 소집하여야 한다.

제23조(재산 등) ① 법인은 사회복지사업의 운영에 필요한 재산을 소유하여야 한다.

② 법인의 재산은 보건복지부령으로 정하는 바에 따라 기본재산과 보통재산으로 구분하며, 기본재산은 그 목록과 가액(價額)을 정관에 적어야 한다.

③ 법인은 기본재산에 관하여 다음 각 호의 어느 하나에 해당하는 경우에는

시 · 도지사의 허가를 받아야 한다. 다만, 보건복지부령으로 정하는 사항에 대하여는 그러하지 아니하다.

1. 매도 · 증여 · 교환 · 임대 · 담보제공 또는 용도변경을 하려는 경우
2. 보건복지부령으로 정하는 금액 이상을 1년 이상 장기차입(長期借入)하려는 경우

④ 제1항에 따른 재산과 그 회계에 관하여 필요한 사항은 보건복지부령으로 정한다.

제24조(재산 취득 보고) 법인이 매수 · 기부채납(寄附採納), 후원 등의 방법으로 재산을 취득하였을 때에는 지체 없이 이를 법인의 재산으로 편입조치하여야 한다. 이 경우 법인은 그 취득 사유, 취득재산의 종류 · 수량 및 가액을 매년 시 · 도지사에게 보고하여야 한다.

제25조(회의록의 작성 및 공개 등) ① 이사회는 다음 각 호의 사항을 기재한 회의록을 작성하여야 한다. 다만, 이사회 개최 당일에 회의록 작성이 어려운 사정이 있는 경우에는 안건별로 심의 · 의결 결과를 기록한 회의조서를 작성한 후 회의록을 작성할 수 있다.

1. 개의, 회의 중지 및 산회 일시
2. 안건
3. 의사
4. 출석한 임원의 성명
5. 표결수
6. 그 밖에 대표이사가 작성할 필요가 있다고 인정하는 사항

② 회의록 및 회의조서에는 출석임원 전원이 날인하되 그 회의록 또는 회의조서가 2매 이상인 경우에는 간인(間印)하여야 한다.

③ 제1항 단서에 따라 회의조서를 작성한 경우에는 조속한 시일 내에 회의록을 작성하여야 한다.

④ 법인은 회의록을 공개하여야 한다. 다만, 대통령령으로 정하는 사항에 대하여는 이사회의 의결로 공개하지 아니할 수 있다.

제26조(설립허가 취소 등) ① 시 · 도지사는 법인이 다음 각 호의 어느 하나에 해

당할 때에는 기간을 정하여 시정명령을 하거나 설립허가를 취소할 수 있다. 다만, 제1호 또는 제7호에 해당할 때에는 설립허가를 취소하여야 한다.

1. 거짓이나 그 밖의 부정한 방법으로 설립허가를 받았을 때
2. 설립허가 조건을 위반하였을 때
3. 목적 달성이 불가능하게 되었을 때
4. 목적사업 외의 사업을 하였을 때
5. 정당한 사유 없이 설립허가를 받은 날부터 6개월 이내에 목적사업을 시작하지 아니하거나 1년 이상 사업실적이 없을 때
6. 법인이 운영하는 시설에서 반복적 또는 집단적 성폭력범죄 및 학대관련범죄가 발생한 때

6의2. 법인이 운영하는 시설에서 중대하고 반복적인 회계부정이나 불법행위가 발생한 때

7. 법인 설립 후 기본재산을 출연하지 아니한 때
8. 제18조 제1항의 임원정수를 위반한 때
9. 제18조 제2항을 위반하여 이사를 선임한 때
10. 제22조에 따른 임원의 해임명령을 이행하지 아니한 때
11. 그 밖에 이 법 또는 이 법에 따른 명령이나 정관을 위반하였을 때

② 법인이 제1항 각 호(제1호 및 제7호는 제외한다)의 어느 하나에 해당하여 설립허가를 취소하는 경우는 다른 방법으로 감독 목적을 달성할 수 없거나 시정을 명한 후 6개월 이내에 법인이 이를 이행하지 아니한 경우로 한정한다.

제27조(남은 재산의 처리) ① 해산한 법인의 남은 재산은 정관으로 정하는 바에 따라 국가 또는 지방자치단체에 귀속된다.

② 제1항에 따라 국가 또는 지방자치단체에 귀속된 재산은 사회복지사업에 사용하거나 유사한 목적을 가진 법인에 무상으로 대여하거나 무상으로 사용·수익하게 할 수 있다. 다만, 해산한 법인의 이사 본인 및 그와 대통령령으로 정하는 특별한 관계에 있는 사람이 이사로 있는 법인에 대하여는 그러하지 아니하다.

제28조(수익사업) ① 법인은 목적사업의 경비에 충당하기 위하여 필요할 때에는 법인의 설립 목적 수행에 지장이 없는 범위에서 수익사업을 할 수 있다.

② 법인은 제1항에 따른 수익사업에서 생긴 수익을 법인 또는 법인이 설치한 사회복지시설의 운영 외의 목적에 사용할 수 없다.

③ 제1항에 따른 수익사업에 관한 회계는 법인의 다른 회계와 구분하여 회계 처리하여야 한다.

제30조(합병) ① 법인은 시 · 도지사의 허가를 받아 이 법에 따른 다른 법인과 합병할 수 있다. 다만, 주된 사무소가 서로 다른 특별시 · 광역시 · 특별자치시 · 도 · 특별자치도(이하 "시 · 도"라 한다)에 소재한 법인 간의 합병의 경우에는 보건복지부장관의 허가를 받아야 한다.

② 제1항에 따라 법인이 합병하는 경우 합병 후 존속하는 법인이나 합병으로 설립된 법인은 합병으로 소멸된 법인의 지위를 승계한다.

제31조(동일명칭 사용 금지) 이 법에 따른 사회복지법인이 아닌 자는 사회복지법인이라는 명칭을 사용하지 못한다.

제32조(다른 법률의 준용) 법인에 관하여 이 법에서 규정한 사항을 제외하고는 「민법」과 「공익법인의 설립 · 운영에 관한 법률」을 준용한다.

제33조(사회복지협의회) ① 사회복지에 관한 다음 각 호의 업무를 수행하기 위하여 전국 단위의 한국사회복지협의회(이하 "중앙협의회"라 한다)와 시 · 도 단위의 시 · 도 사회복지협의회(이하 "시 · 도협의회"라 한다)를 두며, 필요한 경우에는 시(「제주특별자치도 설치 및 국제자유도시 조성을 위한 특별법」 제10조 제2항에 따른 행정시를 포함한다. 이하 같다) · 군 · 구(자치구를 말한다. 이하 같다) 단위의 시 · 군 · 구 사회복지협의회(이하 "시 · 군 · 구협의회"라 한다)를 둘 수 있다.

1. 사회복지에 관한 조사 · 연구 및 정책 건의
2. 사회복지 관련 기관 · 단체 간의 연계 · 협력 · 조정
3. 사회복지 소외계층 발굴 및 민간사회복지자원과의 연계 · 협력
4. 대통령령으로 정하는 사회복지사업의 조성 등

② 중앙협의회, 시 · 도협의회 및 시 · 군 · 구협의회는 이 법에 따른 사회복지법인으로 하되, 제23조 제1항은 적용하지 아니한다.

③ 중앙협의회의 설립 및 운영 등에 관한 허가, 인가, 보고 등에 관하여 제16조 제1항, 제17조 제2항, 제18조 제6항 · 제7항, 제22조, 제23조 제3항, 제24조,

제26조 제1항 및 제30조 제1항을 적용할 때에는 "시·도지사"는 "보건복지부장관"으로 본다.

3) 사회복지시설

제34조(사회복지시설의 설치) ① 국가나 지방자치단체는 사회복지시설(이하 "시설"이라 한다)을 설치·운영할 수 있다.

② 국가 또는 지방자치단체 외의 자가 시설을 설치·운영하려는 경우에는 보건복지부령으로 정하는 바에 따라 시장·군수·구청장에게 신고하여야 한다. 다만, 다음 각 호의 어느 하나에 해당하는 자는 시설의 설치·운영 신고를 할 수 없다.

1. 제40조에 따라 폐쇄명령을 받고 3년이 지나지 아니한 자
2. 제19조 제1항 제1호 및 제1호의2부터 제1호의8까지의 어느 하나에 해당하는 개인 또는 그 개인이 임원인 법인

③ 시장·군수·구청장은 제2항에 따른 신고를 받은 경우 그 내용을 검토하여 이 법에 적합하면 신고를 수리하여야 한다.

④ 시설을 설치·운영하는 자는 보건복지부령으로 정하는 재무·회계에 관한 기준에 따라 시설을 투명하게 운영하여야 한다.

⑤ 제1항에 따라 국가나 지방자치단체가 설치한 시설은 필요한 경우 사회복지법인이나 비영리법인에 위탁하여 운영하게 할 수 있다.

⑥ 제5항에 따른 위탁운영의 기준·기간 및 방법 등에 관하여 필요한 사항은 보건복지부령으로 정한다.

제34조의2(시설의 통합 설치·운영 등에 관한 특례) ① 이 법 또는 제2조 제1호 각 목의 법률에 따른 시설을 설치·운영하려는 경우에는 지역특성과 시설분포의 실태를 고려하여 이 법 또는 제2조 제1호 각 목의 법률에 따른 시설을 통합하여 하나의 시설로 설치·운영하거나 하나의 시설에서 둘 이상의 사회복지사업을 통합하여 수행할 수 있다. 이 경우 국가 또는 지방자치단체 외의 자는 통합하여 설치·운영하려는 각각의 시설이나 사회복지사업에 관하여 해당 관계 법령에 따라 신고하거나 허가 등을 받아야 한다.

② 제1항에 따라 둘 이상의 시설을 통합하여 하나의 시설로 설치 · 운영하거나 하나의 시설에서 둘 이상의 사회복지사업을 통합하여 수행하는 경우 해당 시설에서 공동으로 이용하거나 배치할 수 있는 시설 및 인력 기준 등은 보건복지부령으로 정한다.

제34조의3(보험가입 의무) ① 시설의 운영자는 다음 각 호의 손해배상책임을 이행하기 위하여 손해보험회사의 책임보험에 가입하거나 「사회복지사 등의 처우 및 지위 향상을 위한 법률」 제4조에 따른 한국사회복지공제회의 책임공제에 가입하여야 한다.

1. 화재로 인한 손해배상책임
2. 화재 외의 안전사고로 인하여 생명 · 신체에 피해를 입은 보호대상자에 대한 손해배상책임

② 국가나 지방자치단체는 예산의 범위에서 제1항에 따른 책임보험 또는 책임공제의 가입에 드는 비용의 전부 또는 일부를 보조할 수 있다.

③ 제1항에 따라 책임보험이나 책임공제에 가입하여야 할 시설의 범위는 대통령령으로 정한다.

제34조의4(시설의 안전점검 등) ① 시설의 장은 시설에 대하여 정기 및 수시 안전점검을 실시하여야 한다.

② 시설의 장은 제1항에 따라 정기 또는 수시 안전점검을 한 후 그 결과를 시장 · 군수 · 구청장에게 제출하여야 한다.

③ 시장 · 군수 · 구청장은 제2항에 따른 결과를 받은 후 필요한 경우에는 시설의 운영자에게 시설의 보완 또는 개수(改修) · 보수를 요구할 수 있으며, 이 경우 시설의 운영자는 요구에 따라야 한다.

④ 국가나 지방자치단체는 예산의 범위에서 제1항부터 제3항까지의 규정에 따른 안전점검, 시설의 보완 및 개수 · 보수에 드는 비용의 전부 또는 일부를 보조할 수 있다.

⑤ 제1항부터 제4항까지의 규정에 따른 정기 또는 수시 안전점검을 받아야 하는 시설의 범위, 안전점검 시기, 안전점검기관 및 그 절차는 대통령령으로 정한다.

제34조의5(사회복지관의 설치 등) ① 제34조 제1항과 제2항에 따른 시설 중 사회복지관은 지역복지증진을 위하여 다음 각 호의 사업을 실시할 수 있다.

1. 지역사회의 특성과 지역주민의 복지욕구를 고려한 서비스 제공 사업
2. 국가 · 지방자치단체 및 민간 부문의 사회복지서비스를 연계 · 제공하는 사례관리 사업
3. 지역사회 복지공동체 활성화를 위한 복지자원 관리, 주민교육 및 조직화 사업
4. 그 밖에 복지증진을 위한 사업으로서 지역사회에서 요청하는 사업

② 사회복지관은 모든 지역주민을 대상으로 사회복지서비스를 실시하되, 다음 각 호의 지역주민에게 우선 제공하여야 한다.

1. 「국민기초생활 보장법」에 따른 수급자 및 차상위계층
2. 장애인, 노인, 한부모가족 및 다문화가족
3. 직업 및 취업 알선이 필요한 사람
4. 보호와 교육이 필요한 유아 · 아동 및 청소년
5. 그 밖에 사회복지관의 사회복지서비스를 우선 제공할 필요가 있다고 인정되는 사람

제35조(시설의 장) ① 시설의 장은 상근(常勤)하여야 한다.

② 다음 각 호의 어느 하나에 해당하는 사람은 시설의 장이 될 수 없다.

1. 제19조 제1항 제1호, 제1호의2부터 제1호의9까지 및 제2호의2부터 제2호의4까지의 어느 하나에 해당하는 사람
2. 제22조에 따른 해임명령에 따라 해임된 날부터 5년이 지나지 아니한 사람
3. 사회복지분야의 6급 이상 공무원으로 재직하다 퇴직한 지 3년이 경과하지 아니한 사람 중에서 퇴직 전 5년 동안 소속하였던 기초자치단체가 관할하는 시설의 장이 되고자 하는 사람

③ 시설의 장이 제2항 각 호의 어느 하나에 해당하게 되었을 때에는 그 자격을 상실한다.

제35조의2(종사자) ① 사회복지법인과 사회복지시설을 설치 · 운영하는 자는 시설에 근무할 종사자를 채용할 수 있다.

② 다음 각 호의 어느 하나에 해당하는 사람은 사회복지법인 또는 사회복지시설의 종사자가 될 수 없다.

1. 제19조 제1항 제1호의7부터 제1호의9까지의 어느 하나에 해당하는 사람
2. 제1호에도 불구하고 종사자로 재직하는 동안 시설이용자를 대상으로 「성폭

력범죄의 처벌 등에 관한 특례법」 제2조에 따른 성폭력범죄 및 「아동·청소년의 성보호에 관한 법률」 제2조 제2호에 따른 아동·청소년대상 성범죄를 저질러 금고 이상의 형 또는 치료감호를 선고받고 그 형이 확정된 사람

제36조(운영위원회) ① 시설의 장은 시설의 운영에 관한 다음 각 호의 사항을 심의하기 위하여 시설에 운영위원회를 두어야 한다. 다만, 보건복지부령으로 정하는 경우에는 복수의 시설에 공동으로 운영위원회를 둘 수 있다.

1. 시설운영계획의 수립·평가에 관한 사항
2. 사회복지 프로그램의 개발·평가에 관한 사항
3. 시설 종사자의 근무환경 개선에 관한 사항
4. 시설 거주자의 생활환경 개선 및 고충 처리 등에 관한 사항
5. 시설 종사자와 거주자의 인권보호 및 권익증진에 관한 사항
6. 시설과 지역사회의 협력에 관한 사항
7. 그 밖에 시설의 장이 운영위원회의 회의에 부치는 사항

② 운영위원회의 위원은 다음 각 호의 어느 하나에 해당하는 사람 중에서 관할 시장·군수·구청장이 임명하거나 위촉한다.

1. 시설의 장
2. 시설 거주자 대표
3. 시설 거주자의 보호자 대표
4. 시설 종사자의 대표
5. 해당 시·군·구 소속의 사회복지업무를 담당하는 공무원
6. 후원자 대표 또는 지역주민
7. 공익단체에서 추천한 사람
8. 그 밖에 시설의 운영 또는 사회복지에 관하여 전문적인 지식과 경험이 풍부한 사람

③ 시설의 장은 다음 각 호의 사항을 제1항에 따른 운영위원회에 보고하여야 한다.

1. 시설의 회계 및 예산·결산에 관한 사항
2. 후원금 조성 및 집행에 관한 사항
3. 그 밖에 시설운영과 관련된 사건·사고에 관한 사항

제38조(시설의 휴지 · 재개 · 폐지 신고 등) ① 제34조 제2항에 따른 신고를 한 자는 지체 없이 시설의 운영을 시작하여야 한다.

② 시설의 운영자는 그 운영을 일정 기간 중단하거나 다시 시작하거나 시설을 폐지하려는 경우에는 보건복지부령으로 정하는 바에 따라 시장 · 군수 · 구청장에게 신고하여야 한다.

③ 시장 · 군수 · 구청장은 제2항에 따라 시설 운영이 중단되거나 시설이 폐지되는 경우에는 보건복지부령으로 정하는 바에 따라 시설 거주자의 권익을 보호하기 위하여 다음 각 호의 조치를 하고 신고를 수리하여야 한다. 〈개정 2012. 1. 26., 2019. 1. 15.〉

1. 시설 거주자가 자립을 원하는 경우 자립을 할 수 있도록 지원하고 그 이행을 확인하는 조치
2. 시설 거주자가 다른 시설을 선택할 수 있도록 하고 그 이행을 확인하는 조치
3. 시설 거주자가 이용료 · 사용료 등의 비용을 부담하는 경우 납부한 비용 중 사용하지 아니한 금액을 반환하게 하고 그 이행을 확인하는 조치
4. 보조금 · 후원금 등의 사용 실태 확인과 이를 재원으로 조성한 재산 중 남은 재산의 회수조치
5. 그 밖에 시설 거주자의 권익 보호를 위하여 필요하다고 인정되는 조치

④ 시설 운영자가 제2항에 따라 시설운영을 재개하려고 할 때에는 보건복지부령으로 정하는 바에 따라 시설 거주자의 권익을 보호하기 위하여 다음 각 호의 조치를 하여야 한다. 이 경우 시장 · 군수 · 구청장은 그 조치 내용을 확인하고 제2항에 따른 신고를 수리하여야 한다.

1. 운영 중단 사유의 해소
2. 향후 안정적 운영계획의 수립
3. 그 밖에 시설 거주자의 권익 보호를 위하여 보건복지부장관이 필요하다고 인정하는 조치

제40조(시설의 개선, 사업의 정지, 시설의 폐쇄 등) ① 보건복지부장관, 시 · 도지사 또는 시장 · 군수 · 구청장은 시설이 다음 각 호의 어느 하나에 해당할 때에는 그 시설의 개선, 사업의 정지, 시설의 장의 교체를 명하거나 시설의 폐쇄를 명할 수 있다.

1. 시설이 설치기준에 미달하게 되었을 때
2. 사회복지법인 또는 비영리법인이 설치 · 운영하는 시설의 경우 그 사회복지법인 또는 비영리법인의 설립허가가 취소되었을 때
3. 설치 목적이 달성되었거나 그 밖의 사유로 계속하여 운영될 필요가 없다고 인정할 때
4. 회계부정이나 불법행위 또는 그 밖의 부당행위 등이 발견되었을 때
5. 제34조 제2항에 따른 신고를 하지 아니하고 시설을 설치 · 운영하였을 때
6. 제36조 제1항에 따른 운영위원회를 설치하지 아니하거나 운영하지 아니하였을 때
7. 정당한 이유 없이 제51조 제1항에 따른 보고 또는 자료 제출을 하지 아니하거나 거짓으로 하였을 때
8. 정당한 이유 없이 제51조 제1항 및 제2항에 따른 검사 · 질문 · 회계감사를 거부 · 방해하거나 기피하였을 때
9. 시설에서 다음 각 목의 성폭력범죄 또는 학대관련범죄가 발생한 때
   가. 「성폭력범죄의 처벌 등에 관한 특례법」 제2조 제1항 제3호부터 제5호까지의 성폭력범죄
   나. 「아동 · 청소년의 성보호에 관한 법률」 제2조 제3호의 아동 · 청소년대상 성폭력범죄
   다. 「아동복지법」 제3조 제7호의2의 아동학대관련범죄
   라. 「노인복지법」 제1조의2 제5호의 노인학대관련범죄
   마. 「장애인복지법」 제2조 제4항의 장애인학대관련범죄
   바. 그 밖에 대통령령으로 정하는 성폭력범죄 또는 학대관련범죄
10. 1년 이상 시설이 휴지상태에 있어 시장 · 군수 · 구청장이 재개를 권고하였음에도 불구하고 재개하지 아니한 때

제41조(시설 수용인원의 제한) 각 시설의 수용인원은 300명을 초과할 수 없다. 다만, 대통령령으로 정하는 경우에는 그러하지 아니하다.

제41조의2(재가복지서비스) ① 국가나 지방자치단체는 보호대상자가 다음 각 호의 어느 하나에 해당하는 재가복지서비스를 제공받도록 할 수 있다.

1. 가정봉사서비스 : 가사 및 개인활동을 지원하거나 정서활동을 지원하는 서비스

2. 주간·단기 보호서비스 : 주간·단기 보호시설에서 급식 및 치료 등 일상생활의 편의를 낮 동안 또는 단기간 동안 제공하거나 가족에 대한 교육 및 상담을 지원하는 서비스

② 시장·군수·구청장은 「사회보장급여의 이용·제공 및 수급권자 발굴에 관한 법률」 제15조에 따른 보호대상자별 서비스 제공 계획에 따라 보호대상자에게 사회복지서비스를 제공하는 경우 시설 입소에 우선하여 제1항 각 호의 재가복지서비스를 제공하도록 하여야 한다.

제41조의4(가정봉사원의 양성) 국가나 지방자치단체는 재가복지서비스를 필요로 하는 가정 또는 시설에서 보호대상자가 일상생활을 하기 위하여 필요한 각종 편의를 제공하는 가정봉사원을 양성하도록 노력하여야 한다.

4) 보 칙

제42조(보조금 등) ① 국가나 지방자치단체는 사회복지사업을 하는 자 중 대통령령으로 정하는 자에게 운영비 등 필요한 비용의 전부 또는 일부를 보조할 수 있다.

② 제1항에 따른 보조금은 그 목적 외의 용도에 사용할 수 없다.

③ 국가나 지방자치단체는 제1항에 따라 보조금을 받은 자가 다음 각 호의 어느 하나에 해당할 때에는 이미 지급한 보조금의 전부 또는 일부의 반환을 명할 수 있다. 다만, 제1호 및 제2호의 경우에는 반환을 명하여야 한다.

1. 거짓이나 그 밖의 부정한 방법으로 보조금을 받았을 때
2. 사업 목적 외의 용도에 보조금을 사용하였을 때
3. 이 법 또는 이 법에 따른 명령을 위반하였을 때

④ 제1항에 따른 보조금과 관련하여 이 법에서 규정한 사항 외에는 「보조금 관리에 관한 법률」 및 「지방재정법」을 따른다.

제42조의2(국유·공유 재산의 우선매각) 국가나 지방자치단체는 사회복지사업과 관련한 시설을 설치하거나 사업을 육성하기 위하여 필요하다고 인정하면 「국유재산법」과 「공유재산 및 물품 관리법」에도 불구하고 사회복지법인 또는 사회복지시설에 국유·공유 재산을 우선매각하거나 임대할 수 있다.

제43조(시설의 서비스 최저기준) ① 보건복지부장관은 시설에서 제공하는 서비스의 최저기준을 마련하여야 한다.

② 시설 운영자는 제1항의 서비스 최저기준 이상으로 서비스 수준을 유지하여야 한다.

제43조의2(시설의 평가) ① 보건복지부장관과 시·도지사는 보건복지부령으로 정하는 바에 따라 시설을 정기적으로 평가하고, 그 결과를 공표하거나 시설의 감독·지원 등에 반영할 수 있으며 시설 거주자를 다른 시설로 보내는 등의 조치를 할 수 있다.

제44조(비용의 징수) 이 법에 따른 복지조치에 필요한 비용을 부담한 지방자치단체의 장이나 그 밖에 시설을 운영하는 자는 그 혜택을 받은 본인 또는 그 부양의무자로부터 대통령령으로 정하는 바에 따라 그가 부담한 비용의 전부 또는 일부를 징수할 수 있다.

제45조(후원금의 관리) ① 사회복지법인의 대표이사와 시설의 장은 아무런 대가 없이 무상으로 받은 금품이나 그 밖의 자산(이하 "후원금"이라 한다)의 수입·지출 내용을 공개하여야 하며 그 관리에 명확성이 확보되도록 하여야 한다.

② 후원금에 관한 영수증 발급, 수입 및 사용결과 보고, 그 밖에 후원금 관리 및 공개 절차 등 구체적인 사항은 보건복지부령으로 정한다.

제45조의2(상속인 없는 재산의 처리) ① 시설을 설치·운영하는 자는 그 시설에 입소 중인 사람이 사망하고 그 상속인의 존부가 분명하지 아니한 때에는 「민법」 제1053조부터 제1059조까지의 규정에 따라 사망한 사람의 재산을 처리한다. 다만, 사망한 사람의 잔여재산이 500만 원 이하인 경우에는 관할 시장·군수·구청장에게 잔여재산 목록을 작성하여 보고하는 것으로 그 재산의 처리를 갈음할 수 있다.

② 제1항 단서에 따른 보고를 받은 시장·군수·구청장은 제2조 제1호 각 목의 법률에서 정하는 절차에 따라 사망한 사람의 재산을 처리할 수 있다.

제46조(한국사회복지사협회) ① 사회복지사는 사회복지에 관한 전문지식과 기술을 개발·보급하고, 사회복지사의 자질 향상을 위한 교육훈련을 실시하며, 사회복지사의 복지증진을 도모하기 위하여 한국사회복지사협회(이하 "협회"라 한다)를 설립한다.

② 제1항에 따른 협회는 법인으로 하되, 협회의 조직과 운영 등에 필요한 사항은 대통령령으로 정한다.

③ 협회에 관하여 이 법에서 규정한 사항을 제외하고는 「민법」 중 사단법인에 관한 규정을 준용한다.

기 출 문 제

22회 기출

사회복지사업법상 사회복지법인(이하 '법인'으로 한다)에 관한 설명으로 옳지 않은 것은?

① 정관에는 회의에 관한 사항이 포함되어야 한다.
② 법인은 사회복지사업의 운영에 필요한 재산을 소유하여야 한다.
③ 감사 중에 결원이 생겼을 때 3개월 이내에 보충하여야 한다.
④ 법인은 임원을 임면하는 경우에 지체 없이 시·도지사에게 보고하여야 한다.
⑤ 법인이 목적사업 외의 사업을 하였을 때 설립허가가 취소될 수 있다.

정답 ③

〈해설〉 제20조(임원의 보충) 이사 또는 감사 중에 결원이 생겼을 때에는 2개월 이내에 보충하여야 한다.

22회 기출

사회복지사업법상 사회복지시설(이하 '시설'이라 한다)에 관한 설명으로 옳지 않은 것은?

① 사회복지관은 직업 및 취업 알선이 필요한 지역주민에게 사회복지서비스를 우선 제공하여야 한다.
② 지방자치단체는 시설의 책임보험 가입에 드는 비용의 전부를 보조할 수 없다.

③ 국가는 시설을 운영할 수 있다.

④ 시설 종사자의 근무환경 개선에 관한 사항은 운영위원회에서 심의한다.

⑤ 회계부정이 발견되었을 때 보건복지부장관은 시설의 폐쇄를 명할 수 있다.

정답 ②

〈해설〉 제34조의3(보험가입 의무)

② 국가나 지방자치단체는 예산의 범위에서 제1항에 따른 책임보험 또는 책임공제의 가입에 드는 비용의 전부 또는 일부를 보조할 수 있다.

21회 기출

사회복지사업법상 사회복지서비스 제공의 원칙에 관한 설명으로 옳지 않은 것은?

① 사회복지서비스는 현물로 제공하는 것이 원칙이다.

② 지방자치단체는 사회복지서비스의 품질향상을 위하여 필요한 시책을 마련하여야 한다.

③ 지방자치단체는 사회복지시설의 서비스 환경 등을 평가할 수 있다.

④ 시장·군수·구청장은 보호대상자에게 사회복지서비스 이용권을 지급할 수 있다.

⑤ 보건복지부장관은 사회복지서비스 품질 평가를 위한 전문기관을 직접 설치·운영해야 하며, 관계 기관 등에 위탁하여서는 아니 된다.

정답 ⑤

〈해설〉 제5조의2(사회복지서비스 제공의 원칙)

⑤ 보건복지부장관은 제4항에 따른 평가를 위하여 평가기관을 설치·운영하거나, 평가의 전부 또는 일부를 관계 기관 또는 단체에 위탁할 수 있다.

⑥ 보건복지부장관은 제5항에 따라 평가를 위탁한 기관 또는 단체에 대하여 그 운영에 필요한 비용을 지원할 수 있다.

CHAPTER 11

사회복지사 등의 처우 및 지위 향상을 위한 법률

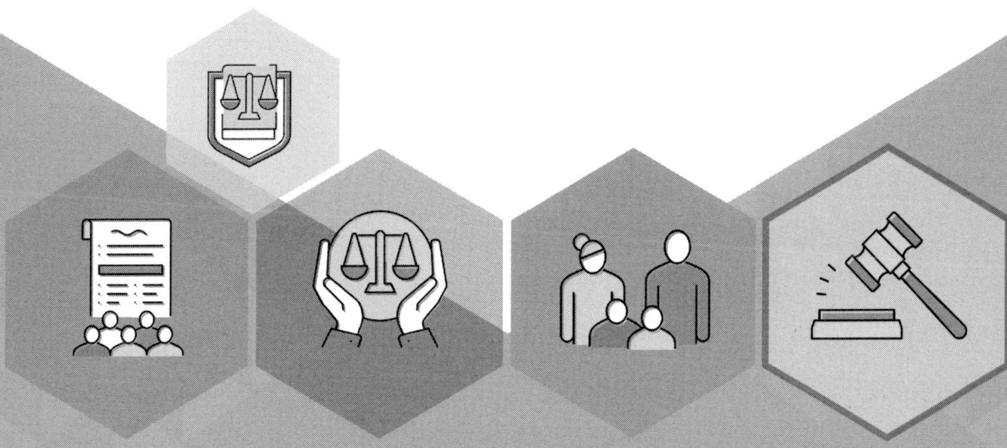

CHAPTER 11

사회복지사 등의 처우 및 지위 향상을 위한 법률

1. 사회복지사 등의 처우 및 지위 향상을 위한 법률

1) 개 요

사회복지사의 법적 정의는 사회복지사업법 제11조에 의해 사회복지사 자격증을 발급받은 사람이며, 동법 제13조가 정한 의무채용 규정에 따라 사회복지법인 및 시설에서 근무하는 이들을 의미한다.

사회복지사의 정체성은 사회복지사가 사회에 가지는 역할과 관련이 있다. 즉, 사회복지사가 수행해야 하는 본질적인 역할이 정체성이라 할 수 있다. 사회복지사의 자격이나 노동조건은 사회복지법이나 근로기준법 등 법령에 의해서 지위와 권리가 보장되어야 하지만, 사회복지종사자의 정체성에 부합해야 한다.

그럼에도 불구하고, 사회복지사는 헌신적인 마음가짐과 태도를 내면화하여 자기희생과 봉사를 수행하는 고귀한 실천가라는 이미지도 강하다. 하지만 사회복지사는 고도의 지식과 가치에 근거하여 행동하는 자기규율적 전문가이며, 동시에 노동현장에서 근로조건에 따라 표준적 직무를 수행하는 노동자이기도 하다.

시회복지사는 정책적 필요에 따라 인적자원으로서 정체성이 한정되거나 효과적인 조직운영을 위하여 심리나 행위가 통제되기도 한다. 사회복지사가 개입하는 클라이언트는 긴급성을 가진 존재들이 다수이다. 개인의 힘으로는 대처하기 어려운 사회적 위기를 극복할 수 있도록 지원하는 것이 사회복지사가 가진 제일의 의무이며, 이러한 의무는 사회복지사의 처우나 지위에 앞선다고 인식된다.

이로 인해, 사회복지사 개인의 처우와 지위에 대한 문제는 지속적으로 제기되어 왔다. 「사회복지사 등의 처우 및 지위 향상을 위한 법률(이하 사회복지사법)」은 '사회복지사 등에 대한 처우를 개선하고 신분보장을 강화하여 사회복지사 등의 지위를 향상하도록 함으로써 사회복지 증진에 이바지하는 것을 목적(제1조)'으로 한다. 또한 '국가와 지방자치단체는 사회복지사 등의 처우를 개선하고 복지를 증진함과 아울러 그 지위를 향상시키고, 사회복지사 등을 폭력으로부터 보호하기 위하여 적극적으로 노력해야 하며, 국가와 지방자치단체는 사회복지사 등의 보수가 사회복지전담공무원의 보수수준에 도달하도록 노력하여야 한다. 또한 국가는 사회복지사 등의 적정 인건비에 관한 기준을 마련하여야 하며, 지방자치단체는 해당 기준을 준수하기 위하여 노력(제3조)'해야 한다고 규정하고 있다. 이는 사회복지사의 정체성을 전문가로 인식하기보다는 노동권에 초점을 두고 민간기관 종사자의 지위를 공무원의 처우수준으로 끌어올리는 데 초점을 두고 있는 것이다. 이 법은 아직까지 1급 시험에 출제된 적은 없으나 사회복지사의 정체성을 고찰하기 위해 살펴볼 필요성이 있다.

2) 법의 내용

제1조(목적) 이 법은 사회복지사 등에 대한 처우를 개선하고 신분보장을 강화하여 사회복지사 등의 지위를 향상하도록 함으로써 사회복지 증진에 이바지하는 것을 목적으로 한다.

제2조(정의) "사회복지사 등"이란 다음 각 호의 어느 하나에 해당하는 법인 등(이하 "사회복지법인 등"이라 한다)에서 사회복지사업에 종사하는 자를 말한다.

1. 「사회복지사업법」 제16조에 따라 사회복지사업을 행할 목적으로 설립된 사회복지법인
2. 「사회복지사업법」 제2조에 따라 사회복지사업을 행할 목적으로 설치된 사회복지시설

제3조(사회복지사 등의 처우개선과 신분보장) ① 국가와 지방자치단체는 사회복지사 등의 처우를 개선하고 인권 및 복지를 증진함과 아울러 그 지위를 향상시키고, 사회복지사 등을 폭력으로부터 보호하기 위하여 적극적으로 노력하여야 한다.

② 국가와 지방자치단체는 사회복지사 등의 보수가 사회복지전담공무원의 보수수준에 도달하도록 노력하여야 한다.

③ 국가는 사회복지사 등의 적정 인건비에 관한 기준을 마련하여야 하며, 지방자치단체는 해당 기준을 준수하기 위하여 노력하여야 한다.

④ 보건복지부장관과 지방자치단체의 장은 사회복지사 등의 보수 수준 및 지급실태, 제3항에 따른 기준의 지방자치단체별 준수율 등에 관하여 3년마다 조사 · 공표하여야 한다.

⑤ 사회복지사 등은 사회복지법인 등의 운영과 관련된 위법 · 부당 행위 및 그 밖의 비리 사실 등을 관계 행정기관과 수사기관에 신고하는 행위로 인하여 징계 조치 등 신분상 불이익이나 근무조건상 차별을 받지 아니한다.

제3조의2(처우개선위원회) ① 사회복지사 등의 처우개선 등에 관한 사항을 심의하기 위하여 보건복지부와 특별시 · 광역시 · 특별자치시 · 도 · 특별자치도(이하 "시 · 도"라 한다) 및 시 · 군 · 구(자치구를 말한다. 이하 같다)에 각각 처우개선위원회를 둔다. 다만, 시 · 군 · 구에 두는 처우개선위원회는 그 기능을 담당하기에 적합한 다른 위원회가 있는 경우에는 시 · 군 · 구의 조례로 정하는 바에 따라 그 위원회가 처우개선위원회의 기능을 수행할 수 있다.

② 보건복지부에 두는 처우개선위원회는 다음 각 호의 사항을 심의한다.

1. 사회복지사 등의 처우개선에 관한 사항
2. 제3조 제3항에 따른 적정 인건비 기준에 관한 사항
3. 그 밖에 사회복지사 등의 처우개선 등에 관한 사항으로서 위원장이 필요하다고 인정하여 회의에 부치는 사항

③ 보건복지부에 두는 처우개선위원회의 기능과 구성 · 운영 등에 관하여 필요한 사항은 대통령령으로 정한다.

④ 시 · 도 및 시 · 군 · 구에 두는 처우개선위원회의 기능과 구성 · 운영 등에 관하여 필요한 사항은 대통령령으로 정하는 바에 따라 조례로 정한다.

제3조의3(사회복지종사자 권익지원센터) ① 보건복지부장관 또는 특별시장·광역시장·특별자치시장·도지사·특별자치도지사(이하 "시·도지사"라 한다)는 사회복지사 등의 권익을 보호하기 위하여 사회복지종사자 권익지원센터(이하 "권익지원센터"라 한다)를 설치·운영할 수 있다.

② 권익지원센터는 다음 각 호의 업무를 수행한다.

1. 사회복지사 등의 권익 침해에 대한 상담과 지원
2. 사회복지사 등의 권익 보호를 위한 교육 및 홍보
3. 사회복지사 등의 권익 침해 실태와 권익 보호에 관한 조사 및 연구
4. 그 밖에 사회복지사 등의 권익 보호를 위하여 필요한 업무

③ 보건복지부장관 또는 시·도지사는 권익지원센터의 운영을 대통령령으로 정하는 기관이나 단체에 위탁할 수 있으며, 그에 필요한 비용을 지원할 수 있다.

④ 그 밖에 권익지원센터의 설치·운영에 필요한 사항은 대통령령으로 정한다.

제4조(한국사회복지공제회) ① 사회복지사 등은 생활안정과 복지증진을 도모하기 위하여 보건복지부장관의 인가를 받아 한국사회복지공제회(이하 "공제회"라 한다)를 설립할 수 있다.

② 공제회는 법인으로 하고, 주된 사무소는 서울특별시에 둔다.

제4조의2(유사명칭의 사용 금지) 이 법에 따른 공제회가 아니면 한국사회복지공제회 또는 이와 유사한 명칭을 사용하지 못한다.

제4조의3(회원의 자격) ① 공제회의 회원은 사회복지사업에 종사하는 자 중 다음 각 호의 어느 하나에 해당하는 사람으로 한다.

1. 「사회복지사업법」 제11조에 따른 사회복지사
2. 제2조에 따른 법인 및 시설 등에 종사하는 사람
3. 「민법」 또는 다른 법률에 따라 설립된 법인 등에서 사회복지 관련 업무에 종사하는 자 중 대통령령으로 정하는 사람
4. 그 밖에 공제회 정관으로 정하는 사람

② 회원이 되려는 사람은 가입신청서를 제출하고 최초의 부담금을 납입한 날에 공제회의 회원이 된다.

제6조(사업) ① 공제회는 그 목적을 달성하기 위하여 다음 각 호의 사업을 한다.

1. 회원에 대한 공제급여의 지급
2. 사회복지시설의 안전 · 화재 등에 대한 공제사업
3. 자금조성을 위한 사업
4. 회원의 복지 · 후생을 위한 사업
5. 제1호부터 제4호까지의 사업에 부대되는 사업 중 정관으로 정하는 사업

② 공제회는 그 목적을 달성하기 위하여 필요한 범위에서 수익사업을 할 수 있다.

③ 이 법에 따른 공제회의 사업에 대하여는 「보험업법」을 적용하지 아니한다.

2. 사회복지사의 정체성과 권리

1) 사회복지사에 대한 인식

사회복지사의 정체성은 사회복지사의 역할을 인식하는 관점에 따라 달라지는 편이다. 영국의 '바클레이 보고서(Barclay Report, 1982)'는 사회복지사 활동의 조사분석을 통하여 사회복지사가 과거의 공공부문에서 전문적 권위를 가지고 일방적으로 돌봄을 제공하는 것이 아니라 지역주민과 파트너십을 맺어 자조를 강화하고 공공부문과 조합하여 돌봄의 공급체제를 조직하는 관리기능을 가져야 한다고 제언하고 있다.

즉, 일반적으로 사회복지사에 대한 정체성을 설명하기 위해서는 일방적인 돌봄을 제공하는 근로자로서의 사회복지사와 지역주민과 파트너십을 맺는 동시에 돌봄의 공급체제를 조직하는 헌신적 봉사자로서의 사회복지사라는 두 가지 측면을 고려할 필요가 있다. 그러나 이러한 기대와는 달리, 법률적으로 사회복지사에게 부과되는 마땅한 역할과 임무는 없는 것으로 보인다. 다만, 사회복지사업법 제5조에 따르면, 사회복지종사자는 사회복지업무를 수행할 때, 사회복지를 필요로 하는 사람을 위하여 인권을 존중하고 차별 없이 최대로 봉사하여야 한다는 원칙을 제시하고 있다. 이는 사회복지사의 정체성을 성직자와 같이 헌신적으로 봉사하는 자세와 태도를 갖춘 인격자이길 기대하는 것과 같다.

그러나 한편으로, 사회복지사의 역할에 대해 다루고 있는 사회복지사 등의 처우 및 지위 향상을 위한 법률에서는 사회복지종사자의 처우개선 및 복지, 지위에 대해서만 다루고 있다. 물론 사회복지사가 보다 나은 처우와 근로 환경을 제공받는 것은 중요하지만, 동시에 사회복지종사자들의 다차원적 역할과 사명을 존중하고 지원하는 접근에 대한 고찰도 필요하다.

2) 사회복지사의 정체성

사회복지사의 정체성은 그들이 수행하는 역할과 깊이 연결되어 있기 때문에, 사회복지사의 정체성을 고찰하기 위해서는 여러 측면에 대한 이해가 필요하다. 사회복지사의 자주적 행동기준인 「사회복지사 윤리강령」에서는 "… 사명을 실천하기 위하여 전문적 지식과 기술을 개발하고 … 사회적 가치를 실현하는 전문가의 능력과 품위를 유지하기 위해 노력한다"고 명시하여 전문가적 정체성을 강조하고 있다. 이는 사회복지사가 높은 수준의 전문적 판단과 자율성을 가지고 업무를 수행할 수 있도록 해야 한다는 것을 의미한다.

앞서 언급한 바와 같이, 실정법에서는 클라이언트에 대한 인권 존중과 최대 봉사를 요구하면서도, 자체적인 윤리강령에서는 사회복지사의 전문가적 정체성을 제시하고 있다는 점에서 사회복지사의 정체성은 양면적이라고 할 수 있다. 사회복지사는 단순히 노동자로서의 위상만 강조하여서는 안 된다. 사회복지사는 클라이언트의 문제를 사정하고, 그들이 경험하는 다양한 사회적 위험에 대해 객관적인 법칙에 따라 업무를 수행하는 객체가 아니다. 정해진 기술과 매뉴얼을 능숙하게 활용하고, 행위에 대한 수가를 제공받는 것만이 사회복지사의 정체성으로 강조되어서는 안 된다. 사회복지사가 서비스를 효율적으로 전달하는 단순한 기술적 노동자가 아닌, 인간의 삶을 개선하고 보호하는 데 있어 중요한 역할을 하는 전문가임을 분명히 할 필요가 있다.

사회복지사들은 인권에 대한 전문가로서 직업적 권리를 존중받으며 안전하게 일할 수 있어야 하고, 높은 수준의 전문적 판단에 따라 자율적으로 업무를 수행하며, 높은 수준의 급여를 받을 권리도 보장되어야 한다. 그러나 그에 앞서, 전문가적 직업 정체성을 바탕으로 한 사회적 존중이 우선적으로 수반되어야 한다.

물론 사회복지사의 전문성을 과도하게 부각할 경우, 클라이언트를 비롯한 개인의 권리를 소홀히 하는 전문가주의가 발생할 수 있다. 따라서 사회복지사의 전문성은 인간에 대한 관점과 인간을 돕기 위한 과학적 지식이나 방법에 관련된 이론적 측면, 그리고 인간 그 자체를 목적으로 보는 측면이 동시에 고려되어야 한다. 분명한 것은 독자적인 지식과 기술을 선택하여 행동할 권리가 있으며, 전문적 권위에 맞는 직업윤리와 문화를 가질 권리도 존중받아야 한다는 것이다.

사회복지사는 인권 옹호자, 봉사자, 중개자, 교사, 상담자, 사례관리자, 업무관리자, 사회개혁가 등 다양한 전문적 역할을 익혀야 한다. 이들의 존재 자체를 추상적으로 제시된 기술적 역할로만 이해해서는 안 된다. 사회복지사의 개인별 경험을 뛰어넘는 초월적 지식체계가 필요하다. 사회복지사가 어떻게 이론을 인식하고 역할을 수행할지는 개인적 주관성보다는 객관적 보편성이 강조된다. 그러나 개인 존재를 초월하는 이론적 차원으로만 사회복지사의 정체를 규정하면, 개별 사회복지사의 권리는 규범성에 가려져 주목하지 못하게 된다. 실정법에 의해 사회복지사의 역할이 타인의 인권을 위해 헌신하는 존재, 봉사 전문직과 같은 특수한 정체성이 부각되면 권리 문제는 왜소화되기 쉽다.

이러한 맥락에서 사회복지사의 정체성은 노동자로서의 위상뿐만 아니라, 전문성에 기반한 사회적 존중을 포함한 다차원적이고 복합적인 개념으로 이해되어야 한다. 이를 통해 사회복지사는 더 나은 사회를 만들기 위한 다양한 역할을 수행하는 동시에, 자신들의 권리와 전문성을 존중받을 수 있어야 할 것이다.

3) 사회복지사의 권리보장 문제

사회복지사의 권리보장은 그들의 전문성과 직업적 역할을 효과적으로 수행하기 위해 필수적인 역할이다. 현재 사회복지사들은 다양한 사회적 요구와 기대에 부응하며 중요한 역할을 수행하고 있지만, 그에 상응하는 권리와 보호는 충분히 받지 못하는 경우가 많다. 이러한 상황을 개선하기 위해서는 다음과 같은 권리보장 방안들이 필요하다.

(1) 전문성 존중과 자율성 보장

기본적으로 사회복지사에게는 윤리적 마음가짐과 헌신을 강조하는 경향이 있다. 앞서 언급한 바와 같이 실정법인 사회복지사업법에서는 '최대봉사의 원칙(제5조)'을 규정하고 있다.

제도적으로 정비된 현재에는 사회복지사에게 실정법을 통해 과도한 도덕주의를 강조할 필요는 없다고 판단된다. 오히려 지나친 도적주의와 헌신을 강조하는 것은 사회복지사들의 전문적 판단과 자율성을 억압할 수 있다. 사회복지사들은 다른 전문가들이 그러하듯이, 다양한 상황에서 독립적인 판단을 통해 최선의 결정을 내릴 수 있는 충분한 자율성을 보장받아야 한다.

따라서 사회복지사의 처우와 지위를 다루는 실정법인 「사회복지사업법」이나 「사회복지사 등 처우 및 지위 향상을 위한 법률」의 개정이 필요하다. 예를 들어, 「사회복지사업법」에서 '최대봉사의 원칙'은 '평등한 복지 증진의 원칙' 정도로 개정하거나, 「사회복지사 등 처우 및 지위 향상을 위한 법률」에서 사회복지사의 전문성을 보장할 수 있는 권리 등의 규정을 마련할 필요가 있다.

특히 「사회복지사 등 처우 및 지위 향상을 위한 법률」에서 사회복지사의 생존권을 보장하는 수준으로는 사회복지사의 지위를 향상시킬 수 없다. 국가 차원에서 사회복지사의 전문성을 인정하고, 그들의 자율성을 침해하지 않도록 하기 위한 여러 원칙들을 규정해야 한다.

(2) 안전한 근로조건 보장 및 심리적 지원

사회복지사의 전문성을 강조한다고 하더라도, 사회복지사의 정체성 중 일부는 근로자이며, 근로자인 이상 복지현장에서 신체적·심리적 안전을 보장받을 수 있어야 한다. 사회복지사의 안전을 위협하는 요인은 사업자의 부당한 지시나 강요, 부정, 상사나 동료, 클라이언트에 의한 폭행, 불공정한 임금 및 근무조건, 과도한 근로시간 등 내부적인 노동환경에 원인이 있다.

우리나라에서 근로자의 안전을 지키는 법은 「산업안전보건법」이 있지만, 「산업안전보건법 시행령」 제2조에 따르면, 사회복지서비스업은 적용하지 않고 있다. 만약 「산업안전보건법」을 사회복지서비스업에 적용할 수 있다면, 많은 문제를 해결할 수 있을 것으로 보인다. 만약 현실절으로 「산업안전보건법」을 적용하기 어렵다면, 사회복지종사자의 안전보장에 관한 특별법을 만들어 사회복지사의 근로적 안정성을 규정할 수 있다.

미국의 경우에는 사회복지사안전법(Social Worker Safety Act)을 통해 폭력예방시스템을 구축하고 있다(국가인권위원회, 2013 : 146). 해당 내용을 살펴보면, 첫째, GPS 장치 등 사회복지사의 위치를 파악할 수 있는 통신장비, 둘째, 자기 방어를 위한 훈련, 셋째, 시설의 안전 개보수, 넷째, 신체보호도구 지급, 다섯째, 안전확보를 위한 각종 교육과 훈련 등 사회복지사를 실질적으로 보호하는 조치에 중점을 둔 규정을 두고 있다. 우리나라에서도 이러한 신체적 안전을 보장할 수 있는 특별법을 제정할 필요가 있다.

동시에 사회복지종사자들은 직무 수행 중 다양한 위험과 스트레스에 노출된다. 이를 보호하기 위해서 신체적 안전 규정을 강화하는 한편, 심리적 안전을 보장할 수 있는 지원 프로그램을 제공해야 한다. 과중한 업무 부담과 낮은 사회적 존중, 낮은 임금은 사회복지사들을 소진 상태로 몰아넣고 있다. 이러한 문제를 해결하기 위해서는 근로환경 및 안전을 보장하는 한편으로 정기적인 심리상담과 스트레스 관리 프로그램을 통해 사회복지사들의 정신적 안전을 유지할 수 있도록 지원해야 한다.

(3) 컴플라이언스 체제 정비

실정법이 만들어진다고 해도 즉각적으로 현재 현장에서 일하고 있는 사회복지종사자의 안전이 보장된다고 확신할 수 없다. 실질적으로 사회복지사의 안전과 권리가 보장되기 위해서는 체계적이고 효과적인 컴플라이언스(compliance) 체제를 정비할 필요성이 있다. 컴플라이언스 체제는 법률, 규정, 윤리강령 등을 준수하기 위한 조직 내 시스템과 절차를 의미한다. 이는 조직이 실정법을 준수하고, 윤리적 기준을 따르며, 투명하고 책임 있는 경영을 유지할 수 있게 하는 일련의 활동과 관리체계를 포함한다.

우리 사회에는 "법보다 주먹이 가깝다"라는 말이 있다. 이는 실정법들이 제대로 현장에 적용되지 않는 것을 의미한다. 즉, 실정법을 규정하더라도, 실질적으로 그것이 실행될지 확신할 수 없다고 볼 수 있다. 따라서 이러한 실정법이 실질적으로 운영될 수 있도록 법적 장치와 지원체계가 강화되어야 한다. 이는 사회복지종사자들이 불합리한 대우를 받거나 권리가 침해될 경우, 법적으로 보호받거나 구제받을 수 있는 방안이 마련되어야 함을 의미한다. 구체적으로 예를 들면, 사회복지종사자를 보호하는 법률을 제정하는 동시에, 이를 엄격히 시행하거나 감시할 수 있는 기구를 설립하는 것이 있다. 또한 사회복지종사자들의 권익을 대변하는 전문기관과 단체를 보다 활성화시킬 수 있는 방안이 제시되어야 하며, 적극적으로 활동할 수 있도록 지원해야 한다.

동시에 사회복지사들의 역할과 중요성에 대한 사회적 인식을 개선하는 것도 컴플라이언스의 중요한 부분이다. 사회복지종사자들은 사회적 약자와 사회적으로 소외된 사람들을 돕기 위해서 헌신하고 있으나, 이러한 헌신을 당연하게 생각하는 사회적 분위기는 옳지 않다. 사회복지종사자들의 기여를 인정하고 존중하는 사회적 분위기를 통해 사회복지종사자들의 권리를 강화하는 것이 올바르다는 인식이 필요하다. 이를 위해서 언론과 교육기관은 사회복지종사자의 중요성과 가치를 적극적으로 알리는 동시에, 전문성과 역할을 널리 홍보함으로써 사회복지종사자들의 권리를 존중하고 보호하는 문화가 확산될 수 있도록 해야 한다.

CHAPTER 12

사회보험법

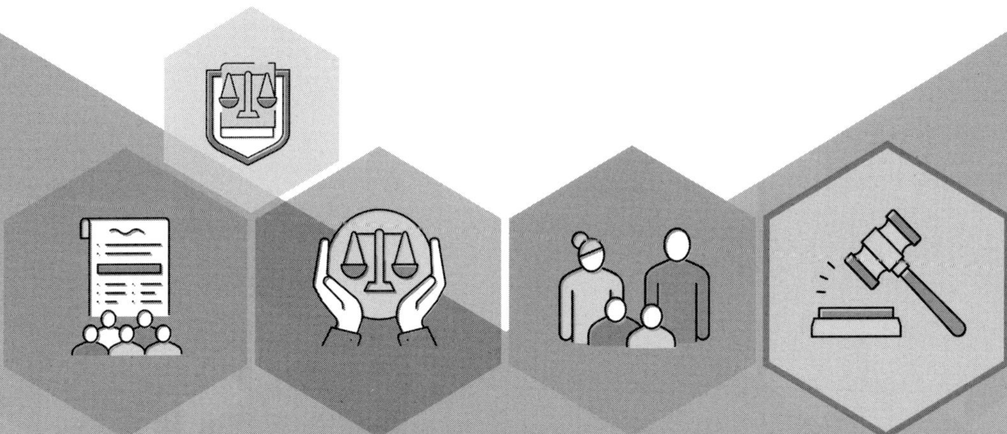

CHAPTER 12

사회보험법

1. 사회보험법의 개요

사회보험법이란 국민연금, 국민건강보험, 고용보험, 산업재해보상보험, 노인장기요양보험에 관한 법을 통칭한다. 사회보험법에서는 사회보험의 일반적인 내용과 특징뿐만 아니라 각 사회보험에서는 용어, 가입대상, 보험료, 급여 종류와 수급 조건 등에 대해서 다루며, 행정과 운영체계에 대해서도 다룬다. 각 보험법마다 사용하는 용어가 다르며 강조되는 부분이 다르다. 특히 노인장기요양보험법에서는 공단에 대한 내용뿐만 아니라 전달체계인 장기요양기관에 대해서도 다루니 장기요양기관에 대한 내용도 알아둘 필요가 있다.

사회보험법은 사회복지 1급 시험에 자주 출제되는 부분이며, 사회복지정책론에서도 비슷한 내용을 다루기 때문에, 제도 전반에 대해 잘 알아두면 도움이 된다.

2. 국민연금법

국민연금과 관련된 법은 1973년 국민복지연금법에서 시작되었다. 국민복지연금법은 국민의 노령 · 폐질 또는 사망 등에 대하여 연금급여를 실시하기 위해 제정 · 시행되었으나, 오일쇼크 등 경제적 위기 및 가입을 꺼리는 사회적 여론 등으로 인해 연기되었다가 1986년 국민연금법으로 제정되어 1988년 1월 1일부로 시행되었다.

처음에는 10인 이상 사업장의 근로자를 대상으로 시작하여, 1995년 농어민과 농어촌지역 자영업자까지 확대되었다. 1998년에는 국민연금 가입 대상자의 범위를 도시지역 자영업자로 확대함으로써, 사실상 전 국민을 대상으로 한 국민연금이 시행되었다고 볼 수 있다. 2001년에는 5인 미만 사업장에 대해서도 임의적용 사업자로 확대하였으며, 2003년부터는 5인 미만 사업장도 국민연금 의무가입 사업장으로 확대되었다.

1) 총 칙

(1) 법의 목적 및 정의, 국가의 책무 등

제1조(목적) 이 법은 국민의 노령, 장애 또는 사망에 대하여 연금급여를 실시함으로써 국민의 생활 안정과 복지 증진에 이바지하는 것을 목적으로 한다.

제2조(관장) 이 법에 따른 국민연금사업은 보건복지부장관이 맡아 주관한다.

제3조(정의 등) ① 이 법에서 사용하는 용어의 뜻은 다음과 같다.

1. "근로자"란 직업의 종류가 무엇이든 사업장에서 노무를 제공하고 그 대가로 임금을 받아 생활하는 자(법인의 이사와 그 밖의 임원을 포함한다)를 말한다. 다만, 대통령령으로 정하는 자는 제외한다.
2. "사용자(使用者)"란 해당 근로자가 소속되어 있는 사업장의 사업주를 말한다.
3. "소득"이란 일정한 기간 근로를 제공하여 얻은 수입에서 대통령령으로 정하는 비과세소득을 제외한 금액 또는 사업 및 자산을 운영하여 얻는 수입에서 필요경비를 제외한 금액을 말한다.
4. "평균소득월액"이란 매년 사업장가입자 및 지역가입자 전원(全員)의 기준소득월액을 평균한 금액을 말한다.
5. "기준소득월액"이란 연금보험료와 급여를 산정하기 위하여 국민연금가입자(이하 "가입자"라 한다)의 소득월액을 기준으로 하여 정하는 금액을 말한다.

6. "사업장가입자"란 사업장에 고용된 근로자 및 사용자로서 제8조에 따라 국민연금에 가입된 자를 말한다.
7. "지역가입자"란 사업장가입자가 아닌 자로서 제9조에 따라 국민연금에 가입된 자를 말한다.
8. "임의가입자"란 사업장가입자 및 지역가입자 외의 자로서 제10조에 따라 국민연금에 가입된 자를 말한다.
9. "임의계속가입자"란 국민연금 가입자 또는 가입자였던 자가 제13조 제1항에 따라 가입자로 된 자를 말한다.
10. "연금보험료"란 국민연금사업에 필요한 비용으로서 사업장가입자의 경우에는 부담금 및 기여금의 합계액을, 지역가입자 · 임의가입자 및 임의계속가입자의 경우에는 본인이 내는 금액을 말한다.
11. "부담금"이란 사업장가입자의 사용자가 부담하는 금액을 말한다.
12. "기여금"이란 사업장가입자가 부담하는 금액을 말한다.
13. "사업장"이란 근로자를 사용하는 사업소 및 사무소를 말한다.
14. "수급권"이란 이 법에 따른 급여를 받을 권리를 말한다.
15. "수급권자"란 수급권을 가진 자를 말한다.
16. "수급자"란 이 법에 따른 급여를 받고 있는 자를 말한다.
17. "초진일"이란 장애의 주된 원인이 되는 질병이나 부상에 대하여 처음으로 의사의 진찰을 받은 날을 말한다. 이 경우 질병이나 부상의 초진일에 대한 구체적인 판단기준은 보건복지부장관이 정하여 고시한다.
18. "완치일"이란 장애의 주된 원인이 되는 질병이나 부상이 다음 각 목 중 어느 하나에 해당하는 날을 말한다. 이 경우 증상의 종류별 완치일에 대한 구체적인 판단기준은 보건복지부장관이 정하여 고시한다.
    가. 해당 질병이나 부상이 의학적으로 치유된 날
    나. 더 이상 치료효과를 기대할 수 없는 경우로서 그 증상이 고정되었다고 인정되는 날
    다. 증상의 고정성은 인정되지 아니하나, 증상의 정도를 고려할 때 완치된 것으로 볼 수 있는 날
19. "가입대상기간"이란 18세부터 초진일 혹은 사망일까지의 기간으로서, 다음

의 각 목에 해당하는 기간을 제외한 기간을 말한다. 다만, 18세 미만에 가입자가 된 경우에는 18세 미만인 기간 중 보험료 납부기간(초진일이나 사망일 이전에 제92조 제1항 제1호의2에 해당하는 기간에 대하여 같은 조에 따라 보험료를 추후 납부하였을 경우에는 그 추후 납부한 기간을 포함한다)을 가입대상기간에 포함하고, 초진일이나 사망일 이전에 나목과 다목에 해당되는 기간에 대하여 제92조에 따라 보험료를 추후 납부하였을 경우에는 그 추후 납부한 기간을 가입대상기간에 포함한다.

가. 제6조 단서에 따라 가입 대상에서 제외되는 기간

나. 18세 이상 27세 미만인 기간 중 제9조 제3호에 따라 지역가입자에서 제외되는 기간

다. 18세 이상 27세 미만인 기간 중 제91조 제1항 각 호에 따라 연금보험료를 내지 아니한 기간(제91조 제1항 제2호의 경우는 27세 이상인 기간도 포함)

② 이 법을 적용할 때 배우자, 남편 또는 아내에는 사실상의 혼인관계에 있는 자를 포함한다.

③ 수급권을 취득할 당시 가입자 또는 가입자였던 자의 태아가 출생하면 그 자녀는 가입자 또는 가입자였던 자에 의하여 생계를 유지하고 있던 자녀로 본다.

제3조의2(국가의 책무) 국가는 이 법에 따른 연금급여가 안정적 · 지속적으로 지급되도록 필요한 시책을 수립 · 시행하여야 한다.

제4조(국민연금 재정 계산 및 장기재정균형 유지) ① 이 법에 따른 급여 수준과 연금보험료는 국민연금 재정이 장기적으로 균형을 유지할 수 있도록 조정(調整)되어야 한다.

② 보건복지부장관은 대통령령으로 정하는 바에 따라 5년마다 국민연금 재정 수지를 계산하고, 국민연금의 재정 전망과 연금보험료의 조정 및 국민연금기금의 운용 계획 등이 포함된 국민연금 운영 전반에 관한 계획을 수립하여 국무회의의 심의를 거쳐 대통령의 승인을 받아야 하며, 승인받은 계획을 해당 연도 10월 말까지 국회에 제출하여 소관 상임위원회에 보고하고, 대통령령으로 정하는 바에 따라 공시하여야 한다. 다만, 급격한 경기변동 등으로 인하여 필요한 경우에는 5년이 지나지 아니하더라도 새로 국민연금 재정 수지를 계산하고 국민연금 운영 전반에 관한 계획을 수립할 수 있다.

③ 이 법에 따른 연금보험료, 급여액, 급여의 수급 요건 등은 국민연금의 장기 재정균형 유지, 인구구조의 변화, 국민의 생활수준, 임금, 물가, 그 밖에 경제 사정에 뚜렷한 변동이 생기면 그 사정에 맞게 조정되어야 한다.

제5조(국민연금심의위원회) ① 국민연금사업에 관한 다음 사항을 심의하기 위하여 보건복지부에 국민연금심의위원회를 둔다.

1. 국민연금제도 및 재정 계산에 관한 사항
2. 급여에 관한 사항
3. 연금보험료에 관한 사항
4. 국민연금기금에 관한 사항
5. 그 밖에 국민연금제도의 운영과 관련하여 보건복지부장관이 회의에 부치는 사항

② 국민연금심의위원회는 위원장·부위원장 및 위원으로 구성하되, 위원장은 보건복지부차관이 되고, 부위원장은 공익을 대표하는 위원 중에서 호선(互選)하며, 위원은 다음 구분에 따라 보건복지부장관이 지명하거나 위촉한다.

1. 사용자를 대표하는 위원으로서 사용자 단체가 추천하는 자 4명
2. 근로자를 대표하는 위원으로서 근로자 단체가 추천하는 자 4명
3. 지역가입자를 대표하는 위원으로서 다음의 자
   가. 농어업인 단체가 추천하는 자 2명
   나. 농어업인 단체 외의 자영자(自營者) 관련 단체가 추천하는 자 2명
   다. 소비자단체와 시민단체가 추천하는 자 2명
4. 수급자를 대표하는 위원 4명
5. 공익을 대표하는 위원으로서 국민연금에 관한 전문가 5명

(2) 국민연금 가입 자격 및 상실, 기간

제6조(가입 대상) 국내에 거주하는 국민으로서 18세 이상 60세 미만인 자는 국민연금 가입 대상이 된다. 다만, 「공무원연금법」, 「군인연금법」, 「사립학교교직원 연금법」 및 「별정우체국법」을 적용받는 공무원, 군인, 교직원 및 별정우체국 직원, 그 밖에 대통령령으로 정하는 자는 제외한다.

제7조(가입자의 종류) 가입자는 사업장가입자, 지역가입자, 임의가입자 및 임의계속가입자로 구분한다.

제8조(사업장가입자) ① 사업의 종류, 근로자의 수 등을 고려하여 대통령령으로 정하는 사업장(이하 "당연적용사업장"이라 한다)의 18세 이상 60세 미만인 근로자와 사용자는 당연히 사업장가입자가 된다. 다만, 다음 각 호의 어느 하나에 해당하는 자는 제외한다.

1. 「공무원연금법」, 「공무원 재해보상법」, 「사립학교교직원 연금법」 또는 「별정우체국법」에 따른 퇴직연금, 장해연금 또는 퇴직연금일시금이나 「군인연금법」에 따른 퇴역연금, 퇴역연금일시금, 「군인 재해보상법」에 따른 상이연금을 받을 권리를 얻은 자(이하 "퇴직연금등수급권자"라 한다). 다만, 퇴직연금등수급권자가 「국민연금과 직역연금의 연계에 관한 법률」 제8조에 따라 연계 신청을 한 경우에는 그러하지 아니하다.

② 제1항 및 제6조에도 불구하고 국민연금에 가입된 사업장에 종사하는 18세 미만 근로자는 사업장가입자가 되는 것으로 본다. 다만, 본인이 원하지 아니하면 사업장가입자가 되지 아니할 수 있다.

③ 제1항에도 불구하고 「국민기초생활 보장법」 제7조 제1항 제1호에 따른 생계급여 수급자 또는 같은 항 제3호에 따른 의료급여 수급자는 본인의 희망에 따라 사업장가입자가 되지 아니할 수 있다.

제9조(지역가입자) 제8조에 따른 사업장가입자가 아닌 자로서 18세 이상 60세 미만인 자는 당연히 지역가입자가 된다. 다만, 다음 각 호의 어느 하나에 해당하는 자는 제외한다.

1. 다음 각 목의 어느 하나에 해당하는 자의 배우자로서 별도의 소득이 없는 자
   가. 제6조 단서에 따라 국민연금 가입 대상에서 제외되는 자
   나. 사업장가입자, 지역가입자 및 임의계속가입자
   다. 삭제 〈2016. 5. 29.〉
   라. 노령연금 수급권자 및 퇴직연금등수급권자
2. 퇴직연금등수급권자. 다만, 퇴직연금등수급권자가 「국민연금과 직역연금의 연계에 관한 법률」 제8조에 따라 연계 신청을 한 경우에는 그러하지 아니하다.

3. 18세 이상 27세 미만인 자로서 학생이거나 군 복무 등의 이유로 소득이 없는 자(연금보험료를 납부한 사실이 있는 자는 제외한다)
4. 「국민기초생활 보장법」 제7조 제1항 제1호에 따른 생계급여 수급자 또는 같은 항 제3호에 따른 의료급여 수급자
5. 1년 이상 행방불명된 자. 이 경우 행방불명된 자에 대한 인정 기준 및 방법은 대통령령으로 정한다.

제10조(임의가입자) ① 다음 각 호의 어느 하나에 해당하는 자 외의 자로서 18세 이상 60세 미만인 자는 보건복지부령으로 정하는 바에 따라 국민연금공단에 가입을 신청하면 임의가입자가 될 수 있다.

1. 사업장가입자
2. 지역가입자

② 임의가입자는 보건복지부령으로 정하는 바에 따라 국민연금공단에 신청하여 탈퇴할 수 있다.

제11조(가입자 자격의 취득 시기) ① 사업장가입자는 다음 각 호의 어느 하나에 해당하게 된 날에 그 자격을 취득한다.

1. 제8조 제1항 본문에 따른 사업장에 고용된 때 또는 그 사업장의 사용자가 된 때
2. 당연적용사업장으로 된 때

② 지역가입자는 다음 각 호의 어느 하나에 해당하게 된 날에 그 자격을 취득한다. 제3호 또는 제4호의 경우 소득이 있게 된 때를 알 수 없는 경우에는 제21조 제2항에 따른 신고를 한 날에 그 자격을 취득한다.

1. 사업장가입자의 자격을 상실한 때
2. 제6조 단서에 따른 국민연금 가입 대상 제외자에 해당하지 아니하게 된 때
3. 제9조 제1호에 따른 배우자가 별도의 소득이 있게 된 때
4. 18세 이상 27세 미만인 자가 소득이 있게 된 때

③ 임의가입자는 가입 신청이 수리된 날에 자격을 취득한다.

제12조(가입자 자격의 상실 시기) ① 사업장가입자는 다음 각 호의 어느 하나에 해당하게 된 날의 다음 날에 자격을 상실한다. 다만, 제5호의 경우에는 그에 해당하게 된 날에 자격을 상실한다.

1. 사망한 때
2. 국적을 상실하거나 국외로 이주한 때
3. 사용관계가 끝난 때
4. 60세가 된 때
5. 제6조 단서에 따른 국민연금 가입 대상 제외자에 해당하게 된 때

② 지역가입자는 다음 각 호의 어느 하나에 해당하게 된 날의 다음 날에 자격을 상실한다. 다만, 제3호와 제4호의 경우에는 그에 해당하게 된 날에 그 자격을 상실한다.

1. 사망한 때
2. 국적을 상실하거나 국외로 이주한 때
3. 제6조 단서에 따른 국민연금 가입 대상 제외자에 해당하게 된 때
4. 사업장가입자의 자격을 취득한 때
5. 제9조 제1호에 따른 배우자로서 별도의 소득이 없게 된 때
6. 60세가 된 때

③ 임의가입자는 다음 각 호의 어느 하나에 해당하게 된 날의 다음 날에 자격을 상실한다. 다만, 제6호와 제7호의 경우에는 그에 해당하게 된 날에 그 자격을 상실한다.

1. 사망한 때
2. 국적을 상실하거나 국외로 이주한 때
3. 제10조 제2항에 따른 탈퇴 신청이 수리된 때
4. 60세가 된 때
5. 대통령령으로 정하는 기간 이상 계속하여 연금보험료를 체납한 때
6. 사업장가입자 또는 지역가입자의 자격을 취득한 때
7. 제6조 단서에 따른 국민연금 가입 대상 제외자에 해당하게 된 때

제13조(임의계속가입자) ① 다음 각 호의 어느 하나에 해당하는 자는 제6조 본문에도 불구하고 65세가 될 때까지 보건복지부령으로 정하는 바에 따라 국민연금공단에 가입을 신청하면 임의계속가입자가 될 수 있다. 이 경우 가입 신청이 수리된 날에 그 자격을 취득한다.

1. 국민연금 가입자 또는 가입자였던 자로서 60세가 된 자. 다만, 다음 각 목의

어느 하나에 해당하는 자는 제외한다.

가. 연금보험료를 납부한 사실이 없는 자

나. 노령연금 수급권자로서 급여를 지급받고 있는 자

다. 제77조 제1항 제1호에 해당하는 사유로 반환일시금을 지급받은 자

2. 전체 국민연금 가입기간의 5분의 3 이상을 대통령령으로 정하는 직종의 근로자로 국민연금에 가입하거나 가입하였던 사람(이하 "특수직종근로자"라 한다)으로서 다음 각 목의 어느 하나에 해당하는 사람 중 노령연금 급여를 지급받지 않는 사람

가. 제61조 제1항에 따라 노령연금 수급권을 취득한 사람

나. 법률 제3902호 국민복지연금법개정법률 부칙 제5조에 따라 특례노령연금 수급권을 취득한 사람

② 임의계속가입자는 보건복지부령으로 정하는 바에 따라 국민연금공단에 신청하면 탈퇴할 수 있다.

③ 임의계속가입자는 다음 각 호의 어느 하나에 해당하게 된 날의 다음 날에 그 자격을 상실한다. 다만, 제3호의 경우 임의계속가입자가 납부한 마지막 연금보험료에 해당하는 달의 말일이 탈퇴 신청이 수리된 날보다 같거나 빠르고 임의계속가입자가 희망하는 경우에는 임의계속가입자가 납부한 마지막 연금보험료에 해당하는 달의 말일에 그 자격을 상실한다.

1. 사망한 때

2. 국적을 상실하거나 국외로 이주한 때

3. 제2항에 따른 탈퇴 신청이 수리된 때

4. 대통령령으로 정하는 기간 이상 계속하여 연금보험료를 체납한 때

제14조(자격 등의 확인) ① 국민연금공단은 가입자의 자격 취득·상실 및 기준소득월액에 관한 확인을 하여야 한다.

② 가입자 자격의 취득 및 상실은 제11조부터 제13조까지의 규정에 따른 자격의 취득 및 상실 시기에 그 효력이 생긴다.

③ 제1항에 따른 확인은 가입자의 청구, 제21조에 따른 신고 또는 직권으로 한다.

④ 가입자 또는 가입자였던 자는 언제든지 보건복지부령으로 정하는 바에 따

라 자격의 취득 · 상실, 가입자 종류의 변동 및 기준소득월액의 변동에 관한 확인을 청구할 수 있다.

제17조(국민연금 가입기간의 계산) ① 국민연금 가입기간(이하 "가입기간"이라 한다)은 월 단위로 계산하되, 가입자의 자격을 취득한 날이 속하는 달의 다음 달부터 자격을 상실한 날의 전날이 속하는 달까지로 한다. 다만, 다음 각 호의 어느 하나에 해당하는 경우 자격을 취득한 날이 속하는 달은 가입기간에 산입하되, 가입자가 그 자격을 상실한 날의 전날이 속하는 달에 자격을 다시 취득하면 다시 취득한 달을 중복하여 가입기간에 산입하지 아니한다.

1. 가입자가 자격을 취득한 날이 그 속하는 달의 초일인 경우(자격 취득일이 속하는 달에 다시 그 자격을 상실하는 경우는 제외한다)
2. 임의계속가입자의 자격을 취득한 경우
3. 가입자가 희망하는 경우

② 가입기간을 계산할 때 연금보험료를 내지 아니한 기간은 가입기간에 산입하지 아니한다. 다만, 사용자가 근로자의 임금에서 기여금을 공제하고 연금보험료를 내지 아니한 경우에는 그 내지 아니한 기간의 2분의 1에 해당하는 기간을 근로자의 가입기간으로 산입한다. 이 경우 1개월 미만의 기간은 1개월로 한다.

③ 「국민건강보험법」 제13조에 따른 국민건강보험공단(이하 "건강보험공단"이라 한다)이 제90조 제4항에 따라 근로자에게 그 사업장의 체납 사실을 통지한 경우에는 제2항 단서에도 불구하고 통지된 체납월(滯納月)의 다음 달부터 체납 기간은 가입기간에 산입하지 아니한다. 이 경우 그 근로자는 제90조 제1항에도 불구하고 가입기간에 산입되지 아니한 체납기간에 해당하는 기여금 및 부담금을 건강보험공단에 낼 수 있으며, 다음 각 호에 따른 기간을 가입기간에 산입한다.

1. 기여금 납부 : 체납기간의 2분의 1에 해당하는 기간. 이 경우 1개월 미만의 기간은 1개월로 한다.
2. 기여금과 부담금 납부 : 체납기간에 해당하는 기간

④ 제3항 후단에 따라 기여금 및 부담금을 납부할 때 월별 납부 기한으로부터 10년이 지난 경우에는 대통령령으로 정하는 이자를 더하여 납부하여야 한다.

⑤ 건강보험공단이 사용자가 체납한 연금보험료를 사용자로부터 납부받거나

징수한 경우에는 제3항 후단에 따라 근로자가 중복하여 낸 기여금 및 부담금을 해당 근로자에게 대통령령으로 정하는 이자를 더하여 돌려주어야 한다.

⑥ 제77조에 따라 지급받은 반환일시금이 제57조 제1항에 따라 환수할 급여에 해당하는 경우 이를 반납하지 아니하는 때에는 그에 상응하는 기간을 가입기간에 산입하지 아니한다.

제18조(군 복무기간에 대한 가입기간 추가 산입) – 병역 크레딧 제도

① 다음 각 호의 어느 하나에 해당하는 자가 노령연금 수급권을 취득한 때(이 조에 따라 가입기간이 추가 산입되면 노령연금 수급권을 취득할 수 있는 경우를 포함한다)에는 6개월을 가입기간에 추가로 산입한다. 다만, 「병역법」에 따른 병역의무를 수행한 기간이 6개월 미만인 경우에는 그러하지 아니한다.

1. 현역병
2. 전환복무를 한 사람
3. 「상근예비역」
4. 사회복무요원

② 제1항에도 불구하고 「병역법」에 따른 병역의무를 수행한 기간의 전부 또는 일부가 다음 각 호의 어느 하나에 해당하는 기간에 산입된 경우에는 제1항을 적용하지 아니한다.

1. 「공무원연금법」, 「사립학교교직원 연금법」 또는 「별정우체국법」에 따른 재직기간
2. 「군인연금법」에 따른 복무기간

제19조(출산에 대한 가입기간 추가 산입) – 출산 크레딧 제도

① 2 이상의 자녀가 있는 가입자 또는 가입자였던 자가 노령연금 수급권을 취득한 때(이 조에 따라 가입기간이 추가 산입되면 노령연금 수급권을 취득할 수 있는 경우를 포함한다)에는 다음 각 호에 따른 기간을 가입기간에 추가로 산입한다. 다만, 추가로 산입하는 기간은 50개월을 초과할 수 없으며, 자녀 수의 인정방법 등에 관하여 필요한 사항은 대통령령으로 정한다.

1. 자녀가 2명인 경우 : 12개월
2. 자녀가 3명 이상인 경우 : 둘째 자녀에 대하여 인정되는 12개월에 2자녀를 초과하는 자녀 1명마다 18개월을 더한 개월 수

② 제1항에 따른 추가 가입기간은 부모가 모두 가입자 또는 가입자였던 자인 경우에는 부와 모의 합의에 따라 2명 중 1명의 가입기간에만 산입하되, 합의하지 아니한 경우에는 균등 배분하여 각각의 가입기간에 산입한다. 이 경우 합의의 절차 등에 관하여 필요한 사항은 보건복지부령으로 정한다.

③ 제1항에 따라 가입기간을 추가로 산입하는 데 필요한 재원은 국가가 전부 또는 일부를 부담한다.

제19조의2(실업에 대한 가입기간 추가 산입) ① 다음 각 호의 요건을 모두 갖춘 사람이 「고용보험법」 제37조 제1항에 따른 구직급여를 받는 경우로서 구직급여를 받는 기간을 가입기간으로 산입하기 위하여 국민연금공단에 신청하는 때에는 그 기간을 가입기간에 추가로 산입한다. 다만, 추가로 산입하는 기간은 1년을 초과할 수 없다.

1. 18세 이상 60세 미만인 사람 중 가입자 또는 가입자였을 것
2. 대통령령으로 정하는 재산 또는 소득이 보건복지부장관이 정하여 고시하는 기준 이하일 것

② 제1항에 따라 산입되는 가입기간에 대하여는 「고용보험법」 제45조에 따른 구직급여의 산정 기초가 되는 임금일액을 월액으로 환산한 금액의 절반에 해당하는 소득(이하 이 조에서 "인정소득"이라 한다)으로 가입한 것으로 본다. 다만, 인정소득의 상한선 및 하한선은 보건복지부장관이 정하여 고시하는 금액으로 한다.

③ 가입자 또는 가입자였던 사람은 제1항에 따라 구직급여를 받는 기간을 가입기간으로 추가 산입하려는 경우 인정소득을 기준으로 연금보험료를 납부하여야 한다. 이 경우 국가는 연금보험료의 전부 또는 일부를 일반회계, 제101조에 따른 국민연금기금 및 「고용보험법」 제78조에 따른 고용보험기금에서 지원할 수 있다.

④ 제1항에 따라 추가로 산입된 가입기간(이하 이 항에서 "추가산입기간"이라 한다)을 제49조제1호부터 제3호까지의 급여에 적용할 때에는 다음 각 호를 따른다.

1. 제49조 제1호의 노령연금 : 추가산입기간을 제51조에 따른 기본연금액에 반영한다.
2. 제49조 제2호의 장애연금 : 추가산입기간을 제51조에 따른 기본연금액에 반영하지 아니한다.

3. 제49조 제3호의 유족연금 : 추가산입기간을 제51조에 따른 기본연금액에 반영하지 아니하되, 제74조 각 호에 해당하는 가입기간에는 반영한다.

⑤ 국민연금공단은 제1항에 따른 신청의 접수 · 처리 등 업무를 대통령령으로 정하는 바에 따라 「고용보험법」에 따른 직업안정기관 및 그 밖의 공공기관(「공공기관의 운영에 관한 법률」에 따른 공공기관을 말한다)에 위탁할 수 있다.

제20조(가입기간의 합산) ① 가입자의 자격을 상실한 후 다시 그 자격을 취득한 자에 대하여는 전후(前後)의 가입기간을 합산한다.

② 가입자의 가입 종류가 변동되면 그 가입자의 가입기간은 각 종류별 가입기간을 합산한 기간으로 한다.

(3) 국민연금공단(수행기관)에 관한 규정

제24조(국민연금공단의 설립) 보건복지부장관의 위탁을 받아 제1조의 목적을 달성하기 위한 사업을 효율적으로 수행하기 위하여 국민연금공단(이하 "공단"이라 한다)을 설립한다.

제25조(공단의 업무) 공단은 다음의 업무를 한다.

1. 가입자에 대한 기록의 관리 및 유지
2. 연금보험료의 부과
3. 급여의 결정 및 지급
4. 가입자, 가입자였던 자, 수급권자 및 수급자를 위한 자금의 대여와 복지시설의 설치 · 운영 등 복지사업
5. 가입자 및 가입자였던 자에 대한 기금증식을 위한 자금 대여사업
6. 제6조의 가입 대상(이하 "가입대상"이라 한다)과 수급권자 등을 위한 노후준비서비스 사업
7. 국민연금제도 · 재정계산 · 기금운용에 관한 조사연구
8. 국민연금기금 운용 전문인력 양성
9. 국민연금에 관한 국제협력
10. 그 밖에 이 법 또는 다른 법령에 따라 위탁받은 사항
11. 그 밖에 국민연금사업에 관하여 보건복지부장관이 위탁하는 사항

제26조(법인격) 공단은 법인으로 한다.

제30조(임원) ① 공단에 임원으로 이사장 1명, 상임이사 4명 이내, 이사 9명, 감사 1명을 두되, 이사에는 사용자 대표, 근로자 대표, 지역가입자 대표, 수급자 대표 각 1명 이상과 당연직 이사로서 보건복지부에서 국민연금 업무를 담당하는 3급 국가공무원 또는 고위공무원단에 속하는 일반직 공무원 1명이 포함되어야 한다.

② 이사장은 보건복지부장관의 제청으로 대통령이 임면(任免)하고, 상임이사·이사(당연직 이사는 제외한다) 및 감사는 이사장의 제청으로 보건복지부장관이 임면한다.

③ 이사에게는 보수를 지급하지 아니한다. 다만, 실비(實費)는 지급할 수 있다.

제32조(임원의 임기) 임원의 임기는 3년으로 한다. 다만, 당연직 이사의 임기는 그 재임기간으로 하고, 기금이사의 임기는 계약기간으로 한다.

(4) 국민연금의 급여 수준 및 종류

① 통칙

제49조(급여의 종류) 이 법에 따른 급여의 종류는 다음과 같다.

1. 노령연금
2. 장애연금
3. 유족연금
4. 반환일시금

제50조(급여 지급) ① 급여는 수급권자의 청구에 따라 공단이 지급한다. ② 연금액은 지급사유에 따라 기본연금액과 부양가족연금액을 기초로 산정한다.

제51조(기본연금액) ① 수급권자의 기본연금액은 다음 각 호의 금액을 합한 금액에 1천분의 1천200을 곱한 금액으로 한다. 다만, 가입기간이 20년을 초과하면 그 초과하는 1년(1년 미만이면 매 1개월을 12분의 1년으로 계산한다)마다 본문에 따라 계산한 금액에 1천분의 50을 곱한 금액을 더한다.

1. 다음 각 목에 따라 산정한 금액을 합산하여 3으로 나눈 금액

가. 연금 수급 3년 전 연도의 평균소득월액을 연금 수급 3년 전 연도와 대비한 연금 수급 전년도의 전국소비자물가변동률(「통계법」 제3조에 따라 통

계청장이 매년 고시하는 전국소비자물가변동률을 말한다. 이하 이 조에서 같다)에 따라 환산한 금액

나. 연금 수급 2년 전 연도의 평균소득월액을 연금 수급 2년 전 연도와 대비한 연금 수급 전년도의 전국소비자물가변동률에 따라 환산한 금액

다. 연금 수급 전년도의 평균소득월액

2. 가입자 개인의 가입기간 중 매년 기준소득월액을 대통령령으로 정하는 바에 따라 보건복지부장관이 고시하는 연도별 재평가율에 의하여 연금 수급 전년도의 현재가치로 환산한 후 이를 합산한 금액을 총 가입기간으로 나눈 금액. 다만, 다음 각 목에 따라 산정하여야 하는 금액은 그 금액으로 한다.

가. 제17조 제2항 단서 및 같은 조 제3항 제1호에 따라 산입되는 가입기간의 기준소득월액은 이 호 각 목 외의 부분 본문에 따라 산정한 금액의 2분의 1에 해당하는 금액

나. 제18조에 따라 추가로 산입되는 가입기간의 기준소득월액은 제1호에 따라 산정한 금액의 2분의 1에 해당하는 금액

다. 제19조에 따라 추가로 산입되는 가입기간의 기준소득월액은 제1호에 따라 산정한 금액

② 제1항 각 호의 금액을 수급권자에게 적용할 때에는 연금 수급 2년 전 연도와 대비한 전년도의 전국소비자물가변동률을 기준으로 그 변동률에 해당하는 금액을 더하거나 빼되, 미리 제5조에 따른 국민연금심의위원회의 심의를 거쳐야 한다.

③ 제2항에 따라 조정된 금액을 수급권자에게 적용할 때 그 적용 기간은 해당 조정연도 1월부터 12월까지로 한다.

제52조(부양가족연금액) ① 부양가족연금액은 수급권자(유족연금의 경우에는 사망한 가입자 또는 가입자였던 자를 말한다)를 기준으로 하는 다음 각 호의 자로서 수급권자에 의하여 생계를 유지하고 있는 자에 대하여 해당 호에 규정된 각각의 금액으로 한다. 이 경우 생계유지에 관한 대상자별 인정 기준은 대통령령으로 정한다.

1. 배우자 : 연 15만 원
2. 19세 미만이거나 제52조의2에 따른 장애상태에 있는 자녀(배우자가 혼인 전에 얻은 자녀를 포함한다. 이하 이 조에서 같다) : 연 10만 원

3. 60세 이상이거나 제52조의2에 따른 장애상태에 있는 부모(부 또는 모의 배우자, 배우자의 부모를 포함한다. 이하 이 조에서 같다) : 연 10만 원

② 제1항에 따른 부양가족연금액을 수급권자에게 적용하는 경우에는 제51조 제2항과 제3항을 준용한다.

③ 제1항 각 호의 자가 다음 각 호의 어느 하나에 해당하면 제1항에 따른 부양가족연금액 계산에서 제외한다.

1. 연금 수급권자(「국민연금과 직역연금의 연계에 관한 법률」에 따른 연계급여 수급권자를 포함한다)
2. 퇴직연금등수급권자
3. 「공무원연금법」, 「공무원 재해보상법」, 「사립학교교직원 연금법」, 「별정우체국법」, 「군인연금법」 또는 「군인 재해보상법」에 따른 퇴직유족연금, 퇴역유족연금, 장해유족연금, 상이유족연금, 순직유족연금, 직무상유족연금, 위험직무순직유족연금 또는 유족연금 수급권자

④ 제1항 각 호의 자는 부양가족연금액을 계산할 때 2명 이상의 연금 수급권자의 부양가족연금 계산 대상이 될 수 없다.

⑤ 제1항 각 호에 해당하는 자가 다음 각 호의 어느 하나에 해당하게 되면 부양가족연금액의 계산에서 제외한다.

1. 사망한 때
2. 수급권자에 의한 생계유지의 상태가 끝난 때
3. 배우자가 이혼한 때
4. 자녀가 다른 사람의 양자가 되거나 파양(罷養)된 때
5. 자녀가 19세가 된 때. 다만, 제52조의2에 따른 장애상태에 있는 자녀는 제외한다.
6. 제52조의2에 따른 장애상태에 있던 자녀 또는 부모가 그 장애상태에 해당하지 아니하게 된 때
7. 배우자가 혼인 전에 얻은 자녀와의 관계가 이혼으로 인하여 종료된 때
8. 재혼한 부 또는 모의 배우자와 수급자의 관계가 부모와 그 배우자의 이혼으로 인하여 종료된 경우

제54조(연금 지급 기간 및 지급 시기) ① 연금은 지급하여야 할 사유가 생긴 날[제

78조 제1항에 따른 반납금, 제92조 제1항에 따른 추납보험료(追納保險料) 또는 체납된 연금보험료를 냄에 따라 연금을 지급하여야 할 사유가 생긴 경우에는 해당 금액을 낸 날]이 속하는 달의 다음 달부터 수급권이 소멸한 날이 속하는 달까지 지급한다.

② 연금은 매월 25일에 그 달의 금액을 지급하되, 지급일이 토요일이나 공휴일이면 그 전날에 지급한다. 다만, 수급권이 소멸하거나 연금 지급이 정지된 경우에는 그 지급일 전에 지급할 수 있다.

③ 연금은 지급을 정지하여야 할 사유가 생기면 그 사유가 생긴 날이 속하는 달의 다음 달부터 그 사유가 소멸한 날이 속하는 달까지는 지급하지 아니한다.

제55조(미지급 급여) ① 수급권자가 사망한 경우 그 수급권자에게 지급하여야 할 급여 중 아직 지급되지 아니한 것이 있으면 그 배우자 · 자녀 · 부모 · 손자녀 · 조부모 또는 형제자매의 청구에 따라 그 미지급 급여를 지급한다. 다만, 가출 · 실종 등 대통령령으로 정하는 경우에 해당하는 사람에게는 지급하지 아니하며, 형제자매의 경우에는 대통령령으로 정하는 바에 따라 수급권자의 사망 당시(「민법」 제27조 제1항에 따른 실종선고를 받은 경우에는 실종기간의 개시 당시를, 같은 조 제2항에 따른 실종선고를 받은 경우에는 사망의 원인이 된 위난 발생 당시를 말한다) 수급권자에 의하여 생계를 유지하고 있던 사람에게만 지급한다.

② 제1항에 따른 급여를 받을 순위는 배우자, 자녀, 부모, 손자녀, 조부모, 형제자매의 순으로 한다. 이 경우 순위가 같은 사람이 2명 이상이면 똑같이 나누어 지급하되, 지급 방법은 대통령령으로 정한다.

③ 제1항에 따른 미지급 급여는 수급권자가 사망한 날부터 5년 이내에 청구하여야 한다.

제56조(중복급여의 조정) ① 수급권자에게 이 법에 따른 2 이상의 급여 수급권이 생기면 수급권자의 선택에 따라 그 중 하나만 지급하고 다른 급여의 지급은 정지된다.

② 제1항에도 불구하고 제1항에 따라 선택하지 아니한 급여가 다음 각 호의 어느 하나에 해당하는 경우에는 해당 호에 규정된 금액을 선택한 급여에 추가하여 지급한다.

1. 선택하지 아니한 급여가 유족연금일 때(선택한 급여가 반환일시금일 때를 제외한다) : 유족연금액의 100분의 30에 해당하는 금액

2. 선택하지 아니한 급여가 반환일시금일 때(선택한 급여가 장애연금이고, 선택하지 아니한 급여가 본인의 연금보험료 납부로 인한 반환일시금일 때를 제외한다) : 제80조 제2항에 상당하는 금액

② 노령연금

노령연금은 가장 일반적인 국민연금의 형태라고 할 수 있다. 가입기간, 연금수급 연령에 따라 기본연금액이 달라진다.

구 분	수급요건	급여수준
완전 노령연금	가입기간 20년 이상, 60세에 도달한 경우	기본연금액 + 부양가족연금액
감액 노령연금	가입기간이 10년 이상, 20년 미만인 경우	기본연금액 + 부양가족연금액 기본연금액은 10년 초과하는 1년마다 5% 증액
조기 노령연금	가입기간 10년 이상, 55~60세인 자가 소득이 있는 업무에 종사하지 않는 경우, 60세가 되기 전에 본인이 청구하는 연금	기본연금액 + 부양가족연금액 기본연금액은 60세를 100%로 잡아 1년 당겨질 때마다 6%씩 감산하여 55세 신청 시 70%

일반적으로 국민연금 수령연령을 65세로 인식하고 있으나, 노령연금 지급 연기에 관한 특례로 인하여 지급 시기는 태어난 연도에 따라 달라진다.

출생년도	수급개시연령		
	노령연금	조기노령연금	분할연금
1953~1956년생	61세	56세	61세
1957~1960년생	62세	57세	62세
1961~1964년생	63세	58세	63세
1965~1968년생	64세	59세	64세
1969년 이후	65세	60세	65세

제61조(노령연금 수급권자) ① 가입기간이 10년 이상인 가입자 또는 가입자였던 자에 대하여는 60세(특수직종근로자는 55세)가 된 때부터 그가 생존하는 동안 노령연금을 지급한다.

② 가입기간이 10년 이상인 가입자 또는 가입자였던 자로서 55세 이상인 자

가 대통령령으로 정하는 소득이 있는 업무에 종사하지 아니하는 경우 본인이 희망하면 제1항에도 불구하고 60세가 되기 전이라도 본인이 청구한 때부터 그가 생존하는 동안 일정한 금액의 연금(이하 "조기노령연금"이라 한다)을 받을 수 있다.

제63조(노령연금액) ① 제61조 제1항에 따른 노령연금액은 다음 각 호의 구분에 따른 금액에 부양가족연금액을 더한 금액으로 한다.

1. 가입기간이 20년 이상인 경우 : 기본연금액
2. 가입기간이 10년 이상 20년 미만인 경우 : 기본연금액의 1천분의 500에 해당하는 금액에 가입기간 10년을 초과하는 1년(1년 미만이면 매 1개월을 12분의 1년으로 계산한다)마다 기본연금액의 1천분의 50에 해당하는 금액을 더한 금액

② 조기노령연금액은 가입기간에 따라 제1항에 따른 노령연금액 중 부양가족연금액을 제외한 금액에 수급연령별로 다음 각 호의 구분에 따른 비율(청구일이 연령도달일이 속한 달의 다음 달 이후인 경우에는 1개월마다 1천분의 5를 더한다)을 곱한 금액에 부양가족연금액을 더한 금액으로 한다.

1. 55세부터 지급받는 경우에는 1천분의 700
2. 56세부터 지급받는 경우에는 1천분의 760
3. 57세부터 지급받는 경우에는 1천분의 820
4. 58세부터 지급받는 경우에는 1천분의 880
5. 59세부터 지급받는 경우에는 1천분의 940

제64조(분할연금 수급권자 등) ① 혼인 기간(배우자의 가입기간 중의 혼인 기간으로서 별거, 가출 등의 사유로 인하여 실질적인 혼인관계가 존재하지 아니하였던 기간을 제외한 기간을 말한다. 이하 같다)이 5년 이상인 자가 다음 각 호의 요건을 모두 갖추면 그때부터 그가 생존하는 동안 배우자였던 자의 노령연금을 분할한 일정한 금액의 연금(이하 "분할연금"이라 한다)을 받을 수 있다.

1. 배우자와 이혼하였을 것
2. 배우자였던 사람이 노령연금 수급권자일 것
3. 60세가 되었을 것

② 제1항에 따른 분할연금액은 배우자였던 자의 노령연금액(부양가족연금액은 제외한다) 중 혼인 기간에 해당하는 연금액을 균등하게 나눈 금액으로 한다.

③ 제1항에 따른 분할연금은 제1항 각 호의 요건을 모두 갖추게 된 때부터 5년 이내에 청구하여야 한다.

제64조의4(분할연금 수급권의 포기) ① 제64조 제1항에 따른 분할연금 수급권자는 같은 항의 배우자였던 사람과 재혼한 경우 보건복지부령으로 정하는 바에 따라 분할연금 수급권의 포기를 신청할 수 있다.

② 제1항에 따라 분할연금 수급권자가 분할연금 수급권의 포기를 신청한 경우에는 그 분할연금 수급권은 신청한 날부터 소멸된다.

③ 제2항에 따라 분할연금 수급권이 소멸된 경우에는 분할연금 수급권을 포기한 사람의 배우자에게 분할연금이 발생하기 전의 노령연금을 지급한다.

③ 장애연금

제67조(장애연금의 수급권자) ① 가입자 또는 가입자였던 자가 질병이나 부상으로 신체상 또는 정신상의 장애가 있고 다음 각 호의 요건을 모두 충족하는 경우에는 장애 정도를 결정하는 기준이 되는 날(이하 "장애결정 기준일"이라 한다)부터 그 장애가 계속되는 기간 동안 장애 정도에 따라 장애연금을 지급한다.

1. 해당 질병 또는 부상의 초진일 당시 연령이 18세(다만, 18세 전에 가입한 경우에는 가입자가 된 날을 말한다) 이상이고 노령연금의 지급 연령 미만일 것
2. 다음 각 목의 어느 하나에 해당할 것
   가. 해당 질병 또는 부상의 초진일 당시 연금보험료를 낸 기간이 가입대상기간의 3분의 1 이상일 것
   나. 해당 질병 또는 부상의 초진일 5년 전부터 초진일까지의 기간 중 연금보험료를 낸 기간이 3년 이상일 것. 다만, 가입대상기간 중 체납기간이 3년 이상인 경우는 제외한다.
   다. 해당 질병 또는 부상의 초진일 당시 가입기간이 10년 이상일 것

② 제1항에 따른 장애결정 기준일은 다음 각 호에서 정하는 날로 한다. 〈개정 2016. 5. 29.〉

1. 초진일부터 1년 6개월이 지나기 전에 완치일이 있는 경우 : 완치일
2. 초진일부터 1년 6개월이 지날 때까지 완치일이 없는 경우 : 초진일부터 1년 6개월이 되는 날의 다음 날

3. 제2호에 따른 초진일부터 1년 6개월이 되는 날의 다음 날에 장애연금의 지급 대상이 되지 아니하였으나, 그 후 그 질병이나 부상이 악화된 경우 : 장애연금의 지급을 청구한 날(제61조에 따른 노령연금 지급연령 전에 청구한 경우만 해당한다. 이하 이 조에서 "청구일"이라 한다)과 완치일 중 빠른 날
4. 제70조 제1항에 따라 장애연금의 수급권이 소멸된 사람이 장애연금 수급권을 취득할 당시의 질병이나 부상이 악화된 경우 : 청구일과 완치일 중 빠른 날

③ 제1항에 따라 장애연금의 지급 대상이 되는 경우에도 불구하고 다음 각 호의 어느 하나에 해당되는 경우에는 장애연금을 지급하지 아니한다.

1. 초진일이 제6조 단서에 따라 가입 대상에서 제외된 기간 중에 있는 경우
2. 초진일이 국외이주 · 국적상실 기간 중에 있는 경우
3. 제77조에 따라 반환일시금을 지급받은 경우

④ 장애 정도에 관한 장애등급은 1급, 2급, 3급 및 4급으로 구분하되, 등급 구분의 기준과 장애 정도의 심사에 관한 사항은 대통령령으로 정한다.

제68조(장애연금액) ① 장애연금액은 장애등급에 따라 다음 각 호의 금액으로 한다.

1. 장애등급 1급에 해당하는 자에 대하여는 기본연금액에 부양가족연금액을 더한 금액
2. 장애등급 2급에 해당하는 자에 대하여는 기본연금액의 1천분의 800에 해당하는 금액에 부양가족연금액을 더한 금액
3. 장애등급 3급에 해당하는 자에 대하여는 기본연금액의 1천분의 600에 해당하는 금액에 부양가족연금액을 더한 금액

② 장애등급 4급에 해당하는 자에 대하여는 기본연금액의 1천분의 2천250에 해당하는 금액을 일시보상금으로 지급한다.

④ 유족연금

제72조(유족연금의 수급권자) ① 다음 각 호의 어느 하나에 해당하는 사람이 사망하면 그 유족에게 유족연금을 지급한다.

1. 노령연금 수급권자
2. 가입기간이 10년 이상인 가입자 또는 가입자였던 자

3. 연금보험료를 낸 기간이 가입대상기간의 3분의 1 이상인 가입자 또는 가입자였던 자
4. 사망일 5년 전부터 사망일까지의 기간 중 연금보험료를 낸 기간이 3년 이상인 가입자 또는 가입자였던 자. 다만, 가입대상기간 중 체납기간이 3년 이상인 사람은 제외한다.
5. 장애등급이 2급 이상인 장애연금 수급권자

② 제1항에도 불구하고 같은 항 제3호 또는 제4호에 해당하는 사람이 다음 각 호의 기간 중 사망하는 경우에는 유족연금을 지급하지 아니한다.

1. 제6조 단서에 따라 가입 대상에서 제외되는 기간
2. 국외이주 · 국적상실 기간

제73조(유족의 범위 등) ① 유족연금을 지급받을 수 있는 유족은 제72조 제1항 각 호의 사람이 사망할 당시(「민법」 제27조 제1항에 따른 실종선고를 받은 경우에는 실종기간의 개시 당시를, 같은 조 제2항에 따른 실종선고를 받은 경우에는 사망의 원인이 된 위난 발생 당시를 말한다) 그에 의하여 생계를 유지하고 있던 다음 각 호의 자로 한다. 이 경우 가입자 또는 가입자였던 자에 의하여 생계를 유지하고 있던 자에 관한 인정 기준은 대통령령으로 정한다.

1. 배우자
2. 자녀. 다만, 25세 미만이거나 제52조의2에 따른 장애상태에 있는 사람만 해당한다.
3. 부모(배우자의 부모를 포함한다. 이하 이 절에서 같다). 다만, 60세 이상이거나 제52조의2에 따른 장애상태에 있는 사람만 해당한다.
4. 손자녀. 다만, 19세 미만이거나 제52조의2에 따른 장애상태에 있는 사람만 해당한다.
5. 조부모(배우자의 조부모를 포함한다. 이하 이 절에서 같다). 다만, 60세 이상이거나 제52조의2에 따른 장애상태에 있는 사람만 해당한다.

② 유족연금은 제1항 각 호의 순위에 따라 최우선 순위자에게만 지급한다. 다만, 제1항 제1호에 따른 유족의 수급권이 제75조 제1항 제1호 및 제2호에 따라 소멸되거나 제76조 제1항 및 제2항에 따라 정지되면 제1항 제2호에 따른 유족에게 지급한다.

③ 제2항의 경우 같은 순위의 유족이 2명 이상이면 그 유족연금액을 똑같이 나누어 지급하되, 지급 방법은 대통령령으로 정한다.

제74조(유족연금액) 유족연금액은 가입기간에 따라 다음 각 호의 금액에 부양가족연금액을 더한 금액으로 한다. 다만, 노령연금 수급권자가 사망한 경우의 유족연금액은 사망한 자가 지급받던 노령연금액을 초과할 수 없다.

1. 가입기간이 10년 미만이면 기본연금액의 1천분의 400에 해당하는 금액
2. 가입기간이 10년 이상 20년 미만이면 기본연금액의 1천분의 500에 해당하는 금액
3. 가입기간이 20년 이상이면 기본연금액의 1천분의 600에 해당하는 금액

제75조(유족연금 수급권의 소멸) ① 유족연금 수급권자가 다음 각 호의 어느 하나에 해당하게 되면 그 수급권은 소멸한다.

1. 수급권자가 사망한 때
2. 배우자인 수급권자가 재혼한 때
3. 자녀나 손자녀인 수급권자가 파양된 때
4. 제52조의2에 따른 장애상태에 해당하지 아니한 자녀인 수급권자가 25세가 된 때 또는 제52조의2에 따른 장애상태에 해당하지 아니한 손자녀인 수급권자가 19세가 된 때

② 부모, 손자녀 또는 조부모인 유족의 유족연금 수급권은 가입자 또는 가입자였던 사람이 사망할 당시에 그 가입자 또는 가입자였던 사람의 태아가 출생하여 수급권을 갖게 되면 소멸한다.

⑤ 반환일시금

제77조(반환일시금) ① 가입자 또는 가입자였던 자가 다음 각 호의 어느 하나에 해당하게 되면 본인이나 그 유족의 청구에 의하여 반환일시금을 지급받을 수 있다. 〈개정 2016. 5. 29.〉

1. 가입기간이 10년 미만인 자가 60세가 된 때
2. 가입자 또는 가입자였던 자가 사망한 때. 다만, 제72조에 따라 유족연금이 지급되는 경우에는 그러하지 아니하다.
3. 국적을 상실하거나 국외로 이주한 때

② 제1항에 따른 반환일시금의 액수는 가입자 또는 가입자였던 자가 납부한 연금보험료(사업장가입자 또는 사업장가입자였던 자의 경우에는 사용자의 부담금을 포함한다)에 대통령령으로 정하는 이자를 더한 금액으로 한다.

③ 제1항에 따라 반환일시금의 지급을 청구할 경우 유족의 범위와 청구의 우선순위 등에 관하여는 제73조를 준용한다.

제79조(반환일시금 수급권의 소멸) 반환일시금의 수급권은 다음 각 호의 어느 하나에 해당하면 소멸한다.

1. 수급권자가 다시 가입자로 된 때
2. 수급권자가 노령연금의 수급권을 취득한 때
3. 수급권자가 장애연금의 수급권을 취득한 때
4. 수급권자의 유족이 유족연금의 수급권을 취득한 때

제80조(사망일시금) ① 다음 각 호의 어느 하나에 해당하는 사람이 사망한 때에 제73조에 따른 유족이 없으면 그 배우자 · 자녀 · 부모 · 손자녀 · 조부모 · 형제자매 또는 4촌 이내 방계혈족(傍系血族)에게 사망일시금을 지급한다. 다만, 가출 · 실종 등 대통령령으로 정하는 경우에 해당하는 사람에게는 지급하지 아니하며, 4촌 이내 방계혈족의 경우에는 대통령령으로 정하는 바에 따라 다음 각 호의 어느 하나에 해당하는 사람의 사망 당시(「민법」 제27조 제1항에 따른 실종선고를 받은 경우에는 실종기간의 개시 당시를, 같은 조 제2항에 따른 실종선고를 받은 경우에는 사망의 원인이 된 위난 발생 당시를 말한다) 그 사람에 의하여 생계를 유지하고 있던 사람에게만 지급한다.

1. 가입자 또는 가입자였던 사람
2. 노령연금 수급권자
3. 장애등급이 3급 이상인 장애연금 수급권자

② 제1항에 따른 사망일시금은 다음 각 호의 금액으로 한다.

1. 제1항 제1호에 해당하는 경우 : 가입자 또는 가입자였던 사람의 반환일시금에 상당하는 금액. 다만, 사망한 가입자 또는 가입자였던 사람의 최종 기준소득월액을 제51조 제1항 제2호에 따른 연도별 재평가율에 따라 사망일이 속하는 해의 전년도의 현재가치로 환산한 금액과 같은 호에 준하여 산정한 가입기간 중 기준소득월액의 평균액 중에서 많은 금액의 4배를 초과하지 못한다.

2. 제1항 제2호 또는 제3호에 해당하는 경우 : 수급권자가 사망할 때까지 지급받은 연금액이 제1호를 준용하여 산정한 금액(이 경우 "가입자 또는 가입자였던 사람"은 "노령연금 수급권자 또는 장애등급이 3급 이상인 장애연금 수급권자"로 본다) 보다 적은 경우에 그 차액에 해당하는 금액

③ 제2항 제1호 및 제2호에 모두 해당하는 경우에는 제2호를 적용한다.

④ 제1항에 따른 사망일시금을 받을 자의 순위는 배우자 · 자녀 · 부모 · 손자녀 · 조부모 · 형제자매 및 4촌 이내의 방계혈족 순으로 한다. 이 경우 순위가 같은 사람이 2명 이상이면 똑같이 나누어 지급하되, 그 지급 방법은 대통령령으로 정한다.

⑥ 급여의 제한과 정지

第82條(급여의 제한) ① 가입자 또는 가입자였던 자가 고의로 질병 · 부상 또는 그 원인이 되는 사고를 일으켜 그로 인하여 장애를 입은 경우에는 그 장애를 지급사유로 하는 장애연금을 지급하지 아니할 수 있다.

② 가입자 또는 가입자였던 자가 고의나 중대한 과실로 요양 지시에 따르지 아니하거나 정당한 사유 없이 요양 지시에 따르지 아니하여 다음 각 호의 어느 하나에 해당하게 되면 대통령령으로 정하는 바에 따라 이를 원인으로 하는 급여의 전부 또는 일부를 지급하지 아니할 수 있다.

1. 장애를 입거나 사망한 경우
2. 장애나 사망의 원인이 되는 사고를 일으킨 경우
3. 장애를 악화시키거나 회복을 방해한 경우

③ 다음 각 호의 어느 하나에 해당하는 사람에게는 사망에 따라 발생되는 유족연금, 미지급급여, 반환일시금 및 사망일시금(이하 이 항에서 "유족연금등"이라 한다)을 지급하지 아니한다.

1. 가입자 또는 가입자였던 자를 고의로 사망하게 한 유족
2. 유족연금등의 수급권자가 될 수 있는 자를 고의로 사망하게 한 유족
3. 다른 유족연금등의 수급권자를 고의로 사망하게 한 유족연금등의 수급권자

第86條(지급의 정지 등) ① 수급권자가 다음 각 호의 어느 하나에 해당하면 급여의 전부 또는 일부의 지급을 정지할 수 있다.

1. 수급권자가 정당한 사유 없이 제122조 제1항에 따른 공단의 서류, 그 밖의 자료 제출 요구에 응하지 아니한 때
2. 장애연금 또는 유족연금의 수급권자가 정당한 사유 없이 제120조에 따른 공단의 진단 요구 또는 확인에 응하지 아니한 때
3. 장애연금 수급권자가 고의나 중대한 과실로 요양 지시에 따르지 아니하거나 정당한 사유 없이 요양 지시에 따르지 아니하여 회복을 방해한 때
4. 수급권자가 정당한 사유 없이 제121조 제1항에 따른 신고를 하지 아니한 때

② 제1항에 따라 급여의 지급을 정지하려는 경우에는 지급을 정지하기 전에 대통령령으로 정하는 바에 따라 급여의 지급을 일시 중지할 수 있다.

(5) 비용 부담 및 연금보험료의 징수

제87조(국고 부담) 국가는 매년 공단 및 건강보험공단이 국민연금사업을 관리 · 운영하는 데에 필요한 비용의 전부 또는 일부를 부담한다.

제88조(연금보험료의 부과 · 징수 등) ① 보건복지부장관은 국민연금사업 중 연금보험료의 징수에 관하여 이 법에서 정하는 사항을 건강보험공단에 위탁한다.

② 공단은 국민연금사업에 드는 비용에 충당하기 위하여 가입자와 사용자에게 가입기간 동안 매월 연금보험료를 부과하고, 건강보험공단이 이를 징수한다.

③ 사업장가입자의 연금보험료 중 기여금은 사업장가입자 본인이, 부담금은 사용자가 각각 부담하되, 그 금액은 각각 기준소득월액의 1천분의 45에 해당하는 금액으로 한다.

④ 지역가입자, 임의가입자 및 임의계속가입자의 연금보험료는 지역가입자, 임의가입자 또는 임의계속가입자 본인이 부담하되, 그 금액은 기준소득월액의 1천분의 90으로 한다.

⑤ 공단은 기준소득월액 정정 등의 사유로 당초 징수 결정한 금액을 다시 산정함으로써 연금보험료를 추가로 징수하여야 하는 경우 가입자 또는 사용자에게 그 추가되는 연금보험료를 나누어 내도록 할 수 있다. 이 경우 분할 납부 신청 대상, 분할 납부 방법 및 납부 기한 등 연금보험료의 분할 납부에 필요한 사항은 대통령령으로 정한다.

제91조(연금보험료 납부의 예외) ① 납부 의무자는 사업장가입자 또는 지역가입자가 다음 각 호의 어느 하나에 해당하는 사유로 연금보험료를 낼 수 없으면 대통령령으로 정하는 바에 따라 그 사유가 계속되는 기간에는 연금보험료를 내지 아니할 수 있다.

1. 사업 중단, 실직 또는 휴직 중인 경우
2. 「병역법」 제3조에 따른 병역의무를 수행하는 경우
3. 「초·중등교육법」 제2조나 「고등교육법」 제2조에 따른 학교에 재학 중인 경우
4. 「형의 집행 및 수용자의 처우에 관한 법률」 제11조에 따라 교정시설에 수용 중인 경우
5. 종전의 「사회보호법」에 따른 보호감호시설이나 「치료감호법」에 따른 치료감호시설에 수용 중인 경우
6. 1년 미만 행방불명된 경우. 이 경우 행방불명의 인정 기준 및 방법은 대통령령으로 정한다.
7. 재해·사고 등으로 소득이 감소되거나 그 밖에 소득이 있는 업무에 종사하지 아니하는 경우로서 대통령령으로 정하는 경우

② 제1항에 따라 연금보험료를 내지 아니한 기간은 가입기간에 산입하지 아니한다.

(6) 국민연금기금

제101조(기금의 설치 및 조성) ① 보건복지부장관은 국민연금사업에 필요한 재원을 원활하게 확보하고, 이 법에 따른 급여에 충당하기 위한 책임준비금으로서 국민연금기금(이하 이 장에서 "기금"이라 한다)을 설치한다.

② 기금은 다음 각 호의 재원으로 조성한다.

1. 연금보험료
2. 기금 운용 수익금
3. 적립금
4. 공단의 수입지출 결산상의 잉여금

(7) 심사청구와 재심사청구

제108조(심사청구) ① 가입자의 자격, 기준소득월액, 연금보험료, 그 밖의 이 법에 따른 징수금과 급여에 관한 공단 또는 건강보험공단의 처분에 이의가 있는 자는 그 처분을 한 공단 또는 건강보험공단에 심사청구를 할 수 있다.

② 제1항에 따른 심사청구는 그 처분이 있음을 안 날부터 90일 이내에 문서(「전자정부법」 제2조 제7호에 따른 전자문서를 포함한다)로 하여야 하며, 처분이 있은 날부터 180일을 경과하면 이를 제기하지 못한다. 다만, 정당한 사유로 그 기간에 심사청구를 할 수 없었음을 증명하면 그 기간이 지난 후에도 심사청구를 할 수 있다.

③ 제1항 및 제2항에 규정된 사항 외에 심사청구에 필요한 사항은 대통령령으로 정한다.

제110조(재심사청구) ① 제108조에 따른 심사청구에 대한 결정에 불복하는 자는 그 결정통지를 받은 날부터 90일 이내에 대통령령으로 정하는 사항을 적은 재심사청구서에 따라 국민연금재심사위원회에 재심사를 청구할 수 있다.

② 제1항에 따른 재심사청구의 방법 및 절차 등은 보건복지부령으로 정한다.

(8) 보칙

제115조(시효) ① 연금보험료, 환수금, 그 밖의 이 법에 따른 징수금을 징수하거나 환수할 권리는 3년간, 급여(제77조 제1항 제1호에 따른 반환일시금은 제외한다)를 받거나 과오납금을 반환받을 수급권자 또는 가입자 등의 권리는 5년간, 제77조 제1항 제1호에 따른 반환일시금을 지급받을 권리는 10년간 행사하지 아니하면 각각 소멸시효가 완성된다.

② 급여를 지급받을 권리는 그 급여 전액에 대하여 지급이 정지되어 있는 동안은 시효가 진행되지 아니한다.

③ 연금보험료나 그 밖의 이 법에 따른 징수금 등의 납입 고지, 제57조의2 제2항 및 제95조 제1항에 따른 독촉과 급여의 지급 또는 과오납금 등의 반환청구는 소멸시효 중단의 효력을 가진다.

④ 제3항에 따라 중단된 소멸시효는 납입 고지나 독촉에 따른 납입 기간이 지난 때부터 새로 진행된다.

⑤ 제1항에 따른 급여의 지급이나 과오납금 등의 반환청구에 관한 기간을 계산할 때 그 서류의 송달에 들어간 일수는 그 기간에 산입하지 아니한다.

기출문제

22회 기출

국민연금법의 내용으로 옳은 것은?

① 가입자의 가입 종류가 변동되면 그 가입자의 가입기간은 각 종류별 가입기간을 합산한 기간으로 한다.

② 국민연금사업은 기획재정부장관이 맡아 주관한다.

③ "수급권자"란 이 법에 따른 급여를 받을 권리를 말한다.

④ 국내에 거주하는 국민으로서 18세 이상 65세 미만인 자는 국민연금 가입 대상이 된다.

⑤ 「국민연금법」을 적용할 때 배우자에는 사실상의 혼인관계에 있는 자는 포함되지 않는다.

정답 ①

〈해설〉 ② 제2조(관장) 이 법에 따른 국민연금사업은 보건복지부장관이 맡아 주관한다.

③ "수급권"이란 이 법에 따른 급여를 받을 권리를 말한다.

④ 국내에 거주하는 국민으로서 18세 이상 60세 미만인 자는 국민연금 가입 대상이 된다.

⑤ 「국민연금법」을 적용할 때 배우자에는 사실상의 혼인관계에 있는 자는 포함한다.

17회 기출

국민연금법의 내용으로 옳은 것은?

① 이 법을 적용할 때 배우자의 범위에는 사실상의 혼인관계에 있는 자를 제외한다.

② 수급권을 취득할 당시 가입자였던 자의 태아가 출생하면 그 자녀는 가입자였던 자에 의하여 생계를 유지하고 있던 자녀로 본다.

③ 가입자의 종류는 사업장가입자와 지역가입자의 2가지로 구분된다.

④ 지역가입자가 사업장가입자의 자격을 취득한 때에는 그에 해당하게 된 날의 다음 날에 지역가입자의 자격을 상실한다.

⑤ 수급권자가 사망한 경우 그 수급권자에게 미지급 급여가 있으면 그 급여를 받을 순위는 자녀, 배우자, 부모의 순으로 한다.

정답 ②

〈해설〉 제3조(정의 등)

② 이 법을 적용할 때 배우자, 남편 또는 아내에는 사실상의 혼인관계에 있는 자를 포함한다.

제7조(가입자의 종류) 가입자는 사업장가입자, 지역가입자, 임의가입자 및 임의계속가입자로 구분한다.

제12조(가입자 자격의 상실 시기)

② 지역가입자는 다음 각 호의 어느 하나에 해당하게 된 날의 다음 날에 자격을 상실한다. 다만, 제3호와 제4호의 경우에는 그에 해당하게 된 날에 그 자격을 상실한다.

1. 사망한 때
2. 국적을 상실하거나 국외로 이주한 때
3. 제6조 단서에 따른 국민연금 가입 대상 제외자에 해당하게 된 때
4. 사업장가입자의 자격을 취득한 때
5. 제9조 제1호에 따른 배우자로서 별도의 소득이 없게 된 때
6. 60세가 된 때

제55조(미지급 급여) ① 수급권자가 사망한 경우 그 수급권자에게 지급하여야 할 급여 중 아직 지급되지 아니한 것이 있으면 그 배우자 · 자녀 · 부모 · 손자녀 · 조부모 또는 형제자매의 청구에 따라 그 미지급 급여를 지급한다.

3. 국민건강보험법

국민건강보험은 1963년 300인 이상의 사업장의 근로자와 농어민을 대상으로 임의가입 형태의 의료보험법을 시작으로 하여, 1976년 강제가입으로 전면 개정하였다.

1979년에는 공무원 및 사립학교교직원 의료보험이 별도로 시행되었으며, 1988년에는 농어촌 지역의료보험 실시, 1989년에는 도시지역의료보험 실시로 전 국민 의료보험 시대에 진입하였다.

현재의 통합된 건강보험은 1999년 2월 제정된 국민건강보험법의 제정이며, 2000년 7월 시행되었고, 2003년 7월 이후부터 직장 및 지역 건강보험의 재정통합을 통해 실질적으로 통합된 건강보험이 운영되고 있다.

1) 총 칙

(1) 법의 목적 및 정의, 국민건강보험종합계획 등

제1조(목적) 이 법은 국민의 질병 · 부상에 대한 예방 · 진단 · 치료 · 재활과 출산 · 사망 및 건강증진에 대하여 보험급여를 실시함으로써 국민보건 향상과 사회보장 증진에 이바지함을 목적으로 한다.

제2조(관장) 이 법에 따른 건강보험사업은 보건복지부장관이 맡아 주관한다.

제3조(정의) 이 법에서 사용하는 용어의 뜻은 다음과 같다.

1. "근로자"란 직업의 종류와 관계없이 근로의 대가로 보수를 받아 생활하는 사람(법인의 이사와 그 밖의 임원을 포함한다)으로서 공무원 및 교직원을 제외한 사람을 말한다.
2. "사용자"란 다음 각 목의 어느 하나에 해당하는 자를 말한다.

가. 근로자가 소속되어 있는 사업장의 사업주

나. 공무원이 소속되어 있는 기관의 장으로서 대통령령으로 정하는 사람

다. 교직원이 소속되어 있는 사립학교(「사립학교교직원 연금법」 제3조에 규정된 사립학교를 말한다. 이하 이 조에서 같다)를 설립 · 운영하는 자

3. “사업장”이란 사업소나 사무소를 말한다.
4. “공무원”이란 국가나 지방자치단체에서 상시 공무에 종사하는 사람을 말한다.
5. “교직원”이란 사립학교나 사립학교의 경영기관에서 근무하는 교원과 직원을 말한다.

제4조(건강보험정책심의위원회) ① 건강보험정책에 관한 다음 각 호의 사항을 심의·의결하기 위하여 보건복지부장관 소속으로 건강보험정책심의위원회(이하 “심의위원회”라 한다)를 둔다.

1. 제3조의2 제1항 및 제3항에 따른 종합계획 및 시행계획에 관한 사항(심의에 한정한다)
2. 제41조 제3항에 따른 요양급여의 기준
3. 제45조 제3항 및 제46조에 따른 요양급여비용에 관한 사항
4. 제73조 제1항에 따른 직장가입자의 보험료율
5. 제73조 제3항에 따른 지역가입자의 보험료율과 재산보험료부과점수당 금액
6. 그 밖에 건강보험에 관한 주요 사항으로서 대통령령으로 정하는 사항

② 심의위원회는 위원장 1명과 부위원장 1명을 포함하여 25명의 위원으로 구성한다.

③ 심의위원회의 위원장은 보건복지부차관이 되고, 부위원장은 제4항 제4호의 위원 중에서 위원장이 지명하는 사람이 된다.

④ 심의위원회의 위원은 다음 각 호에 해당하는 사람을 보건복지부장관이 임명 또는 위촉한다.

1. 근로자단체 및 사용자단체가 추천하는 각 2명
2. 시민단체(「비영리민간단체지원법」 제2조에 따른 비영리민간단체를 말한다. 이하 같다), 소비자단체, 농어업인단체 및 자영업자단체가 추천하는 각 1명
3. 의료계를 대표하는 단체 및 약업계를 대표하는 단체가 추천하는 8명
4. 다음 각 목에 해당하는 8명
   가. 대통령령으로 정하는 중앙행정기관 소속 공무원 2명
   나. 국민건강보험공단의 이사장 및 건강보험심사평가원의 원장이 추천하는 각 1명
   다. 건강보험에 관한 학식과 경험이 풍부한 4명

(2) 가입자

제5조(적용 대상 등) ① 국내에 거주하는 국민은 건강보험의 가입자(이하 "가입자"라 한다) 또는 피부양자가 된다. 다만, 다음 각 호의 어느 하나에 해당하는 사람은 제외한다.

1. 「의료급여법」에 따라 의료급여를 받는 사람(이하 "수급권자"라 한다)
2. 「독립유공자예우에 관한 법률」 및 「국가유공자 등 예우 및 지원에 관한 법률」에 따라 의료보호를 받는 사람(이하 "유공자등 의료보호대상자"라 한다). 다만, 다음 각 목의 어느 하나에 해당하는 사람은 가입자 또는 피부양자가 된다.
   가. 유공자등 의료보호대상자 중 건강보험의 적용을 보험자에게 신청한 사람
   나. 건강보험을 적용받고 있던 사람이 유공자등 의료보호대상자로 되었으나 건강보험의 적용배제신청을 보험자에게 하지 아니한 사람

② 제1항의 피부양자는 다음 각 호의 어느 하나에 해당하는 사람 중 직장가입자에게 주로 생계를 의존하는 사람으로서 소득 및 재산이 보건복지부령으로 정하는 기준 이하에 해당하는 사람을 말한다.

1. 직장가입자의 배우자
2. 직장가입자의 직계존속(배우자의 직계존속을 포함한다)
3. 직장가입자의 직계비속(배우자의 직계비속을 포함한다)과 그 배우자
4. 직장가입자의 형제 · 자매

제6조(가입자의 종류) ① 가입자는 직장가입자와 지역가입자로 구분한다.

② 모든 사업장의 근로자 및 사용자와 공무원 및 교직원은 직장가입자가 된다. 다만, 다음 각 호의 어느 하나에 해당하는 사람은 제외한다. 〈개정 2016. 5. 29.〉

1. 고용 기간이 1개월 미만인 일용근로자
2. 「병역법」에 따른 현역병(지원에 의하지 아니하고 임용된 하사를 포함한다), 전환복무된 사람 및 군간부후보생
3. 선거에 당선되어 취임하는 공무원으로서 매월 보수 또는 보수에 준하는 급료를 받지 아니하는 사람
4. 그 밖에 사업장의 특성, 고용 형태 및 사업의 종류 등을 고려하여 대통령령으로 정하는 사업장의 근로자 및 사용자와 공무원 및 교직원

③ 지역가입자는 직장가입자와 그 피부양자를 제외한 가입자를 말한다.

제8조(자격의 취득 시기 등) ① 가입자는 국내에 거주하게 된 날에 직장가입자 또는 지역가입자의 자격을 얻는다. 다만, 다음 각 호의 어느 하나에 해당하는 사람은 그 해당되는 날에 각각 자격을 얻는다.

1. 수급권자이었던 사람은 그 대상자에서 제외된 날
2. 직장가입자의 피부양자이었던 사람은 그 자격을 잃은 날
3. 유공자등 의료보호대상자이었던 사람은 그 대상자에서 제외된 날
4. 제5조 제1항 제2호 가목에 따라 보험자에게 건강보험의 적용을 신청한 유공자등 의료보호대상자는 그 신청한 날

② 제1항에 따라 자격을 얻은 경우 그 직장가입자의 사용자 및 지역가입자의 세대주는 그 명세를 보건복지부령으로 정하는 바에 따라 자격을 취득한 날부터 14일 이내에 보험자에게 신고하여야 한다.

제9조(자격의 변동 시기 등) ① 가입자는 다음 각 호의 어느 하나에 해당하게 된 날에 그 자격이 변동된다.

1. 지역가입자가 적용대상사업장의 사용자로 되거나, 근로자 · 공무원 또는 교직원(이하 "근로자등"이라 한다)으로 사용된 날
2. 직장가입자가 다른 적용대상사업장의 사용자로 되거나 근로자등으로 사용된 날
3. 직장가입자인 근로자등이 그 사용관계가 끝난 날의 다음 날
4. 적용대상사업장에 제7조 제2호에 따른 사유가 발생한 날의 다음 날
5. 지역가입자가 다른 세대로 전입한 날

② 제1항에 따라 자격이 변동된 경우 직장가입자의 사용자와 지역가입자의 세대주는 다음 각 호의 구분에 따라 그 명세를 보건복지부령으로 정하는 바에 따라 자격이 변동된 날부터 14일 이내에 보험자에게 신고하여야 한다.

1. 제1항 제1호 및 제2호에 따라 자격이 변동된 경우 : 직장가입자의 사용자
2. 제1항 제3호부터 제5호까지의 규정에 따라 자격이 변동된 경우 : 지역가입자의 세대주

제10조(자격의 상실 시기 등) ① 가입자는 다음 각 호의 어느 하나에 해당하게 된 날에 그 자격을 잃는다.

1. 사망한 날의 다음 날
2. 국적을 잃은 날의 다음 날
3. 국내에 거주하지 아니하게 된 날의 다음 날
4. 직장가입자의 피부양자가 된 날
5. 수급권자가 된 날
6. 건강보험을 적용받고 있던 사람이 유공자등 의료보호대상자가 되어 건강보험의 적용배제신청을 한 날

(3) 국민건강보험공단

제13조(보험자) 건강보험의 보험자는 국민건강보험공단(이하 "공단"이라 한다)으로 한다.

제14조(업무 등) ① 공단은 다음 각 호의 업무를 관장한다.

1. 가입자 및 피부양자의 자격 관리
2. 보험료와 그 밖에 이 법에 따른 징수금의 부과 · 징수
3. 보험급여의 관리
4. 가입자 및 피부양자의 질병의 조기발견 · 예방 및 건강관리를 위하여 요양급여 실시 현황과 건강검진 결과 등을 활용하여 실시하는 예방사업으로서 대통령령으로 정하는 사업
5. 보험급여 비용의 지급
6. 자산의 관리 · 운영 및 증식사업
7. 의료시설의 운영
8. 건강보험에 관한 교육훈련 및 홍보
9. 건강보험에 관한 조사연구 및 국제협력
10. 이 법에서 공단의 업무로 정하고 있는 사항
11. 「국민연금법」, 「고용보험 및 산업재해보상보험의 보험료징수 등에 관한 법률」, 「임금채권보장법」 및 「석면피해구제법」(이하 "징수위탁근거법"이라 한다)에 따라 위탁받은 업무
12. 그 밖에 이 법 또는 다른 법령에 따라 위탁받은 업무

13. 그 밖에 건강보험과 관련하여 보건복지부장관이 필요하다고 인정한 업무

② 제1항 제6호에 따른 자산의 관리·운영 및 증식사업은 안정성과 수익성을 고려하여 다음 각 호의 방법에 따라야 한다.

1. 체신관서 또는 「은행법」에 따른 은행에의 예입 또는 신탁
2. 국가·지방자치단체 또는 「은행법」에 따른 은행이 직접 발행하거나 채무이행을 보증하는 유가증권의 매입
3. 특별법에 따라 설립된 법인이 발행하는 유가증권의 매입
4. 「자본시장과 금융투자업에 관한 법률」에 따른 신탁업자가 발행하거나 같은 법에 따른 집합투자업자가 발행하는 수익증권의 매입
5. 공단의 업무에 사용되는 부동산의 취득 및 일부 임대
6. 그 밖에 공단 자산의 증식을 위하여 대통령령으로 정하는 사업

③ 공단은 특정인을 위하여 업무를 제공하거나 공단 시설을 이용하게 할 경우 공단의 정관으로 정하는 바에 따라 그 업무의 제공 또는 시설의 이용에 대한 수수료와 사용료를 징수할 수 있다.

④ 공단은 「공공기관의 정보공개에 관한 법률」에 따라 건강보험과 관련하여 보유·관리하고 있는 정보를 공개한다.

제15조(법인격 등) ① 공단은 법인으로 한다.

② 공단은 주된 사무소의 소재지에서 설립등기를 함으로써 성립한다.

(4) 보험급여

제41조(요양급여) ① 가입자와 피부양자의 질병, 부상, 출산 등에 대하여 다음 각 호의 요양급여를 실시한다.

1. 진찰·검사
2. 약제(藥劑)·치료재료의 지급
3. 처치·수술 및 그 밖의 치료
4. 예방·재활
5. 입원
6. 간호
7. 이송(移送)

② 제1항에 따른 요양급여(이하 "요양급여"라 한다)의 범위(이하 "요양급여대상"이라 한다)는 다음 각 호와 같다.

1. 제1항 각 호의 요양급여(제1항 제2호의 약제는 제외한다) : 제4항에 따라 보건복지부장관이 비급여대상으로 정한 것을 제외한 일체의 것
2. 제1항 제2호의 약제 : 제41조의3에 따라 요양급여대상으로 보건복지부장관이 결정하여 고시한 것

③ 요양급여의 방법 · 절차 · 범위 · 상한 등의 기준은 보건복지부령으로 정한다.

④ 보건복지부장관은 제3항에 따라 요양급여의 기준을 정할 때 업무나 일상생활에 지장이 없는 질환에 대한 치료 등 보건복지부령으로 정하는 사항은 요양급여대상에서 제외되는 사항(이하 "비급여대상"이라 한다)으로 정할 수 있다.

제44조(비용의 일부부담) ① 요양급여를 받는 자는 대통령령으로 정하는 바에 따라 비용의 일부(이하 "본인일부부담금"이라 한다)를 본인이 부담한다. 이 경우 선별급여에 대해서는 다른 요양급여에 비하여 본인일부부담금을 상향 조정할 수 있다.

② 제1항에 따라 본인이 연간 부담하는 본인일부부담금의 총액이 대통령령으로 정하는 금액(이하 이 조에서 "본인부담상한액"이라 한다)을 초과한 경우에는 공단이 그 초과 금액을 부담하여야 한다. 이 경우 공단은 당사자에게 그 초과 금액을 통보하고, 이를 지급하여야 한다.

③ 제2항에 따른 본인부담상한액은 가입자의 소득수준 등에 따라 정한다.

④ 제2항에 따른 본인일부부담금 총액 산정 방법, 본인부담상한액을 넘는 금액의 지급 방법 및 제3항에 따른 가입자의 소득수준 등에 따른 본인부담상한액 설정 등에 필요한 사항은 대통령령으로 정한다.

제53조(급여의 제한) ① 공단은 보험급여를 받을 수 있는 사람이 다음 각 호의 어느 하나에 해당하면 보험급여를 하지 아니한다.

1. 고의 또는 중대한 과실로 인한 범죄행위에 그 원인이 있거나 고의로 사고를 일으킨 경우
2. 고의 또는 중대한 과실로 공단이나 요양기관의 요양에 관한 지시에 따르지 아니한 경우

3. 고의 또는 중대한 과실로 제55조에 따른 문서와 그 밖의 물건의 제출을 거부하거나 질문 또는 진단을 기피한 경우
4. 업무 또는 공무로 생긴 질병 · 부상 · 재해로 다른 법령에 따른 보험급여나 보상(報償) 또는 보상(補償)을 받게 되는 경우

② 공단은 보험급여를 받을 수 있는 사람이 다른 법령에 따라 국가나 지방자치단체로부터 보험급여에 상당하는 급여를 받거나 보험급여에 상당하는 비용을 지급받게 되는 경우에는 그 한도에서 보험급여를 하지 아니한다.

③ 공단은 가입자가 대통령령으로 정하는 기간 이상 다음 각 호의 보험료를 체납한 경우 그 체납한 보험료를 완납할 때까지 그 가입자 및 피부양자에 대하여 보험급여를 실시하지 아니할 수 있다. 다만, 월별 보험료의 총체납횟수(이미 납부된 체납보험료는 총체납횟수에서 제외하며, 보험료의 체납기간은 고려하지 아니한다)가 대통령령으로 정하는 횟수 미만이거나 가입자 및 피부양자의 소득 · 재산 등이 대통령령으로 정하는 기준 미만인 경우에는 그러하지 아니하다.

1. 제69조 제4항 제2호에 따른 보수 외 소득월액보험료
2. 제69조 제5항에 따른 세대단위의 보험료

④ 공단은 제77조 제1항 제1호에 따라 납부의무를 부담하는 사용자가 제69조 제4항 제1호에 따른 보수월액보험료를 체납한 경우에는 그 체납에 대하여 직장가입자 본인에게 귀책사유가 있는 경우에 한하여 제3항의 규정을 적용한다. 이 경우 해당 직장가입자의 피부양자에게도 제3항의 규정을 적용한다.

⑤ 제3항 및 제4항에도 불구하고 제82조에 따라 공단으로부터 분할납부 승인을 받고 그 승인된 보험료를 1회 이상 낸 경우에는 보험급여를 할 수 있다. 다만, 제82조에 따른 분할납부 승인을 받은 사람이 정당한 사유 없이 5회(같은 조 제1항에 따라 승인받은 분할납부 횟수가 5회 미만인 경우에는 해당 분할납부 횟수를 말한다. 이하 이 조에서 같다) 이상 그 승인된 보험료를 내지 아니한 경우에는 그러하지 아니하다.

⑥ 제3항 및 제4항에 따라 보험급여를 하지 아니하는 기간(이하 이 항에서 "급여제한기간"이라 한다)에 받은 보험급여는 다음 각 호의 어느 하나에 해당하는 경우에만 보험급여로 인정한다.

1. 공단이 급여제한기간에 보험급여를 받은 사실이 있음을 가입자에게 통지한

날부터 2개월이 지난 날이 속한 달의 납부기한 이내에 체납된 보험료를 완납한 경우

2. 공단이 급여제한기간에 보험급여를 받은 사실이 있음을 가입자에게 통지한 날부터 2개월이 지난 날이 속한 달의 납부기한 이내에 제82조에 따라 분할납부 승인을 받은 체납보험료를 1회 이상 낸 경우. 다만, 제82조에 따른 분할납부 승인을 받은 사람이 정당한 사유 없이 5회 이상 그 승인된 보험료를 내지 아니한 경우에는 그러하지 아니하다.

제54조(급여의 정지) 보험급여를 받을 수 있는 사람이 다음 각 호의 어느 하나에 해당하면 그 기간에는 보험급여를 하지 아니한다. 다만, 제3호 및 제4호의 경우에는 제60조에 따른 요양급여를 실시한다.

1. 삭제 〈2020. 4. 7.〉
2. 국외에 체류하는 경우
3. 제6조 제2항 제2호에 해당하게 된 경우
4. 교도소, 그 밖에 이에 준하는 시설에 수용되어 있는 경우

제58조(구상권) ① 공단은 제3자의 행위로 보험급여사유가 생겨 가입자 또는 피부양자에게 보험급여를 한 경우에는 그 급여에 들어간 비용 한도에서 그 제3자에게 손해배상을 청구할 권리를 얻는다.

② 제1항에 따라 보험급여를 받은 사람이 제3자로부터 이미 손해배상을 받은 경우에는 공단은 그 배상액 한도에서 보험급여를 하지 아니한다.

(5) 건강보험심사평가원

제62조(설립) 요양급여비용을 심사하고 요양급여의 적정성을 평가하기 위하여 건강보험심사평가원을 설립한다.

제63조(업무 등) ① 심사평가원은 다음 각 호의 업무를 관장한다.

1. 요양급여비용의 심사
2. 요양급여의 적정성 평가
3. 심사기준 및 평가기준의 개발
4. 제1호부터 제3호까지의 규정에 따른 업무와 관련된 조사연구 및 국제협력

5. 다른 법률에 따라 지급되는 급여비용의 심사 또는 의료의 적정성 평가에 관하여 위탁받은 업무
6. 그 밖에 이 법 또는 다른 법령에 따라 위탁받은 업무
7. 건강보험과 관련하여 보건복지부장관이 필요하다고 인정한 업무
8. 그 밖에 보험급여 비용의 심사와 보험급여의 적정성 평가와 관련하여 대통령령으로 정하는 업무

② 제1항 제8호에 따른 보험급여의 적정성 평가의 기준·절차·방법 등에 필요한 사항은 보건복지부장관이 정하여 고시한다.

(6) 보험료

제69조(보험료) ① 공단은 건강보험사업에 드는 비용에 충당하기 위하여 제77조에 따른 보험료의 납부의무자로부터 보험료를 징수한다.

② 제1항에 따른 보험료는 가입자의 자격을 취득한 날이 속하는 달의 다음 달부터 가입자의 자격을 잃은 날의 전날이 속하는 달까지 징수한다. 다만, 가입자의 자격을 매월 1일에 취득한 경우 또는 제5조 제1항 제2호 가목에 따른 건강보험 적용 신청으로 가입자의 자격을 취득하는 경우에는 그 달부터 징수한다.

③ 제1항 및 제2항에 따라 보험료를 징수할 때 가입자의 자격이 변동된 경우에는 변동된 날이 속하는 달의 보험료는 변동되기 전의 자격을 기준으로 징수한다. 다만, 가입자의 자격이 매월 1일에 변동된 경우에는 변동된 자격을 기준으로 징수한다.

④ 직장가입자의 월별 보험료액은 다음 각 호에 따라 산정한 금액으로 한다.

1. 보수월액보험료 : 제70조에 따라 산정한 보수월액에 제73조 제1항 또는 제2항에 따른 보험료율을 곱하여 얻은 금액
2. 보수 외 소득월액보험료 : 제71조 제1항에 따라 산정한 보수 외 소득월액에 제73조 제1항 또는 제2항에 따른 보험료율을 곱하여 얻은 금액

⑤ 지역가입자의 월별 보험료액은 다음 각 호의 구분에 따라 산정한 금액을 합산한 금액으로 한다. 이 경우 보험료액은 세대 단위로 산정한다.

1. 소득 : 제71조 제2항에 따라 산정한 지역가입자의 소득월액에 제73조 제3항

에 따른 보험료율을 곱하여 얻은 금액

2. 재산 : 제72조에 따라 산정한 재산보험료부과점수에 제73조 제3항에 따른 재산보험료부과점수당 금액을 곱하여 얻은 금액

⑥ 제4항 및 제5항에 따른 월별 보험료액은 가입자의 보험료 평균액의 일정 비율에 해당하는 금액을 고려하여 대통령령으로 정하는 기준에 따라 상한 및 하한을 정한다.

제73조(보험료율 등) ① 직장가입자의 보험료율은 1천분의 80의 범위에서 심의위원회의 의결을 거쳐 대통령령으로 정한다.

② 국외에서 업무에 종사하고 있는 직장가입자에 대한 보험료율은 제1항에 따라 정해진 보험료율의 100분의 50으로 한다.

③ 지역가입자의 보험료율과 재산보험료부과점수당 금액은 심의위원회의 의결을 거쳐 대통령령으로 정한다.

제74조(보험료의 면제) ① 공단은 직장가입자가 제54조 제2호부터 제4호까지의 어느 하나에 해당하는 경우(같은 조 제2호에 해당하는 경우에는 1개월 이상의 기간으로서 대통령령으로 정하는 기간 이상 국외에 체류하는 경우에 한정한다. 이하 이 조에서 같다) 그 가입자의 보험료를 면제한다. 다만, 제54조 제2호에 해당하는 직장가입자의 경우에는 국내에 거주하는 피부양자가 없을 때에만 보험료를 면제한다.

② 지역가입자가 제54조 제2호부터 제4호까지의 어느 하나에 해당하면 그 가입자가 속한 세대의 보험료를 산정할 때 그 가입자의 제71조 제2항에 따른 소득월액 및 제72조에 따른 재산보험료부과점수를 제외한다.

③ 제1항에 따른 보험료의 면제나 제2항에 따라 보험료의 산정에서 제외되는 소득월액 및 재산보험료부과점수에 대하여는 제54조 제2호부터 제4호까지의 어느 하나에 해당하는 급여정지 사유가 생긴 날이 속하는 달의 다음 달부터 사유가 없어진 날이 속하는 달까지 적용한다. 다만, 다음 각 호의 어느 하나에 해당하는 경우에는 그 달의 보험료를 면제하지 아니하거나 보험료의 산정에서 소득월액 및 재산보험료부과점수를 제외하지 아니한다.

1. 급여정지 사유가 매월 1일에 없어진 경우
2. 제54조 제2호에 해당하는 가입자 또는 그 피부양자가 국내에 입국하여 입국일이 속하는 달에 보험급여를 받고 그 달에 출국하는 경우

제75조(보험료의 경감 등) ① 다음 각 호의 어느 하나에 해당하는 가입자 중 보건복지부령으로 정하는 가입자에 대하여는 그 가입자 또는 그 가입자가 속한 세대의 보험료의 일부를 경감할 수 있다.

1. 섬 · 벽지(僻地) · 농어촌 등 대통령령으로 정하는 지역에 거주하는 사람
2. 65세 이상인 사람
3. 「장애인복지법」에 따라 등록한 장애인
4. 「국가유공자 등 예우 및 지원에 관한 법률」 제4조 제1항 제4호, 제6호, 제12호, 제15호 및 제17호에 따른 국가유공자
5. 휴직자
6. 그 밖에 생활이 어렵거나 천재지변 등의 사유로 보험료를 경감할 필요가 있다고 보건복지부장관이 정하여 고시하는 사람

② 제77조에 따른 보험료 납부의무자가 다음 각 호의 어느 하나에 해당하는 경우에는 대통령령으로 정하는 바에 따라 보험료를 감액하는 등 재산상의 이익을 제공할 수 있다.

1. 제81조의6 제1항에 따라 보험료의 납입 고지 또는 독촉을 전자문서로 받는 경우
2. 보험료를 계좌 또는 신용카드 자동이체의 방법으로 내는 경우

③ 제1항에 따른 보험료 경감의 방법 · 절차 등에 필요한 사항은 보건복지부장관이 정하여 고시한다.

제76조(보험료의 부담) ① 직장가입자의 보수월액보험료는 직장가입자와 다음 각 호의 구분에 따른 자가 각각 보험료액의 100분의 50씩 부담한다. 다만, 직장가입자가 교직원으로서 사립학교에 근무하는 교원이면 보험료액은 그 직장가입자가 100분의 50을, 제3조 제2호 다목에 해당하는 사용자가 100분의 30을, 국가가 100분의 20을 각각 부담한다.

1. 직장가입자가 근로자인 경우에는 제3조 제2호 가목에 해당하는 사업주
2. 직장가입자가 공무원인 경우에는 그 공무원이 소속되어 있는 국가 또는 지방자치단체
3. 직장가입자가 교직원(사립학교에 근무하는 교원은 제외한다)인 경우에는 제3조 제2호 다목에 해당하는 사용자

② 직장가입자의 보수 외 소득월액보험료는 직장가입자가 부담한다.

③ 지역가입자의 보험료는 그 가입자가 속한 세대의 지역가입자 전원이 연대하여 부담한다.

④ 직장가입자가 교직원인 경우 제3조 제2호 다목에 해당하는 사용자가 부담액 전부를 부담할 수 없으면 그 부족액을 학교에 속하는 회계에서 부담하게 할 수 있다

(7) 이의신청 및 심판청구 등

제87조(이의신청) ① 가입자 및 피부양자의 자격, 보험료등, 보험급여, 보험급여 비용에 관한 공단의 처분에 이의가 있는 자는 공단에 이의신청을 할 수 있다.

② 요양급여비용 및 요양급여의 적정성 평가 등에 관한 심사평가원의 처분에 이의가 있는 공단, 요양기관 또는 그 밖의 자는 심사평가원에 이의신청을 할 수 있다.

③ 제1항 및 제2항에 따른 이의신청(이하 "이의신청"이라 한다)은 처분이 있음을 안 날부터 90일 이내에 문서(전자문서를 포함한다)로 하여야 하며 처분이 있은 날부터 180일을 지나면 제기하지 못한다. 다만, 정당한 사유로 그 기간에 이의신청을 할 수 없었음을 소명한 경우에는 그러하지 아니하다.

④ 제3항 본문에도 불구하고 요양기관이 제48조에 따른 심사평가원의 확인에 대하여 이의신청을 하려면 같은 조 제2항에 따라 통보받은 날부터 30일 이내에 하여야 한다.

제88조(심판청구) ① 이의신청에 대한 결정에 불복하는 자는 제89조에 따른 건강보험분쟁조정위원회에 심판청구를 할 수 있다. 이 경우 심판청구의 제기기간 및 제기방법에 관하여는 제87조 제3항을 준용한다.

② 제1항에 따라 심판청구를 하려는 자는 대통령령으로 정하는 심판청구서를 제87조 제1항 또는 제2항에 따른 처분을 한 공단 또는 심사평가원에 제출하거나 제89조에 따른 건강보험분쟁조정위원회에 제출하여야 한다.

제90조(행정소송) 공단 또는 심사평가원의 처분에 이의가 있는 자와 제87조에 따른 이의신청 또는 제88조에 따른 심판청구에 대한 결정에 불복하는 자는 「행정소송법」에서 정하는 바에 따라 행정소송을 제기할 수 있다.

(8) 소멸시효 및 실업자에 대한 특례

제91조(시효) ① 다음 각 호의 권리는 3년 동안 행사하지 아니하면 소멸시효가 완성된다.

1. 보험료, 연체금 및 가산금을 징수할 권리
2. 보험료, 연체금 및 가산금으로 과오납부한 금액을 환급받을 권리
3. 보험급여를 받을 권리
4. 보험급여 비용을 받을 권리
5. 제47조 제3항 후단에 따라 과다납부된 본인일부부담금을 돌려받을 권리
6. 제61조에 따른 근로복지공단의 권리

② 제1항에 따른 시효는 다음 각 호의 어느 하나의 사유로 중단된다.

1. 보험료의 고지 또는 독촉
2. 보험급여 또는 보험급여 비용의 청구

③ 휴직자등의 보수월액보험료를 징수할 권리의 소멸시효는 제79조 제5항에 따라 고지가 유예된 경우 휴직 등의 사유가 끝날 때까지 진행하지 아니한다.

④ 제1항에 따른 소멸시효기간, 제2항에 따른 시효 중단 및 제3항에 따른 시효 정지에 관하여 이 법에서 정한 사항 외에는 「민법」에 따른다.

제110조(실업자에 대한 특례) ① 사용관계가 끝난 사람 중 직장가입자로서의 자격을 유지한 기간이 보건복지부령으로 정하는 기간 동안 통산 1년 이상인 사람은 지역가입자가 된 이후 최초로 제79조에 따라 지역가입자 보험료를 고지받은 날부터 그 납부기한에서 2개월이 지나기 이전까지 공단에 직장가입자로서의 자격을 유지할 것을 신청할 수 있다.

② 제1항에 따라 공단에 신청한 가입자(이하 "임의계속가입자"라 한다)는 제9조에도 불구하고 대통령령으로 정하는 기간 동안 직장가입자의 자격을 유지한다. 다만, 제1항에 따른 신청 후 최초로 내야 할 직장가입자 보험료를 그 납부기한부터 2개월이 지난 날까지 내지 아니한 경우에는 그 자격을 유지할 수 없다.

③ 임의계속가입자의 보수월액은 보수월액보험료가 산정된 최근 12개월간의 보수월액을 평균한 금액으로 한다.

④ 임의계속가입자의 보험료는 보건복지부장관이 정하여 고시하는 바에 따라

그 일부를 경감할 수 있다.

⑤ 임의계속가입자의 보수월액보험료는 제76조 제1항 및 제77조 제1항 제1호에도 불구하고 그 임의계속가입자가 전액을 부담하고 납부한다.

⑥ 임의계속가입자가 보험료를 납부기한까지 내지 아니하는 경우 그 급여제한에 관하여는 제53조 제3항 · 제5항 및 제6항을 준용한다. 이 경우 "제69조 제5항에 따른 세대단위의 보험료"는 "제110조 제5항에 따른 보험료"로 본다.

기 출 문 제

22회 기출

국민건강보험법의 내용으로 옳지 않은 것은?

① 「의료급여법」에 따라 의료급여를 받는 사람은 건강보험의 가입자가 될 수 없다.

② 보건복지부장관은 국민건강보험종합계획에 따라 연도별 시행계획에 따른 추진실적을 매년 평가하여야 한다.

③ 건강보험 가입자는 국내에 거주하지 아니하게 된 날에 그 자격을 잃는다.

④ 건강보험정책에 관한 사항을 심의 · 의결하기 위하여 보건복지부장관 소속으로 건강보험정책심의위원회를 둔다.

⑤ 건강보험 지역가입자는 직장가입자와 그 피부양자를 제외한 가입자를 말한다.

정답 ③

〈해설〉 제10조(자격의 상실 시기 등) ① 가입자는 다음 각 호의 어느 하나에 해당하게 된 날에 그 자격을 잃는다.

1. 사망한 날의 다음 날
2. 국적을 잃은 날의 다음 날
3. **국내에 거주하지 아니하게 된 날의 다음 날**
4. 직장가입자의 피부양자가 된 날
5. 수급권자가 된 날

6. 건강보험을 적용받고 있던 사람이 유공자등 의료보호대상자가 되어 건강보험의 적용배제신청을 한 날

20회 기출

국민건강보험법상 건강보험심사평가원의 업무에 해당하는 것은?

① 요양급여의 적정성 평가

② 가입자의 자격 관리

③ 보험급여의 관리

④ 보험급여 비용의 지급

⑤ 보험료의 부과 · 징수

정답 ①

〈해설〉 제63조(업무 등) ① 심사평가원은 다음 각 호의 업무를 관장한다.

1. 요양급여비용의 심사
2. 요양급여의 적정성 평가
3. 심사기준 및 평가기준의 개발
4. 제1호부터 제3호까지의 규정에 따른 업무와 관련된 조사연구 및 국제협력
5. 다른 법률에 따라 지급되는 급여비용의 심사 또는 의료의 적정성 평가에 관하여 위탁받은 업무
6. 그 밖에 이 법 또는 다른 법령에 따라 위탁받은 업무
7. 건강보험과 관련하여 보건복지부장관이 필요하다고 인정한 업무

4. 고용보험법

고용보험법은 1993년 제정된 법으로, 실업으로 인한 실질적인 위험을 예방할 뿐만 아니라, 고용의 촉진 및 근로자 등의 직업능력의 개발과 향상을 통해 근로자 등의 생활안정을 목표로 하는 법이다. 실업예방과 실업 중 소득보장, 근로자의 직업능력을 개발하여 취업 및 재취업의 촉진, 고용시장 안정과 같이 소극적

사업(실업급여)과 적극적 사업(고용안정사업 · 직업능력개발사업)을 통합적으로 운영하고 있다는 점에서 사후적 성격만 가진 다른 사회보험과 구별되는 특징을 가진다.

고용보험법은 1993년 제정되어 1995년 시행되었으며, 이후 2005년 고용보험법 일부 개정을 통해 고용안정사업과 직업능력개발사업을 통합하였다. 비교적 최근인 2020년에는 예술인에 대해 고용보험을 적용하고, 구직급여 및 출산전후급여를 지급하기로 하였으며, 2021년에는 특수형태근로종사자에게도 적용함으로써 지속적으로 적용범위를 확대해 나가고 있다.

1) 총 칙

(1) 목적 및 정의 · 사업의 종류

제1조(목적) 이 법은 고용보험의 시행을 통하여 실업의 예방, 고용의 촉진 및 근로자 등의 직업능력의 개발과 향상을 꾀하고, 국가의 직업지도와 직업소개 기능을 강화하며, 근로자 등이 실업한 경우에 생활에 필요한 급여를 실시하여 근로자 등의 생활안정과 구직 활동을 촉진함으로써 경제 · 사회 발전에 이바지하는 것을 목적으로 한다.

제2조(정의) 이 법에서 사용하는 용어의 뜻은 다음과 같다.

1. "피보험자"란 다음 각 목에 해당하는 사람을 말한다.
   가. 「고용보험 및 산업재해보상보험의 보험료징수 등에 관한 법률」(이하 "고용산재보험료징수법"이라 한다) 제5조 제1항 · 제2항, 제6조 제1항, 제8조 제1항 · 제2항, 제48조의2 제1항 및 제48조의3 제1항에 따라 보험에 가입되거나 가입된 것으로 보는 근로자, 예술인 또는 노무제공자
   나. 고용산재보험료징수법 제49조의2 제1항 · 제2항에 따라 고용보험에 가입하거나 가입된 것으로 보는 자영업자(이하 "자영업자인 피보험자"라 한다)
2. "이직(離職)"이란 피보험자와 사업주 사이의 고용관계가 끝나게 되는 것(제77조의2 제1항에 따른 예술인 및 제77조의6 제1항에 따른 노무제공자의 경우에는 문화예술용역 관련 계약 또는 노무제공계약이 끝나는 것을 말한다)을 말한다.
3. "실업"이란 근로의 의사와 능력이 있음에도 불구하고 취업하지 못한 상태에 있는 것을 말한다.

4. "실업의 인정"이란 직업안정기관의 장이 제43조에 따른 수급자격자가 실업한 상태에서 적극적으로 직업을 구하기 위하여 노력하고 있다고 인정하는 것을 말한다.
5. "보수"란 「소득세법」 제20조에 따른 근로소득에서 대통령령으로 정하는 금품을 뺀 금액을 말한다. 다만, 휴직이나 그 밖에 이와 비슷한 상태에 있는 기간 중에 사업주 외의 자로부터 지급받는 금품 중 고용노동부장관이 정하여 고시하는 금품은 보수로 본다.
6. "일용근로자"란 1개월 미만 동안 고용되는 사람을 말한다.

제3조(보험의 관장) 고용보험(이하 "보험"이라 한다)은 고용노동부장관이 관장한다.

제4조(고용보험사업) ① 보험은 제1조의 목적을 이루기 위하여 고용보험사업(이하 "보험사업"이라 한다)으로 고용안정 · 직업능력개발 사업, 실업급여, 육아휴직 급여 및 출산전후휴가 급여 등을 실시한다.
② 보험사업의 보험연도는 정부의 회계연도에 따른다.

(2) 보험료 및 고용보험위원회

제6조(보험료) ① 이 법에 따른 보험사업에 드는 비용을 충당하기 위하여 징수하는 보험료와 그 밖의 징수금에 대하여는 고용산재보험료징수법으로 정하는 바에 따른다.
② 고용산재보험료징수법 제13조 제1항 제1호에 따라 징수된 고용안정 · 직업능력개발 사업의 보험료 및 실업급여의 보험료는 각각 그 사업에 드는 비용에 충당한다. 다만, 실업급여의 보험료는 제55조의2 제1항에 따른 국민연금 보험료의 지원, 제70조 제1항에 따른 육아휴직 급여의 지급, 제73조의2 제1항에 따른 육아기 근로시간 단축 급여의 지급, 제75조 · 제76조의2에 따른 출산전후휴가 급여등 및 제77조의4 · 제77조의9에 따른 출산전후급여등의 지급에 드는 비용에 충당할 수 있다.
③ 제2항에도 불구하고 자영업자인 피보험자로부터 고용산재보험료징수법 제49조의2에 따라 징수된 고용안정 · 직업능력개발 사업의 보험료 및 실업급여의 보험료는 각각 자영업자인 피보험자를 위한 그 사업에 드는 비용에 충당한다.

다만, 실업급여의 보험료는 자영업자인 피보험자를 위한 제55조의2 제1항에 따른 국민연금 보험료의 지원에 드는 비용에 충당할 수 있다.

제7조(고용보험위원회) ① 이 법 및 고용산재보험료징수법(보험에 관한 사항만 해당한다)의 시행에 관한 주요 사항을 심의하기 위하여 고용노동부에 고용보험위원회(이하 이 조에서 "위원회"라 한다)를 둔다.

② 위원회는 다음 각 호의 사항을 심의한다.

1. 보험제도 및 보험사업의 개선에 관한 사항
2. 고용산재보험료징수법에 따른 보험료율의 결정에 관한 사항
3. 제11조의2에 따른 보험사업의 평가에 관한 사항
4. 제81조에 따른 기금운용 계획의 수립 및 기금의 운용 결과에 관한 사항
5. 그 밖에 위원장이 보험제도 및 보험사업과 관련하여 위원회의 심의가 필요하다고 인정하는 사항

③ 위원회는 위원장 1명을 포함한 20명 이내의 위원으로 구성한다.

④ 위원회의 위원장은 고용노동부차관이 되고, 위원은 다음 각 호의 사람 중에서 각각 같은 수(數)로 고용노동부장관이 임명하거나 위촉하는 사람이 된다.

1. 근로자를 대표하는 사람
2. 사용자를 대표하는 사람
3. 공익을 대표하는 사람
4. 정부를 대표하는 사람

⑤ 위원회는 심의 사항을 사전에 검토 · 조정하기 위하여 위원회에 전문위원회를 둘 수 있다.

⑥ 위원회 및 전문위원회의 구성 · 운영과 그 밖에 필요한 사항은 대통령령으로 정한다.

(3) 보험관계의 성립·소멸·적용범위

제8조(적용 범위) ① 이 법은 근로자를 사용하는 모든 사업 또는 사업장(이하 "사업"이라 한다)에 적용한다. 다만, 산업별 특성 및 규모 등을 고려하여 대통령령으로 정하는 사업에 대해서는 적용하지 아니한다.

② 이 법은 제77조의2 제1항에 따른 예술인 또는 제77조의6 제1항에 따른 노

무제공자의 노무를 제공받는 사업에 적용하되, 제1장, 제2장, 제4장, 제5장의2, 제5장의3, 제6장, 제8장 또는 제9장의 예술인 또는 노무제공자에 관한 규정을 각각 적용한다.

제9조(보험관계의 성립 · 소멸) 이 법에 따른 보험관계의 성립 및 소멸에 대하여는 고용산재보험료징수법으로 정하는 바에 따른다.

> 고용보험 및 「산업재해보상보험의 징수는 고용보험 및 산업재해보상보험의 보험료징수 등에 관한 법률」에 의해 이루어지며, 실업급여와 고용안정사업과 직업능력개발사업으로 구분하여 노동자와 사업주가 서로 달리 부담한다.
>
> 노동자 : 실업급여 보험료(50%)
> 사업주 : 실업급여 보험료(50%) + 고용안정사업과 직업능력개발사업의 보험료(100%)

제10조(적용 제외) ① 다음 각 호의 어느 하나에 해당하는 사람에게는 이 법을 적용하지 아니한다.

1. 삭제 〈2019. 1. 15.〉
2. 해당 사업에서 소정(所定)근로시간이 대통령령으로 정하는 시간 미만인 근로자
3. 「국가공무원법」과 「지방공무원법」에 따른 공무원. 다만, 대통령령으로 정하는 바에 따라 별정직공무원, 「국가공무원법」 제26조의5 및 「지방공무원법」 제25조의5에 따른 임기제공무원의 경우는 본인의 의사에 따라 고용보험(제4장에 한정한다)에 가입할 수 있다.
4. 「사립학교교직원 연금법」의 적용을 받는 사람
5. 그 밖에 대통령령으로 정하는 사람

② 65세 이후에 고용(65세 전부터 피보험 자격을 유지하던 사람이 65세 이후에 계속하여 고용된 경우는 제외한다)되거나 자영업을 개시한 사람에게는 제4장 및 제5장을 적용하지 아니한다.

제10조의2(외국인 근로자 · 예술인 · 노무제공자에 대한 적용) ① 「외국인근로자의 고용 등에 관한 법률」의 적용을 받는 외국인근로자에게는 이 법을 적용한다. 다만, 제4장 및 제5장은 고용노동부령으로 정하는 바에 따른 신청이 있는 경우에만 적용한다.

② 제1항에 해당하는 외국인근로자를 제외한 외국인이 근로계약, 제77조의2 제1항의 문화예술용역 관련 계약 또는 제77조의6 제1항의 노무제공계약을 체결한 경우에는 「출입국관리법」 제10조에 따른 체류자격의 활동범위 및 체류기간 등을 고려하여 대통령령으로 정하는 바에 따라 이 법의 전부 또는 일부를 적용한다.

2) 피보험자의 관리

제13조(피보험자격의 취득일) ① 근로자인 피보험자는 이 법이 적용되는 사업에 고용된 날에 피보험자격을 취득한다. 다만, 다음 각 호의 경우에는 각각 그 해당되는 날에 피보험자격을 취득한 것으로 본다.

1. 제10조 및 제10조의2에 따른 적용 제외 근로자였던 사람이 이 법의 적용을 받게 된 경우에는 그 적용을 받게 된 날
2. 고용산재보험료징수법 제7조에 따른 보험관계 성립일 전에 고용된 근로자의 경우에는 그 보험관계가 성립한 날

② 자영업자인 피보험자는 고용산재보험료징수법 제49조의2 제1항 및 같은 조 제12항에서 준용하는 같은 법 제7조 제3호에 따라 보험관계가 성립한 날에 피보험자격을 취득한다.

제14조(피보험자격의 상실일) ① 근로자인 피보험자는 다음 각 호의 어느 하나에 해당하는 날에 각각 그 피보험자격을 상실한다.

1. 근로자인 피보험자가 제10조 및 제10조의2에 따른 적용 제외 근로자에 해당하게 된 경우에는 그 적용 제외 대상자가 된 날
2. 고용산재보험료징수법 제10조에 따라 보험관계가 소멸한 경우에는 그 보험관계가 소멸한 날
3. 근로자인 피보험자가 이직한 경우에는 이직한 날의 다음 날
4. 근로자인 피보험자가 사망한 경우에는 사망한 날의 다음 날

② 자영업자인 피보험자는 고용산재보험료징수법 제49조의2 제10항 및 같은 조 제12항에서 준용하는 같은 법 제10조 제1호부터 제3호까지의 규정에 따라 보험관계가 소멸한 날에 피보험사격을 상실한다.

3) 고용안정 · 직업능력개발 사업

제19조(고용안정 · 직업능력개발 사업의 실시) ① 고용노동부장관은 피보험자 및 피보험자였던 사람, 그 밖에 취업할 의사를 가진 사람(이하 "피보험자등"이라 한다)에 대한 실업의 예방, 취업의 촉진, 고용기회의 확대, 직업능력개발 · 향상의 기회 제공 및 지원, 그 밖에 고용안정과 사업주에 대한 인력 확보를 지원하기 위하여 고용안정 · 직업능력개발 사업을 실시한다.

② 고용노동부장관은 제1항에 따른 고용안정 · 직업능력개발 사업을 실시할 때에는 근로자의 수, 고용안정 · 직업능력개발을 위하여 취한 조치 및 실적 등 대통령령으로 정하는 기준에 해당하는 기업(이하 "우선지원 대상기업"이라 한다)을 우선적으로 고려하여야 한다.

4) 실업급여

(1) 통칙

제37조(실업급여의 종류) ① 실업급여는 구직급여와 취업촉진 수당으로 구분한다.

② 취업촉진 수당의 종류는 다음 각 호와 같다.

1. 조기(早期)재취업 수당
2. 직업능력개발 수당
3. 광역 구직활동비
4. 이주비

(2) 구직급여

제40조(구직급여의 수급 요건) ① 구직급여는 이직한 근로자인 피보험자가 다음 각 호의 요건을 모두 갖춘 경우에 지급한다. 다만, 제5호와 제6호는 최종 이직 당시 일용근로자였던 사람만 해당한다.

1. 제2항에 따른 기준기간(이하 "기준기간"이라 한다) 동안의 피보험 단위기간(제41조에 따른 피보험 단위기간을 말한다. 이하 같다)이 합산하여 180일 이상일 것
2. 근로의 의사와 능력이 있음에도 불구하고 취업(영리를 목적으로 사업을 영위하

는 경우를 포함한다. 이하 이 장 및 제5장에서 같다)하지 못한 상태에 있을 것

3. 이직사유가 제58조에 따른 수급자격의 제한 사유에 해당하지 아니할 것
4. 재취업을 위한 노력을 적극적으로 할 것
5. 다음 각 목의 어느 하나에 해당할 것
   가. 제43조에 따른 수급자격 인정신청일이 속한 달의 직전 달 초일부터 수급자격 인정신청일까지의 근로일 수의 합이 같은 기간 동안의 총 일수의 3분의 1 미만일 것
   나. 건설일용근로자(일용근로자로서 이직 당시에 「통계법」 제22조 제1항에 따라 통계청장이 고시하는 한국표준산업분류의 대분류상 건설업에 종사한 사람을 말한다. 이하 같다)로서 수급자격 인정신청일 이전 14일간 연속하여 근로내역이 없을 것
6. 최종 이직 당시의 기준기간 동안의 피보험 단위기간 중 다른 사업에서 제58조에 따른 수급자격의 제한 사유에 해당하는 사유로 이직한 사실이 있는 경우에는 그 피보험 단위기간 중 90일 이상을 일용근로자로 근로하였을 것

② 기준기간은 이직일 이전 18개월로 하되, 근로자인 피보험자가 다음 각 호의 어느 하나에 해당하는 경우에는 다음 각 호의 구분에 따른 기간을 기준기간으로 한다.

1. 이직일 이전 18개월 동안에 질병·부상, 그 밖에 대통령령으로 정하는 사유로 계속하여 30일 이상 보수의 지급을 받을 수 없었던 경우 : 18개월에 그 사유로 보수를 지급받을 수 없었던 일수를 가산한 기간(3년을 초과할 때에는 3년으로 한다)
2. 다음 각 목의 요건에 모두 해당하는 경우 : 이직일 이전 24개월
   가. 이직 당시 1주 소정근로시간이 15시간 미만이고, 1주 소정근로일수가 2일 이하인 근로자로 근로하였을 것
   나. 이직일 이전 24개월 동안의 피보험 단위기간 중 90일 이상을 가목의 요건에 해당하는 근로자로 근로하였을 것

제44조(실업의 인정) ① 구직급여는 수급자격자가 실업한 상태에 있는 날 중에서 직업안정기관의 장으로부터 실업의 인정을 받은 날에 대하여 지급한다.

② 실업의 인정을 받으려는 수급자격자는 제42조에 따라 실업의 신고를 한 날

부터 계산하기 시작하여 1주부터 4주의 범위에서 직업안정기관의 장이 지정한 날(이하 "실업인정일"이라 한다)에 출석하여 재취업을 위한 노력을 하였음을 신고하여야 하고, 직업안정기관의 장은 직전 실업인정일의 다음 날부터 그 실업인정일까지의 각각의 날에 대하여 실업의 인정을 한다.

제45조(급여의 기초가 되는 임금일액) ① 구직급여의 산정 기초가 되는 임금일액[이하 "기초일액(基礎日額)"이라 한다]은 제43조 제1항에 따른 수급자격의 인정과 관련된 마지막 이직 당시 「근로기준법」 제2조 제1항 제6호에 따라 산정된 평균임금으로 한다. 다만, 마지막 이직일 이전 3개월 이내에 피보험자격을 취득한 사실이 2회 이상인 경우에는 마지막 이직일 이전 3개월간(일용근로자의 경우에는 마지막 이직일 이전 4개월 중 최종 1개월을 제외한 기간)에 그 근로자에게 지급된 임금 총액을 그 산정의 기준이 되는 3개월의 총 일수로 나눈 금액을 기초일액으로 한다.

② 제1항에 따라 산정된 금액이 「근로기준법」에 따른 그 근로자의 통상임금보다 적을 경우에는 그 통상임금액을 기초일액으로 한다. 다만, 마지막 사업에서 이직 당시 일용근로자였던 사람의 경우에는 그러하지 아니하다.

제46조(구직급여일액) ① 구직급여일액은 다음 각 호의 구분에 따른 금액으로 한다.

1. 제45조 제1항부터 제3항까지 및 제5항의 경우에는 그 수급자격자의 기초일액에 100분의 60을 곱한 금액
2. 제45조 제4항의 경우에는 그 수급자격자의 기초일액에 100분의 80을 곱한 금액(이하 "최저구직급여일액"이라 한다)

② 제1항 제1호에 따라 산정된 구직급여일액이 최저구직급여일액보다 낮은 경우에는 최저구직급여일액을 그 수급자격자의 구직급여일액으로 한다.

제47조(실업인정대상기간 중의 취업 등의 신고) ① 수급자격자는 실업의 인정을 받으려 하는 기간(이하 "실업인정대상기간"이라 한다) 중에 고용노동부령으로 정하는 기준에 해당하는 취업을 한 경우에는 그 사실을 직업안정기관의 장에게 신고하여야 한다.

② 직업안정기관의 장은 필요하다고 인정하면 수급자격자의 실업인정대상기간 중의 취업 사실에 대하여 조사할 수 있다.

제48조(수급기간 및 수급일수) ① 구직급여는 이 법에 따로 규정이 있는 경우 외에는 그 구직급여의 수급자격과 관련된 이직일의 다음 날부터 계산하기 시작하여 12개월 내에 제50조 제1항에 따른 소정급여일수를 한도로 하여 지급한다.

② 제1항에 따른 12개월의 기간 중 임신·출산·육아, 그 밖에 대통령령으로 정하는 사유로 취업할 수 없는 사람이 그 사실을 수급기간에 직업안정기관에 신고한 경우에는 12개월의 기간에 그 취업할 수 없는 기간을 가산한 기간(4년을 넘을 때에는 4년)에 제50조 제1항에 따른 소정급여일수를 한도로 하여 구직급여를 지급한다.

③ 다음 각 호의 어느 하나에 해당하는 경우에는 해당 최초 요양일에 제2항에 따른 신고를 한 것으로 본다.

1. 「산업재해보상보험법」 제40조에 따른 요양급여를 받는 경우
2. 질병 또는 부상으로 3개월 이상의 요양이 필요하여 이직하였고, 이직 기간 동안 취업활동이 곤란하였던 사실이 요양기간과 부상·질병 상태를 구체적으로 밝힌 주치의사의 소견과 요양을 위하여 이직하였다는 사업주의 의견을 통하여 확인된 경우

제58조(이직 사유에 따른 수급자격의 제한) 제40조에도 불구하고 피보험자가 다음 각 호의 어느 하나에 해당한다고 직업안정기관의 장이 인정하는 경우에는 수급자격이 없는 것으로 본다.

1. 중대한 귀책사유(歸責事由)로 해고된 피보험자로서 다음 각 목의 어느 하나에 해당하는 경우
   가. 「형법」 또는 직무와 관련된 법률을 위반하여 금고 이상의 형을 선고받은 경우
   나. 사업에 막대한 지장을 초래하거나 재산상 손해를 끼친 경우로서 고용노동부령으로 정하는 기준에 해당하는 경우
   다. 정당한 사유 없이 근로계약 또는 취업규칙 등을 위반하여 장기간 무단결근한 경우
2. 자기 사정으로 이직한 피보험자로서 다음 각 목의 어느 하나에 해당하는 경우
   가. 전직 또는 자영업을 하기 위하여 이직한 경우

나. 제1호의 중대한 귀책사유가 있는 사람이 해고되지 아니하고 사업주의 권고로 이직한 경우

다. 그 밖에 고용노동부령으로 정하는 정당한 사유에 해당하지 아니하는 사유로 이직한 경우

(3) 취업촉진 수당 - 조기재취업수당, 직업능력개발수당, 광역구직활동비, 이주비 등

제64조(조기재취업 수당) ① 조기재취업 수당은 수급자격자(「외국인근로자의 고용 등에 관한 법률」 제2조에 따른 외국인 근로자는 제외한다)가 안정된 직업에 재취직하거나 스스로 영리를 목적으로 하는 사업을 영위하는 경우로서 대통령령으로 정하는 기준에 해당하면 지급한다.

② 제1항에도 불구하고 수급자격자가 안정된 직업에 재취업한 날 또는 스스로 영리를 목적으로 하는 사업을 시작한 날 이전의 대통령령으로 정하는 기간에 조기재취업 수당을 지급받은 사실이 있는 경우에는 조기재취업 수당을 지급하지 아니한다.

③ 조기재취업 수당의 금액은 구직급여의 소정급여일수 중 미지급일수의 비율에 따라 대통령령으로 정하는 기준에 따라 산정한 금액으로 한다.

④ 조기재취업 수당을 지급받은 사람에 대하여 이 법의 규정(제61조 및 제62조는 제외한다)을 적용할 때에는 그 조기재취업 수당의 금액을 제46조에 따른 구직급여일액으로 나눈 일수분에 해당하는 구직급여를 지급한 것으로 본다.

제65조(직업능력개발 수당) ① 직업능력개발 수당은 수급자격자가 직업안정기관의 장이 지시한 직업능력개발 훈련 등을 받는 경우에 그 직업능력개발 훈련 등을 받는 기간에 대하여 지급한다.

② 제1항에도 불구하고 제60조 제1항 및 제2항에 따라 구직급여의 지급이 정지된 기간에 대하여는 직업능력개발 수당을 지급하지 아니한다.

제66조(광역 구직활동비) ① 광역 구직활동비는 수급자격자가 직업안정기관의 소개에 따라 광범위한 지역에 걸쳐 구직 활동을 하는 경우로서 대통령령으로 정하는 기준에 따라 직업안정기관의 장이 필요하다고 인정하면 지급할 수 있다.

제67조(이주비) ① 이주비는 수급자격자가 취업하거나 직업안정기관의 장이 지시한 직업능력개발 훈련 등을 받기 위하여 그 주거를 이전하는 경우로서 대통령령으로 정하는 기준에 따라 직업안정기관의 장이 필요하다고 인정하면 지급할 수 있다.

5) 육아휴직 급여 등

(1) 육아휴직 급여 및 육아기 근로시간 단축 급여

제70조(육아휴직 급여) ① 고용노동부장관은 「남녀고용평등과 일 · 가정 양립 지원에 관한 법률」 제19조에 따른 육아휴직을 30일(「근로기준법」 제74조에 따른 출산전후휴가기간과 중복되는 기간은 제외한다) 이상 부여받은 피보험자 중 육아휴직을 시작한 날 이전에 제41조에 따른 피보험 단위기간이 합산하여 180일 이상인 피보험자에게 육아휴직 급여를 지급한다.

② 제1항에 따른 육아휴직 급여를 지급받으려는 사람은 육아휴직을 시작한 날 이후 1개월부터 육아휴직이 끝난 날 이후 12개월 이내에 신청하여야 한다.

제73조(육아휴직 급여의 지급 제한 등) ① 피보험자가 육아휴직 기간 중에 그 사업에서 이직한 경우에는 그 이직하였을 때부터 육아휴직 급여를 지급하지 아니한다.

② 피보험자가 육아휴직 기간 중에 제70조 제3항에 따른 취업을 한 경우에는 그 취업한 기간에 대해서는 육아휴직 급여를 지급하지 아니한다.

제73조의2(육아기 근로시간 단축 급여) ① 고용노동부장관은 「남녀고용평등과 일 · 가정 양립 지원에 관한 법률」 제19조의2에 따른 육아기 근로시간 단축(이하 "육아기 근로시간 단축"이라 한다)을 30일(「근로기준법」 제74조에 따른 출산전후휴가기간과 중복되는 기간은 제외한다) 이상 실시한 피보험자 중 육아기 근로시간 단축을 시작한 날 이전에 제41조에 따른 피보험 단위기간이 합산하여 180일 이상인 피보험자에게 육아기 근로시간 단축 급여를 지급한다.

(2) 출산전후휴가 급여등

제75조(출산전후휴가 급여등) 고용노동부장관은 「남녀고용평등과 일 · 가정 양립

지원에 관한 법률」 제18조에 따라 피보험자가 「근로기준법」 제74조에 따른 출산전후휴가 또는 유산·사산휴가를 받은 경우와 「남녀고용평등과 일·가정 양립 지원에 관한 법률」 제18조의2에 따른 배우자 출산휴가를 받은 경우로서 다음 각 호의 요건을 모두 갖춘 경우에 출산전후휴가 급여 등(이하 "출산전후휴가 급여등"이라 한다)을 지급한다.

1. 휴가가 끝난 날 이전에 제41조에 따른 피보험 단위기간이 합산하여 180일 이상일 것
2. 휴가를 시작한 날[출산전후휴가 또는 유산·사산휴가를 받은 피보험자가 속한 사업장이 우선지원 대상기업이 아닌 경우에는 휴가 시작 후 60일(한 번에 둘 이상의 자녀를 임신한 경우에는 75일)이 지난 날로 본다] 이후 1개월부터 휴가가 끝난 날 이후 12개월 이내에 신청할 것. 다만, 그 기간에 대통령령으로 정하는 사유로 출산전후휴가 급여등을 신청할 수 없었던 사람은 그 사유가 끝난 후 30일 이내에 신청하여야 한다.

6) 고용보험기금

제78조(기금의 설치 및 조성) ① 고용노동부장관은 보험사업에 필요한 재원에 충당하기 위하여 고용보험기금(이하 "기금"이라 한다)을 설치한다.

② 기금은 보험료와 이 법에 따른 징수금·적립금·기금운용 수익금과 그 밖의 수입으로 조성한다.

제80조(기금의 용도) ① 기금은 다음 각 호의 용도에 사용하여야 한다.

1. 고용안정·직업능력개발 사업에 필요한 경비
2. 실업급여의 지급

2의2. 제55조의2에 따른 국민연금 보험료의 지원

3. 육아휴직 급여 및 출산전후휴가 급여등의 지급
4. 보험료의 반환
5. 일시 차입금의 상환금과 이자
6. 이 법과 고용산재보험료징수법에 따른 업무를 대행하거나 위탁받은 자에 대한 출연금

7. 그 밖에 이 법의 시행을 위하여 필요한 경비로서 대통령령으로 정하는 경비와 제1호 및 제2호에 따른 사업의 수행에 딸린 경비

7) 심사 및 재심사청구

제87조(심사와 재심사) ① 제17조에 따른 피보험자격의 취득·상실에 대한 확인, 제4장의 규정에 따른 실업급여 및 제5장에 따른 육아휴직 급여와 출산전후휴가 급여등에 관한 처분[이하 "원처분(原處分)등"이라 한다]에 이의가 있는 자는 제89조에 따른 심사관에게 심사를 청구할 수 있고, 그 결정에 이의가 있는 자는 제99조에 따른 심사위원회에 재심사를 청구할 수 있다.

② 제1항에 따른 심사의 청구는 같은 항의 확인 또는 처분이 있음을 안 날부터 90일 이내에, 재심사의 청구는 심사청구에 대한 결정이 있음을 안 날부터 90일 이내에 각각 제기하여야 한다.

③ 제1항에 따른 심사 및 재심사의 청구는 시효중단에 관하여 재판상의 청구로 본다.

8) 보칙

제107조(소멸시효) ① 다음 각 호의 어느 하나에 해당하는 권리는 3년간 행사하지 아니하면 시효로 소멸한다.

1. 제3장에 따른 지원금을 지급받거나 반환받을 권리
2. 제4장에 따른 취업촉진 수당을 지급받거나 반환받을 권리
3. 제4장에 따른 구직급여를 반환받을 권리
4. 제5장에 따른 육아휴직 급여, 육아기 근로시간 단축 급여 및 출산전후휴가 급여등을 반환받을 권리

기 출 문 제

22회 기출

고용보험법의 내용으로 옳지 않은 것은?

① "실업의 인정"이란 근로의 의사와 능력이 있음에도 불구하고 취업하지 못한 상태에 있는 것을 말한다.

② "일용근로자"란 3개월 미만 동안 고용되는 사람을 말한다.

③ 지방자치단체는 매년 보험사업에 드는 비용의 일부를 일반회계에서 부담하여야 한다.

④ 고용보험기금은 고용노동부장관이 관리 · 운용한다.

⑤ 실업급여를 받을 권리는 양도 또는 압류하거나 담보로 제공할 수 있다.

정답 ②

〈해설〉 제2조(정의) 이 법에서 사용하는 용어의 뜻은 다음과 같다.

6. "일용근로자"란 **1개월 미만** 동안 고용되는 사람을 말한다.

22회 기출

고용보험법상 실업급여의 종류로 취업촉진 수당에 해당하는 것을 모두 고른 것은?

ㄱ. 이주비	ㄴ. 광역 구직활동비
ㄷ. 직업능력개발 수당	ㄹ. 조기재취업 수당

① ㄱ, ㄴ, ㄷ ② ㄱ, ㄴ, ㄹ ③ ㄱ, ㄷ, ㄹ

④ ㄴ, ㄷ, ㄹ ⑤ ㄱ, ㄴ, ㄷ, ㄹ

정답 ⑤

〈해설〉 제37조(실업급여의 종류) ① 실업급여는 구직급여와 취업촉진 수당으로 구분한다.

② 취업촉진 수당의 종류는 다음 각 호와 같다.

1. 조기(早期)재취업 수당

2. 직업능력개발 수당
3. 광역 구직활동비
4. 이주비

5. 산업재해보상보험법

산업재해보상보험(이하 산재보험법)은 우리나라 사회보험법 중 가장 이른 시기인 1963년에 제정되었다. 본래는 고용노동부 소관이었으나, 이후 개정되어 현재는 근로복지공단에서 운영하고 있다.

산재보험법은 노동 영역과 가장 관계가 깊은 법으로, 용어 등의 사용에서 다른 법들과 가장 상이한 법 중 하나이다. 따라서 용어의 정의 등을 주의 깊게 볼 필요가 있으며, 가입대상, 조건, 피보험자 등 다른 사회보험법들과 차이점을 비교하여 암기한다면 더욱 도움이 될 것이다. 최근에는 실제 적용사례와 관련된 문제들이 출제되는 경향이 있어, 업무상 재해의 인정 기준도 잘 알아두면 좋다.

1) 총 칙

제1조(목적) 이 법은 산업재해보상보험 사업을 시행하여 근로자의 업무상의 재해를 신속하고 공정하게 보상하며, 재해근로자의 재활 및 사회 복귀를 촉진하기 위하여 이에 필요한 보험시설을 설치·운영하고, 재해 예방과 그 밖에 근로자의 복지 증진을 위한 사업을 시행하여 근로자 보호에 이바지하는 것을 목적으로 한다.

제2조(보험의 관장과 보험연도) ① 이 법에 따른 산업재해보상보험 사업(이하 "보험사업"이라 한다)은 고용노동부장관이 관장한다.

제5조(정의) 이 법에서 사용하는 용어의 뜻은 다음과 같다.

1. "업무상의 재해"란 업무상의 사유에 따른 근로자의 부상·질병·장해 또는 사망을 말한다.

2. "근로자" · "임금" · "평균임금" · "통상임금"이란 각각 「근로기준법」에 따른 "근로자" · "임금" · "평균임금" · "통상임금"을 말한다. 다만, 「근로기준법」에 따라 "임금" 또는 "평균임금"을 결정하기 어렵다고 인정되면 고용노동부장관이 정하여 고시하는 금액을 해당 "임금" 또는 "평균임금"으로 한다.
3. "유족"이란 사망한 사람의 배우자(사실상 혼인관계에 있는 사람을 포함한다. 이하 같다) · 자녀 · 부모 · 손자녀 · 조부모 또는 형제자매를 말한다.
4. "치유"란 부상 또는 질병이 완치되거나 치료의 효과를 더 이상 기대할 수 없고 그 증상이 고정된 상태에 이르게 된 것을 말한다.
5. "장해"란 부상 또는 질병이 치유되었으나 정신적 또는 육체적 훼손으로 인하여 노동능력이 상실되거나 감소된 상태를 말한다.
6. "중증요양상태"란 업무상의 부상 또는 질병에 따른 정신적 또는 육체적 훼손으로 노동능력이 상실되거나 감소된 상태로서 그 부상 또는 질병이 치유되지 아니한 상태를 말한다.
7. "진폐"(塵肺)란 분진을 흡입하여 폐에 생기는 섬유증식성(纖維增殖性) 변화를 주된 증상으로 하는 질병을 말한다.
8. "출퇴근"이란 취업과 관련하여 주거와 취업장소 사이의 이동 또는 한 취업장소에서 다른 취업장소로의 이동을 말한다.

2) 근로복지공단

제10조(근로복지공단의 설립) 고용노동부장관의 위탁을 받아 제1조의 목적을 달성하기 위한 사업을 효율적으로 수행하기 위하여 근로복지공단(이하 "공단"이라 한다)을 설립한다.

제11조(공단의 사업) ① 공단은 다음 각 호의 사업을 수행한다.

1. 보험가입자와 수급권자에 관한 기록의 관리 · 유지
2. 보험료징수법에 따른 보험료와 그 밖의 징수금의 징수
3. 보험급여의 결정과 지급
4. 보험급여 결정 등에 관한 심사청구의 심리 · 결정
5. 산업재해보상보험 시설의 설치 · 운영

5의2. 업무상 재해를 입은 근로자 등의 진료 · 요양 및 재활

5의3. 재활보조기구의 연구개발 · 검정 및 보급

5의4. 보험급여 결정 및 지급을 위한 업무상 질병 관련 연구

5의5. 근로자 등의 건강을 유지 · 증진하기 위하여 필요한 건강진단 등 예방 사업

6. 근로자의 복지 증진을 위한 사업

7. 그 밖에 정부로부터 위탁받은 사업

8. 제5호 · 제5호의2부터 제5호의5까지 · 제6호 및 제7호에 따른 사업에 딸린 사업

② 공단은 제1항 제5호의2부터 제5호의5까지의 사업을 위하여 의료기관, 연구기관 등을 설치 · 운영할 수 있다.

③ 제1항 제3호에 따른 사업의 수행에 필요한 자문을 하기 위하여 공단에 관계 전문가 등으로 구성되는 보험급여자문위원회를 둘 수 있다.

④ 제3항에 따른 보험급여자문위원회의 구성과 운영에 필요한 사항은 공단이 정한다.

⑤ 정부는 예산의 범위에서 공단의 사업과 운영에 필요한 비용을 출연할 수 있다.

제12조(법인격) 공단은 법인으로 한다.

3) 보험의 종류 및 인정 등

제36조(보험급여의 종류와 산정 기준 등) ① 보험급여의 종류는 다음 각 호와 같다. 다만, 진폐에 따른 보험급여의 종류는 제1호의 요양급여, 제4호의 간병급여, 제7호의 장례비, 제8호의 직업재활급여, 제91조의3에 따른 진폐보상연금 및 제91조의4에 따른 진폐유족연금으로 하고, 제91조의12에 따른 건강손상자녀에 대한 보험급여의 종류는 제1호의 요양급여, 제3호의 장해급여, 제4호의 간병급여, 제7호의 장례비, 제8호의 직업재활급여로 한다.

1. 요양급여
2. 휴업급여
3. 장해급여

4. 간병급여
5. 유족급여
6. 상병(傷病)보상연금
7. 장례비
8. 직업재활급여

② 제1항에 따른 보험급여는 제40조, 제52조부터 제57조까지, 제60조부터 제62조까지, 제66조부터 제69조까지, 제71조, 제72조, 제91조의3 및 제91조의4에 따른 보험급여를 받을 수 있는 사람(이하 "수급권자"라 한다)의 청구에 따라 지급한다.

③ 보험급여를 산정하는 경우 해당 근로자의 평균임금을 산정하여야 할 사유가 발생한 날부터 1년이 지난 이후에는 매년 전체 근로자의 임금 평균액의 증감률에 따라 평균임금을 증감하되, 그 근로자의 연령이 60세에 도달한 이후에는 소비자물가변동률에 따라 평균임금을 증감한다. 다만, 제6항에 따라 산정한 금액을 평균임금으로 보는 진폐에 걸린 근로자에 대한 보험급여는 제외한다.

④ 제3항에 따른 전체 근로자의 임금 평균액의 증감률 및 소비자물가변동률의 산정 기준과 방법은 대통령령으로 정한다. 이 경우 산정된 증감률 및 변동률은 매년 고용노동부장관이 고시한다.

⑤ 보험급여(진폐보상연금 및 진폐유족연금은 제외한다)를 산정할 때 해당 근로자의 근로 형태가 특이하여 평균임금을 적용하는 것이 적당하지 아니하다고 인정되는 경우로서 대통령령으로 정하는 경우에는 대통령령으로 정하는 산정 방법에 따라 산정한 금액을 평균임금으로 한다.

⑥ 보험급여를 산정할 때 진폐 등 대통령령으로 정하는 직업병으로 보험급여를 받게 되는 근로자에게 그 평균임금을 적용하는 것이 근로자의 보호에 적당하지 아니하다고 인정되면 대통령령으로 정하는 산정 방법에 따라 산정한 금액을 그 근로자의 평균임금으로 한다.

⑦ 보험급여(장례비는 제외한다)를 산정할 때 그 근로자의 평균임금 또는 제3항부터 제6항까지의 규정에 따라 보험급여의 산정 기준이 되는 평균임금이 「고용정책 기본법」 제17조의 고용구조 및 인력수요 등에 관한 통계에 따른 상용근로자 5명 이상 사업체의 전체 근로자의 임금 평균액의 1.8배(이하 "최고 보상

기준 금액"이라 한다)를 초과하거나, 2분의 1(이하 "최저 보상기준 금액"이라 한다)보다 적으면 그 최고 보상기준 금액이나 최저 보상기준 금액을 각각 그 근로자의 평균임금으로 하되, 최저 보상기준 금액이 「최저임금법」 제5조 제1항에 따른 시간급 최저임금액에 8을 곱한 금액(이하 "최저임금액"이라 한다)보다 적으면 그 최저임금액을 최저 보상기준 금액으로 한다. 다만, 휴업급여 및 상병보상연금을 산정할 때에는 최저 보상기준 금액을 적용하지 아니한다.

⑧ 최고 보상기준 금액이나 최저 보상기준 금액의 산정방법 및 적용기간은 대통령령으로 정한다. 이 경우 산정된 최고 보상기준 금액 또는 최저 보상기준 금액은 매년 고용노동부장관이 고시한다.

제37조(업무상의 재해의 인정 기준) ① 근로자가 다음 각 호의 어느 하나에 해당하는 사유로 부상·질병 또는 장해가 발생하거나 사망하면 업무상의 재해로 본다. 다만, 업무와 재해 사이에 상당인과관계(相當因果關係)가 없는 경우에는 그러하지 아니하다.

1. 업무상 사고
   가. 근로자가 근로계약에 따른 업무나 그에 따르는 행위를 하던 중 발생한 사고
   나. 사업주가 제공한 시설물 등을 이용하던 중 그 시설물 등의 결함이나 관리소홀로 발생한 사고
   다. 삭제 〈2017. 10. 24.〉
   라. 사업주가 주관하거나 사업주의 지시에 따라 참여한 행사나 행사준비 중에 발생한 사고
   마. 휴게시간 중 사업주의 지배관리하에 있다고 볼 수 있는 행위로 발생한 사고
   바. 그 밖에 업무와 관련하여 발생한 사고
2. 업무상 질병
   가. 업무수행 과정에서 물리적 인자(因子), 화학물질, 분진, 병원체, 신체에 부담을 주는 업무 등 근로자의 건강에 장해를 일으킬 수 있는 요인을 취급하거나 그에 노출되어 발생한 질병
   나. 업무상 부상이 원인이 되어 발생한 질병

다. 「근로기준법」 제76조의2에 따른 직장 내 괴롭힘, 고객의 폭언 등으로 인한 업무상 정신적 스트레스가 원인이 되어 발생한 질병

라. 그 밖에 업무와 관련하여 발생한 질병

3. 출퇴근 재해

가. 사업주가 제공한 교통수단이나 그에 준하는 교통수단을 이용하는 등 사업주의 지배관리하에서 출퇴근하는 중 발생한 사고나. 그 밖에 통상적인 경로와 방법으로 출퇴근하는 중 발생한 사고

② 근로자의 고의·자해행위나 범죄행위 또는 그것이 원인이 되어 발생한 부상·질병·장해 또는 사망은 업무상의 재해로 보지 아니한다. 다만, 그 부상·질병·장해 또는 사망이 정상적인 인식능력 등이 뚜렷하게 낮아진 상태에서 한 행위로 발생한 경우로서 대통령령으로 정하는 사유가 있으면 업무상의 재해로 본다.

③ 제1항 제3호 나목의 사고 중에서 출퇴근 경로 일탈 또는 중단이 있는 경우에는 해당 일탈 또는 중단 중의 사고 및 그 후의 이동 중의 사고에 대하여는 출퇴근 재해로 보지 아니한다. 다만, 일탈 또는 중단이 일상생활에 필요한 행위로서 대통령령으로 정하는 사유가 있는 경우에는 출퇴근 재해로 본다.

④ 출퇴근 경로와 방법이 일정하지 아니한 직종으로 대통령령으로 정하는 경우에는 제1항 제3호 나목에 따른 출퇴근 재해를 적용하지 아니한다.

제40조(요양급여) ① 요양급여는 근로자가 업무상의 사유로 부상을 당하거나 질병에 걸린 경우에 그 근로자에게 지급한다.

② 제1항에 따른 요양급여는 제43조 제1항에 따른 산재보험 의료기관에서 요양을 하게 한다. 다만, 부득이한 경우에는 요양을 갈음하여 요양비를 지급할 수 있다.

③ 제1항의 경우에 부상 또는 질병이 3일 이내의 요양으로 치유될 수 있으면 요양급여를 지급하지 아니한다.

④ 제1항의 요양급여의 범위는 다음 각 호와 같다.

1. 진찰 및 검사
2. 약제 또는 진료재료와 의지(義肢)나 그 밖의 보조기의 지급
3. 처치, 수술, 그 밖의 치료

4. 재활치료
5. 입원
6. 간호 및 간병
7. 이송
8. 그 밖에 고용노동부령으로 정하는 사항

제41조(요양급여의 신청) ① 제40조 제1항에 따른 요양급여(진폐에 따른 요양급여는 제외한다. 이하 이 조에서 같다)를 받으려는 사람은 소속 사업장, 재해발생 경위, 그 재해에 대한 의학적 소견, 그 밖에 고용노동부령으로 정하는 사항을 적은 서류를 첨부하여 공단에 요양급여의 신청을 하여야 한다. 이 경우 요양급여 신청의 절차와 방법은 고용노동부령으로 정한다.

제49조(추가상병 요양급여의 신청) 업무상의 재해로 요양 중인 근로자는 다음 각 호의 어느 하나에 해당하는 경우에는 그 부상 또는 질병(이하 "추가상병"이라 한다)에 대한 요양급여를 신청할 수 있다.

1. 그 업무상의 재해로 이미 발생한 부상이나 질병이 추가로 발견되어 요양이 필요한 경우
2. 그 업무상의 재해로 발생한 부상이나 질병이 원인이 되어 새로운 질병이 발생하여 요양이 필요한 경우

제51조(재요양) ① 제40조에 따른 요양급여를 받은 사람이 치유 후 요양의 대상이 되었던 업무상의 부상 또는 질병이 재발하거나 치유 당시보다 상태가 악화되어 이를 치유하기 위한 적극적인 치료가 필요하다는 의학적 소견이 있으면 다시 제40조에 따른 요양급여(이하 "재요양"이라 한다)를 받을 수 있다.

제52조(휴업급여) 휴업급여는 업무상 사유로 부상을 당하거나 질병에 걸린 근로자에게 요양으로 취업하지 못한 기간에 대하여 지급하되, 1일당 지급액은 평균임금의 100분의 70에 상당하는 금액으로 한다. 다만, 취업하지 못한 기간이 3일 이내이면 지급하지 아니한다.

제57조(장해급여) ① 장해급여는 근로자가 업무상의 사유로 부상을 당하거나 질병에 걸려 치유된 후 신체 등에 장해가 있는 경우에 그 근로자에게 지급한다.
② 장해급여는 장해등급에 따라 별표 2에 따른 장해보상연금 또는 장해보상일

시금으로 하되, 그 장해등급의 기준은 대통령령으로 정한다.

③ 제2항에 따른 장해보상연금 또는 장해보상일시금은 수급권자의 선택에 따라 지급한다. 다만, 대통령령으로 정하는 노동력을 완전히 상실한 장해등급의 근로자에게는 장해보상연금을 지급하고, 장해급여 청구사유 발생 당시 대한민국 국민이 아닌 사람으로서 외국에서 거주하고 있는 근로자에게는 장해보상일시금을 지급한다.

④ 장해보상연금은 수급권자가 신청하면 그 연금의 최초 1년분 또는 2년분(제3항 단서에 따른 근로자에게는 그 연금의 최초 1년분부터 4년분까지)의 2분의 1에 상당하는 금액을 미리 지급할 수 있다. 이 경우 미리 지급하는 금액에 대하여는 100분의 5의 비율 범위에서 대통령령으로 정하는 바에 따라 이자를 공제할 수 있다.

⑤ 장해보상연금 수급권자의 수급권이 제58조에 따라 소멸한 경우에 이미 지급한 연금액을 지급 당시의 각각의 평균임금으로 나눈 일수(日數)의 합계가 별표 2에 따른 장해보상일시금의 일수에 못 미치면 그 못 미치는 일수에 수급권 소멸 당시의 평균임금을 곱하여 산정한 금액을 유족 또는 그 근로자에게 일시금으로 지급한다.

제61조(간병급여) ① 간병급여는 제40조에 따른 요양급여를 받은 사람 중 치유 후 의학적으로 상시 또는 수시로 간병이 필요하여 실제로 간병을 받는 사람에게 지급한다.

제62조(유족급여) ① 유족급여는 근로자가 업무상의 사유로 사망한 경우에 유족에게 지급한다.

② 유족급여는 별표 3에 따른 유족보상연금이나 유족보상일시금으로 하되, 유족보상일시금은 근로자가 사망할 당시 제63조 제1항에 따른 유족보상연금을 받을 수 있는 자격이 있는 사람이 없는 경우에 지급한다.

③ 제2항에 따른 유족보상연금을 받을 수 있는 자격이 있는 사람이 원하면 별표 3의 유족보상일시금의 100분의 50에 상당하는 금액을 일시금으로 지급하고 유족보상연금은 100분의 50을 감액하여 지급한다.

④ 유족보상연금을 받던 사람이 그 수급자격을 잃은 경우 다른 수급자격자가 없고 이미 지급한 연금액을 지급 당시의 각각의 평균임금으로 나누어 산정한

일수의 합계가 1,300일에 못 미치면 그 못 미치는 일수에 수급자격 상실 당시의 평균임금을 곱하여 산정한 금액을 수급자격 상실 당시의 유족에게 일시금으로 지급한다.

제63조(유족보상연금 수급자격자의 범위) ① 유족보상연금을 받을 수 있는 자격이 있는 사람(이하 "유족보상연금 수급자격자"라 한다)은 근로자가 사망할 당시 그 근로자와 생계를 같이 하고 있던 유족(그 근로자가 사망할 당시 대한민국 국민이 아닌 사람으로서 외국에서 거주하고 있던 유족은 제외한다) 중 배우자와 다음 각 호의 어느 하나에 해당하는 사람으로 한다. 이 경우 근로자와 생계를 같이 하고 있던 유족의 판단 기준은 대통령령으로 정한다.

1. 부모 또는 조부모로서 각각 60세 이상인 사람
2. 자녀로서 25세 미만인 사람

2의2. 손자녀로서 25세 미만인 사람

3. 형제자매로서 19세 미만이거나 60세 이상인 사람
4. 제1호부터 제3호까지의 규정 중 어느 하나에 해당하지 아니하는 자녀 · 부모 · 손자녀 · 조부모 또는 형제자매로서 「장애인복지법」 제2조에 따른 장애인 중 고용노동부령으로 정한 장애 정도에 해당하는 사람

② 제1항을 적용할 때 근로자가 사망할 당시 태아(胎兒)였던 자녀가 출생한 경우에는 출생한 때부터 장래에 향하여 근로자가 사망할 당시 그 근로자와 생계를 같이하고 있던 유족으로 본다.

③ 유족보상연금 수급자격자 중 유족보상연금을 받을 권리의 순위는 배우자 · 자녀 · 부모 · 손자녀 · 조부모 및 형제자매의 순서로 한다.

제64조(유족보상연금 수급자격자의 자격 상실과 지급 정지 등) ① 유족보상연금 수급자격자인 유족이 다음 각 호의 어느 하나에 해당하면 그 자격을 잃는다.

1. 사망한 경우
2. 재혼한 때(사망한 근로자의 배우자만 해당하며, 재혼에는 사실상 혼인 관계에 있는 경우를 포함한다)
3. 사망한 근로자와의 친족 관계가 끝난 경우
4. 자녀가 25세가 된 때

4의2. 손자녀가 25세가 된 때

4의3. 형제자매가 19세가 된 때

5. 제63조 제1항 제4호에 따른 장애인이었던 사람으로서 그 장애 상태가 해소된 경우

6. 근로자가 사망할 당시 대한민국 국민이었던 유족보상연금 수급자격자가 국적을 상실하고 외국에서 거주하고 있거나 외국에서 거주하기 위하여 출국하는 경우

7. 대한민국 국민이 아닌 유족보상연금 수급자격자가 외국에서 거주하기 위하여 출국하는 경우

第66조(상병보상연금) ① 요양급여를 받는 근로자가 요양을 시작한 지 2년이 지난 날 이후에 다음 각 호의 요건 모두에 해당하는 상태가 계속되면 휴업급여 대신 상병보상연금을 그 근로자에게 지급한다.

1. 그 부상이나 질병이 치유되지 아니한 상태일 것
2. 그 부상이나 질병에 따른 중증요양상태의 정도가 대통령령으로 정하는 중증요양상태등급 기준에 해당할 것
3. 요양으로 인하여 취업하지 못하였을 것

第72조(직업재활급여) ① 직업재활급여의 종류는 다음 각 호와 같다.

1. 장해급여 또는 진폐보상연금을 받은 사람이나 장해급여를 받을 것이 명백한 사람으로서 대통령령으로 정하는 사람(이하 "장해급여자"라 한다) 중 취업을 위하여 직업훈련이 필요한 사람(이하 "훈련대상자"라 한다)에 대하여 실시하는 직업훈련에 드는 비용 및 직업훈련수당
2. 업무상의 재해가 발생할 당시의 사업에 복귀한 장해급여자에 대하여 사업주가 고용을 유지하거나 직장적응훈련 또는 재활운동을 실시하는 경우(직장적응훈련의 경우에는 직장 복귀 전에 실시한 경우도 포함한다)에 각각 지급하는 직장복귀지원금, 직장적응훈련비 및 재활운동비

第76조(보험급여의 일시지급) ① 대한민국 국민이 아닌 근로자가 업무상의 재해에 따른 부상 또는 질병으로 요양 중 치유되기 전에 출국하기 위하여 보험급여의 일시지급을 신청하는 경우에는 출국하기 위하여 요양을 중단하는 날 이후에

청구 사유가 발생할 것으로 예상되는 보험급여를 한꺼번에 지급할 수 있다.

② 제1항에 따라 한꺼번에 지급할 수 있는 금액은 다음 각 호의 보험급여를 미리 지급하는 기간에 따른 이자 등을 고려하여 대통령령으로 정하는 방법에 따라 각각 환산한 금액을 합한 금액으로 한다. 이 경우 해당 근로자가 제3호 및 제4호에 따른 보험급여의 지급사유 모두에 해당될 것으로 의학적으로 판단되는 경우에는 제4호에 해당하는 보험급여의 금액은 합산하지 아니한다.

1. 출국하기 위하여 요양을 중단하는 날부터 업무상의 재해에 따른 부상 또는 질병이 치유될 것으로 예상되는 날까지의 요양급여
2. 출국하기 위하여 요양을 중단하는 날부터 업무상 부상 또는 질병이 치유되거나 그 부상·질병 상태가 취업할 수 있게 될 것으로 예상되는 날(그 예상되는 날이 요양 개시일부터 2년이 넘는 경우에는 요양 개시일부터 2년이 되는 날)까지의 기간에 대한 휴업급여
3. 출국하기 위하여 요양을 중단할 당시 업무상의 재해에 따른 부상 또는 질병이 치유된 후에 남을 것으로 예상되는 장해의 장해등급에 해당하는 장해보상일시금
4. 출국하기 위하여 요양을 중단할 당시 요양 개시일부터 2년이 지난 후에 상병보상연금의 지급대상이 되는 중증요양상태가 지속될 것으로 예상되는 경우에는 그 예상되는 중증요양상태등급(요양 개시일부터 2년이 지난 후 출국하기 위하여 요양을 중단하는 경우에는 그 당시의 부상·질병 상태에 따른 중증요양상태등급)과 같은 장해등급에 해당하는 장해보상일시금에 해당하는 금액
5. 요양 당시 받고 있는 진폐장해등급에 따른 진폐보상연금

제91조의2(진폐에 대한 업무상의 재해의 인정 기준) 근로자가 진폐에 걸릴 우려가 있는 작업으로서 암석, 금속이나 유리섬유 등을 취급하는 작업 등 고용노동부령으로 정하는 분진작업(이하 "분진작업"이라 한다)에 종사하여 진폐에 걸리면 제37조 제1항 제2호 가목에 따른 업무상 질병으로 본다.

제91조의3(진폐보상연금) ① 진폐보상연금은 업무상 질병인 진폐에 걸린 근로자(이하 "진폐근로자"라 한다)에게 지급한다.

② 진폐보상연금은 제5조 제2호 및 제36조 제6항에 따라 정하는 평균임금을 기준으로 하여 별표 6에 따라 산정하는 진폐장해등급별 진폐장해연금과 기초

연금을 합산한 금액으로 한다. 이 경우 기초연금은 최저임금액의 100분의 60에 365를 곱하여 산정한 금액으로 한다.

③ 진폐보상연금을 받던 사람이 그 진폐장해등급이 변경된 경우에는 변경된 날이 속한 달의 다음 달부터 기초연금과 변경된 진폐장해등급에 해당하는 진폐장해연금을 합산한 금액을 지급한다.

제91조의4(진폐유족연금) ① 진폐유족연금은 진폐근로자가 진폐로 사망한 경우에 유족에게 지급한다.

② 진폐유족연금은 사망 당시 진폐근로자에게 지급하고 있거나 지급하기로 결정된 진폐보상연금과 같은 금액으로 한다. 이 경우 진폐유족연금은 제62조 제2항 및 별표 3에 따라 산정한 유족보상연금을 초과할 수 없다.

③ 제91조의6에 따른 진폐에 대한 진단을 받지 아니한 근로자가 업무상 질병인 진폐로 사망한 경우에 그 근로자에 대한 진폐유족연금은 제91조의3 제2항에 따른 기초연금과 제91조의8 제3항에 따라 결정되는 진폐장해등급별로 별표 6에 따라 산정한 진폐장해연금을 합산한 금액으로 한다.

④ 진폐유족연금을 받을 수 있는 유족의 범위 및 순위, 자격 상실과 지급 정지 등에 관하여는 제63조 및 제64조를 준용한다. 이 경우 "유족보상연금"은 "진폐유족연금"으로 본다.

4) 근로복지 사업

제92조(근로복지 사업) ① 고용노동부장관은 근로자의 복지 증진을 위한 다음 각 호의 사업을 한다.

1. 업무상의 재해를 입은 근로자의 원활한 사회 복귀를 촉진하기 위한 다음 각 목의 보험시설의 설치·운영
   가. 요양이나 외과 후 처치에 관한 시설
   나. 의료재활이나 직업재활에 관한 시설
2. 장학사업 등 재해근로자와 그 유족의 복지 증진을 위한 사업
3. 그 밖에 근로자의 복지 증진을 위한 시설의 설치·운영 사업

② 고용노동부장관은 공단 또는 재해근로자의 복지 증진을 위하여 설립된 법인

중 고용노동부장관의 지정을 받은 법인(이하 "지정법인"이라 한다)에 제1항에 따른 사업을 하게 하거나 같은 항 제1호에 따른 보험시설의 운영을 위탁할 수 있다.

5) 산업재해보상보험 및 예방기금

제95조(산업재해보상보험및예방기금의 설치 및 조성) ① 고용노동부장관은 보험사업, 산업재해 예방 사업에 필요한 재원을 확보하고, 보험급여에 충당하기 위하여 산업재해보상보험및예방기금(이하 "기금"이라 한다)을 설치한다.

② 기금은 보험료, 기금운용 수익금, 적립금, 기금의 결산상 잉여금, 정부 또는 정부 아닌 자의 출연금 및 기부금, 차입금, 그 밖의 수입금을 재원으로 하여 조성한다.

③ 정부는 산업재해 예방 사업을 수행하기 위하여 회계연도마다 기금지출예산 총액의 100분의 3의 범위에서 제2항에 따른 정부의 출연금으로 세출예산에 계상(計上)하여야 한다.

제96조(기금의 용도) ① 기금은 다음 각 호의 용도에 사용한다.

1. 보험급여의 지급 및 반환금의 반환
2. 차입금 및 이자의 상환
3. 공단에의 출연
4. 「산업안전보건법」 제12조에 따른 용도
5. 재해근로자의 복지 증진
6. 「한국산업안전보건공단법」에 따른 한국산업안전보건공단(이하 "한국산업안전보건공단"이라 한다)에 대한 출연
7. 보험료징수법 제4조에 따른 업무를 위탁받은 자에의 출연
8. 그 밖에 보험사업 및 기금의 관리와 운용

② 고용노동부장관은 회계연도마다 제1항 각 호에 해당하는 기금지출예산 총액의 100분의 8 이상을 제1항 제4호 및 제6호에 따른 용도로 계상하여야 한다.

③ 제1항 제7호에 따라 기금으로부터 「국민건강보험법」 제13조에 따른 국민건강보험공단에 출연하는 금액은 징수업무(고지 · 수납 · 체납 업무를 말한다)가 차지하는 비율 등을 기준으로 산정한다.

6) 심사청구 및 재심사청구

제103조(심사청구의 제기) ① 다음 각 호의 어느 하나에 해당하는 공단의 결정 등(이하 "보험급여 결정등"이라 한다)에 불복하는 자는 공단에 심사청구를 할 수 있다.

② 제1항에 따른 심사청구는 그 보험급여 결정등을 한 공단의 소속 기관을 거쳐 공단에 제기하여야 한다.

③ 제1항에 따른 심사청구는 보험급여 결정등이 있음을 안 날부터 90일 이내에 하여야 한다.

④ 제2항에 따라 심사 청구서를 받은 공단의 소속 기관은 5일 이내에 의견서를 첨부하여 공단에 보내야 한다.

⑤ 보험급여 결정 등에 대하여는 「행정심판법」에 따른 행정심판을 제기할 수 없다.

제105조(심사청구에 대한 심리 · 결정) ① 공단은 제103조 제4항에 따라 심사 청구서를 받은 날부터 60일 이내에 심사위원회의 심의를 거쳐 심사청구에 대한 결정을 하여야 한다. 다만, 부득이한 사유로 그 기간 이내에 결정을 할 수 없으면 한 차례만 20일을 넘지 아니하는 범위에서 그 기간을 연장할 수 있다.

② 제1항 본문에도 불구하고 심사청구 기간이 지난 후에 제기된 심사청구 등 대통령령으로 정하는 사유에 해당하는 경우에는 심사위원회의 심의를 거치지 아니할 수 있다.

③ 제1항 단서에 따라 결정기간을 연장할 때에는 최초의 결정기간이 끝나기 7일 전까지 심사청구인 및 보험급여 결정등을 한 공단의 소속 기관에 알려야 한다.

제106조(재심사청구의 제기) ① 제105조 제1항에 따른 심사청구에 대한 결정에 불복하는 자는 제107조에 따른 산업재해보상보험재심사위원회에 재심사청구를 할 수 있다. 다만, 판정위원회의 심의를 거친 보험급여에 관한 결정에 불복하는 자는 제103조에 따른 심사청구를 하지 아니하고 재심사청구를 할 수 있다.

② 제1항에 따른 재심사청구는 그 보험급여 결정등을 한 공단의 소속 기관을 거쳐 제107조에 따른 산업재해보상보험재심사위원회에 제기하여야 한다.

③ 제1항에 따른 재심사청구는 심사청구에 대한 결정이 있음을 안 날부터 90

일 이내에 제기하여야 한다. 다만, 제1항 단서에 따라 심사청구를 거치지 아니하고 재심사청구를 하는 경우에는 보험급여에 관한 결정이 있음을 안 날부터 90일 이내에 제기하여야 한다.

④ 재심사청구에 관하여는 제103조 제4항을 준용한다. 이 경우 "심사 청구서"는 "재심사 청구서"로, "공단"은 "산업재해보상보험재심사위원회"로 본다.

7) 보칙 - 소멸시효

제112조(시효) ① 다음 각 호의 권리는 3년간 행사하지 아니하면 시효로 말미암아 소멸한다. 다만, 제1호의 보험급여 중 장해급여, 유족급여, 장례비, 진폐보상연금 및 진폐유족연금을 받을 권리는 5년간 행사하지 아니하면 시효의 완성으로 소멸한다.

1. 제36조 제1항에 따른 보험급여를 받을 권리
2. 제45조에 따른 산재보험 의료기관의 권리
3. 제46조에 따른 약국의 권리
4. 제89조에 따른 보험가입자의 권리
5. 제90조 제1항에 따른 국민건강보험공단등의 권리

② 제1항에 따른 소멸시효에 관하여는 이 법에 규정된 것 외에는 「민법」에 따른다.

기 출 문 제

21회 기출

산업재해보상보험법령상 유족급여에 관한 설명으로 옳지 않은 것은?

① 근로자가 업무상의 사유로 사망한 경우 유족에게 지급한다.

② 유족보상연금 수급권자가 2명 이상 있을 때 그 중 1명을 대표자로 선임할 수 있다.

③ 근로자와 「주민등록법」상 세대를 같이 하고 동거하던 유족으로서 근로자의 소득으로 생계의 상당 부분을 유지하고 있던 사람은 유족에 해당한다.
④ 근로자의 소득으로 생계의 전부를 유지하고 있던 유족으로서 학업으로 주민등록을 달리하였거나 동거하지 않았던 사람은 유족에 해당되지 않는다.
⑤ 유족보상연금 수급 권리는 배우자 · 자녀 · 부모 · 손자녀 · 조부모 및 형제자매의 순서로 한다.

정답 ④

〈해설〉 본 내용은 산업재해보상보험법에는 규정되어 있지 않고, 산업재해보상보험법 시행령(대통령령)에 규정되어 있다. 산업재해보상보험의 경우에는 그 사례가 매우 다양하기 때문에 기존의 내용을 기반으로 최대한 합당한 방향으로 추론하는 것이 필요하다.

제60조(유족보상연금 청구에 관한 대표자 선임 등) ① 유족보상연금 수급권자가 2명 이상 있을 때에는 그중 1명을 유족보상연금의 청구와 수령에 관한 대표자로 선임할 수 있다.
② 제1항에 따라 대표자를 선임하거나 그 선임된 대표자를 해임한 경우에는 지체 없이 그 선임 또는 해임을 증명할 수 있는 서류를 첨부하여 공단에 신고하여야 한다.
제12조(가입자 자격의 상실 시기)
② 지역가입자는 다음 각 호의 어느 하나에 해당하게 된 날의 다음 날에 자격을 상실한다. 다만, 제3호와 제4호의 경우에는 그에 해당하게 된 날에 그 자격을 상실한다.

6. 노인장기요양보험법

노인장기요양보험은 고령화 등으로 인해 노인에 대한 돌봄 욕구가 증가하면서 일상생활 유지가 어려운 노인에게 돌봄을 제공함으로써 노후 삶의 질을 증진하고, 가족의 부담을 덜어줌으로써 국민의 삶의 질을 향상시키고자 2007년 제정되었고, 2008년 시행되었다.

노인인구의 비율이 지속적으로 증가하면서 노인장기요양보험제도를 이용하는 이용자 수는 지속적으로 증가하고 있으며, 서비스 역시 확대됨에 따라 사회적 관심도 지속적으로 증가하고 있다. 다른 사회보험법에 비해 내용이 많지 않으므로 기본적인 내용은 꼭 알아두는 것이 좋다.

1) 총 칙

제1조(목적) 이 법은 고령이나 노인성 질병 등의 사유로 일상생활을 혼자서 수행하기 어려운 노인등에게 제공하는 신체활동 또는 가사활동 지원 등의 장기요양급여에 관한 사항을 규정하여 노후의 건강증진 및 생활안정을 도모하고 그 가족의 부담을 덜어줌으로써 국민의 삶의 질을 향상하도록 함을 목적으로 한다.

제2조(정의) 이 법에서 사용하는 용어의 정의는 다음과 같다.

1. "노인등"이란 65세 이상의 노인 또는 65세 미만의 자로서 치매·뇌혈관성질환 등 대통령령으로 정하는 노인성 질병을 가진 자를 말한다.
2. "장기요양급여"란 제15조 제2항에 따라 6개월 이상 동안 혼자서 일상생활을 수행하기 어렵다고 인정되는 자에게 신체활동·가사활동의 지원 또는 간병 등의 서비스나 이에 갈음하여 지급하는 현금 등을 말한다.
3. "장기요양사업"이란 장기요양보험료, 국가 및 지방자치단체의 부담금 등을 재원으로 하여 노인등에게 장기요양급여를 제공하는 사업을 말한다.
4. "장기요양기관"이란 제31조에 따른 지정을 받은 기관으로서 장기요양급여를 제공하는 기관을 말한다.
5. "장기요양요원"이란 장기요양기관에 소속되어 노인 등의 신체활동 또는 가사활동 지원 등의 업무를 수행하는 자를 말한다.

제3조(장기요양급여 제공의 기본원칙) ① 장기요양급여는 노인등이 자신의 의사와 능력에 따라 최대한 자립적으로 일상생활을 수행할 수 있도록 제공하여야 한다.

② 장기요양급여는 노인등의 심신상태·생활환경과 노인등 및 그 가족의 욕구·선택을 종합적으로 고려하여 필요한 범위 안에서 이를 적정하게 제공하여야 한다.

③ 장기요양급여는 노인등이 가족과 함께 생활하면서 가정에서 장기요양을 받는 재가급여를 우선적으로 제공하여야 한다.

④ 장기요양급여는 노인등의 심신상태나 건강 등이 악화되지 아니하도록 의료서비스와 연계하여 이를 제공하여야 한다.

제6조(장기요양기본계획) ① 보건복지부장관은 노인등에 대한 장기요양급여를 원활하게 제공하기 위하여 5년 단위로 다음 각 호의 사항이 포함된 장기요양기본계획을 수립·시행하여야 한다.

1. 연도별 장기요양급여 대상인원 및 재원조달 계획
2. 연도별 장기요양기관 및 장기요양전문인력 관리 방안
3. 장기요양요원의 처우에 관한 사항
4. 그 밖에 노인등의 장기요양에 관한 사항으로서 대통령령으로 정하는 사항

② 지방자치단체의 장은 제1항에 따른 장기요양기본계획에 따라 세부시행계획을 수립·시행하여야 한다.

제6조의2(실태조사) ① 보건복지부장관은 장기요양사업의 실태를 파악하기 위하여 3년마다 다음 각 호의 사항에 관한 조사를 정기적으로 실시하고 그 결과를 공표하여야 한다.

1. 장기요양인정에 관한 사항
2. 제52조에 따른 장기요양등급판정위원회(이하 "등급판정위원회"라 한다)의 판정에 따라 장기요양급여를 받을 사람(이하 "수급자"라 한다)의 규모, 그 급여의 수준 및 만족도에 관한 사항
3. 장기요양기관에 관한 사항
4. 장기요양요원의 근로조건, 처우 및 규모에 관한 사항
5. 그 밖에 장기요양사업에 관한 사항으로서 보건복지부령으로 정하는 사항

② 제1항에 따른 실태조사의 방법과 내용 등에 필요한 사항은 보건복지부령으로 정한다.

2) 장기요양보험

제7조(장기요양보험) ① 장기요양보험사업은 보건복지부장관이 관장한다.

② 장기요양보험사업의 보험자는 공단으로 한다.

③ 장기요양보험의 가입자(이하 "장기요양보험가입자"라 한다)는 「국민건강보험법」

제5조 및 제109조에 따른 가입자로 한다.

제8조(장기요양보험료의 징수) ① 공단은 장기요양사업에 사용되는 비용에 충당하기 위하여 장기요양보험료를 징수한다.

② 제1항에 따른 장기요양보험료는 「국민건강보험법」 제69조에 따른 보험료(이하 이 조에서 "건강보험료"라 한다)와 통합하여 징수한다. 이 경우 공단은 장기요양보험료와 건강보험료를 구분하여 고지하여야 한다.

③ 공단은 제2항에 따라 통합 징수한 장기요양보험료와 건강보험료를 각각의 독립회계로 관리하여야 한다.

제9조(장기요양보험료의 산정) ① 장기요양보험료는 「국민건강보험법」 제69조 제4항 · 제5항 및 제109조 제9항 단서에 따라 산정한 보험료액에서 같은 법 제74조 또는 제75조에 따라 경감 또는 면제되는 비용을 공제한 금액에 같은 법 제73조 제1항에 따른 건강보험료율 대비 장기요양보험료율의 비율을 곱하여 산정한 금액으로 한다.

② 제1항에 따른 장기요양보험료율은 제45조에 따른 장기요양위원회의 심의를 거쳐 대통령령으로 정한다.

③ 제1항에도 불구하고 장기요양보험의 특성을 고려하여 「국민건강보험법」 제74조 또는 제75조에 따라 경감 또는 면제되는 비용을 달리 적용할 필요가 있는 경우에는 대통령령으로 정하는 바에 따라 경감 또는 면제되는 비용의 공제수준을 달리 정할 수 있다.

3) 장기요양의 인정

제12조(장기요양인정의 신청자격) 장기요양인정을 신청할 수 있는 자는 노인등으로서 다음 각 호의 어느 하나에 해당하는 자격을 갖추어야 한다.

1. 장기요양보험가입자 또는 그 피부양자
2. 「의료급여법」 제3조 제1항에 따른 수급권자(이하 "의료급여수급권자"라 한다)

제13조(장기요양인정의 신청) ① 장기요양인정을 신청하는 자(이하 "신청인"이라 한다)는 공단에 보건복지부령으로 정하는 바에 따라 장기요양인정신청서(이하 "신청서"라 한다)에 의사 또는 한의사가 발급하는 소견서(이하 "의사소견서"라 한다)를

첨부하여 제출하여야 한다. 다만, 의사소견서는 공단이 제15조 제1항에 따라 등급판정위원회에 자료를 제출하기 전까지 제출할 수 있다.

② 제1항에도 불구하고 거동이 현저하게 불편하거나 도서·벽지 지역에 거주하여 의료기관을 방문하기 어려운 자 등 대통령령으로 정하는 자는 의사소견서를 제출하지 아니할 수 있다.

③ 의사소견서의 발급비용·비용부담방법·발급자의 범위, 그 밖에 필요한 사항은 보건복지부령으로 정한다.

제15조(등급판정 등) ① 공단은 제14조에 따른 조사가 완료된 때 조사결과서, 신청서, 의사소견서, 그 밖에 심의에 필요한 자료를 등급판정위원회에 제출하여야 한다.

② 등급판정위원회는 신청인이 제12조의 신청자격요건을 충족하고 6개월 이상 동안 혼자서 일상생활을 수행하기 어렵다고 인정하는 경우 심신상태 및 장기요양이 필요한 정도 등 대통령령으로 정하는 등급판정기준에 따라 수급자로 판정한다.

③ 등급판정위원회는 제2항에 따라 심의·판정을 하는 때 신청인과 그 가족, 의사소견서를 발급한 의사 등 관계인의 의견을 들을 수 있다.

④ 공단은 장기요양급여를 받고 있거나 받을 수 있는 자가 다음 각 호의 어느 하나에 해당하는 것으로 의심되는 경우에는 제14조 제1항 각 호의 사항을 조사하여 그 결과를 등급판정위원회에 제출하여야 한다.

1. 거짓이나 그 밖의 부정한 방법으로 장기요양인정을 받은 경우
2. 고의로 사고를 발생하도록 하거나 본인의 위법행위에 기인하여 장기요양인정을 받은 경우

⑤ 등급판정위원회는 제4항에 따라 제출된 조사 결과를 토대로 제2항에 따라 다시 수급자 등급을 조정하고 수급자 여부를 판정할 수 있다.

제16조(장기요양등급판정기간) ① 등급판정위원회는 신청인이 신청서를 제출한 날부터 30일 이내에 제15조에 따른 장기요양등급판정을 완료하여야 한다. 다만, 신청인에 대한 정밀조사가 필요한 경우 등 기간 이내에 등급판정을 완료할 수 없는 부득이한 사유가 있는 경우 30일 이내의 범위에서 이를 연장할 수 있다.

② 공단은 등급판정위원회가 제1항 단서에 따라 장기요양인정심의 및 등급판

정기간을 연장하고자 하는 경우 신청인 및 대리인에게 그 내용·사유 및 기간을 통보하여야 한다.

第19조(장기요양인정의 유효기간) ① 제15조에 따른 장기요양인정의 유효기간은 최소 1년 이상으로서 대통령령으로 정한다.

② 제1항의 유효기간의 산정방법과 그 밖에 필요한 사항은 보건복지부령으로 정한다.

4) 장기요양급여의 종류

第23조(장기요양급여의 종류) ① 이 법에 따른 장기요양급여의 종류는 다음 각 호와 같다.

1. 재가급여
   가. 방문요양 : 장기요양요원이 수급자의 가정 등을 방문하여 신체활동 및 가사활동 등을 지원하는 장기요양급여
   나. 방문목욕 : 장기요양요원이 목욕설비를 갖춘 장비를 이용하여 수급자의 가정 등을 방문하여 목욕을 제공하는 장기요양급여
   다. 방문간호 : 장기요양요원인 간호사 등이 의사, 한의사 또는 치과의사의 지시서(이하 "방문간호지시서"라 한다)에 따라 수급자의 가정 등을 방문하여 간호, 진료의 보조, 요양에 관한 상담 또는 구강위생 등을 제공하는 장기요양급여
   라. 주·야간보호 : 수급자를 하루 중 일정한 시간 동안 장기요양기관에 보호하여 신체활동 지원 및 심신기능의 유지·향상을 위한 교육·훈련 등을 제공하는 장기요양급여
   마. 단기보호 : 수급자를 보건복지부령으로 정하는 범위 안에서 일정 기간 동안 장기요양기관에 보호하여 신체활동 지원 및 심신기능의 유지·향상을 위한 교육·훈련 등을 제공하는 장기요양급여
   바. 기타재가급여 : 수급자의 일상생활·신체활동 지원 및 인지기능의 유지·향상에 필요한 용구를 제공하거나 가정을 방문하여 재활에 관한 지원 등을 제공하는 장기요양 급여로서 대통령령으로 정하는 것

2. 시설급여 : 장기요양기관에 장기간 입소한 수급자에게 신체활동 지원 및 심신기능의 유지·향상을 위한 교육·훈련 등을 제공하는 장기요양급여
3. 특별현금급여(현재 가족요양비만 시행 중)
   가. 가족요양비 : 제24조에 따라 지급하는 가족장기요양급여
   나. 특례요양비 : 제25조에 따라 지급하는 특례장기요양급여
   다. 요양병원간병비 : 제26조에 따라 지급하는 요양병원장기요양급여

제24조(가족요양비) ① 공단은 다음 각 호의 어느 하나에 해당하는 수급자가 가족 등으로부터 제23조 제1항 제1호 가목에 따른 방문요양에 상당한 장기요양급여를 받은 때 대통령령으로 정하는 기준에 따라 해당 수급자에게 가족요양비를 지급할 수 있다.

1. 도서·벽지 등 장기요양기관이 현저히 부족한 지역으로서 보건복지부장관이 정하여 고시하는 지역에 거주하는 자
2. 천재지변이나 그 밖에 이와 유사한 사유로 인하여 장기요양기관이 제공하는 장기요양급여를 이용하기가 어렵다고 보건복지부장관이 인정하는 자
3. 신체·정신 또는 성격 등 대통령령으로 정하는 사유로 인하여 가족 등으로부터 장기요양을 받아야 하는 자

② 제1항에 따른 가족요양비의 지급절차와 그 밖에 필요한 사항은 보건복지부령으로 정한다.

5) 장기요양급여의 제공

제27조(장기요양급여의 제공) ① 수급자는 제17조 제1항에 따른 장기요양인정서와 같은 조 제3항에 따른 개인별장기요양이용계획서가 도달한 날부터 장기요양급여를 받을 수 있다.

② 제1항에도 불구하고 수급자는 돌볼 가족이 없는 경우 등 대통령령으로 정하는 사유가 있는 경우 신청서를 제출한 날부터 장기요양인정서가 도달되는 날까지의 기간 중에도 장기요양급여를 받을 수 있다.

③ 수급자는 장기요양급여를 받으려면 장기요양기관에 장기요양인정서와 개인별장기요양이용계획서를 제시하여야 한다. 다만, 수급자가 장기요양인정서 및

개인별장기요양이용계획서를 제시하지 못하는 경우 장기요양기관은 공단에 전화나 인터넷 등을 통하여 그 자격 등을 확인할 수 있다.

④ 장기요양기관은 제3항에 따라 수급자가 제시한 장기요양인정서와 개인별장기요양이용계획서를 바탕으로 장기요양급여 제공 계획서를 작성하고 수급자의 동의를 받아 그 내용을 공단에 통보하여야 한다.

제29조(장기요양급여의 제한) ① 공단은 장기요양급여를 받고 있는 자가 정당한 사유 없이 제15조 제4항에 따른 조사나 제60조 또는 제61조에 따른 요구에 응하지 아니하거나 답변을 거절한 경우 장기요양급여의 전부 또는 일부를 제공하지 아니하게 할 수 있다.

② 공단은 장기요양급여를 받고 있거나 받을 수 있는 자가 장기요양기관이 거짓이나 그 밖의 부정한 방법으로 장기요양급여비용을 받는 데에 가담한 경우 장기요양급여를 중단하거나 1년의 범위에서 장기요양급여의 횟수 또는 제공기간을 제한할 수 있다.

6) 장기요양기관

제31조(장기요양기관의 지정) ① 제23조 제1항 제1호에 따른 재가급여 또는 같은 항 제2호에 따른 시설급여를 제공하는 장기요양기관을 운영하려는 자는 보건복지부령으로 정하는 장기요양에 필요한 시설 및 인력을 갖추어 소재지를 관할 구역으로 하는 특별자치시장 · 특별자치도지사 · 시장 · 군수 · 구청장으로부터 지정을 받아야 한다.

② 제1항에 따라 장기요양기관으로 지정을 받을 수 있는 시설은 「노인복지법」 제31조에 따른 노인복지시설 중 대통령령으로 정하는 시설로 한다.

③ 특별자치시장 · 특별자치도지사 · 시장 · 군수 · 구청장이 제1항에 따른 지정을 하려는 경우에는 다음 각 호의 사항을 검토하여 장기요양기관을 지정하여야 한다. 이 경우 특별자치시장 · 특별자치도지사 · 시장 · 군수 · 구청장은 공단에 관련 자료의 제출을 요청하거나 그 의견을 들을 수 있다.

1. 장기요양기관을 운영하려는 자의 장기요양급여 제공 이력
2. 장기요양기관을 운영하려는 자 및 그 기관에 종사하려는 자가 이 법, 「사회

복지사업법」 또는 「노인복지법」 등 장기요양기관의 운영과 관련된 법에 따라 받은 행정처분의 내용

3. 장기요양기관의 운영 계획
4. 해당 지역의 노인인구 수 및 장기요양급여 수요 등 지역 특성
5. 그 밖에 특별자치시장 · 특별자치도지사 · 시장 · 군수 · 구청장이 장기요양기관으로 지정하는 데 필요하다고 인정하여 정하는 사항

④ 특별자치시장 · 특별자치도지사 · 시장 · 군수 · 구청장은 제1항에 따라 장기요양기관을 지정한 때 지체 없이 지정 명세를 공단에 통보하여야 한다.

⑤ 제23조 제1항 제1호에 따른 재가급여를 제공하는 장기요양기관 중 의료기관이 아닌 자가 설치 · 운영하는 장기요양기관이 방문간호를 제공하는 경우에는 방문간호의 관리책임자로서 간호사를 둔다.

제32조의3(장기요양기관 지정의 유효기간) 제31조에 따른 장기요양기관 지정의 유효기간은 지정을 받은 날부터 6년으로 한다.

제35조(장기요양기관의 의무 등) ① 장기요양기관은 수급자로부터 장기요양급여신청을 받은 때 장기요양급여의 제공을 거부하여서는 아니 된다. 다만, 입소정원에 여유가 없는 경우 등 정당한 사유가 있는 경우는 그러하지 아니하다.

② 장기요양기관은 제23조 제3항에 따른 장기요양급여의 제공 기준 · 절차 및 방법 등에 따라 장기요양급여를 제공하여야 한다.

③ 장기요양기관의 장은 장기요양급여를 제공한 수급자에게 장기요양급여비용에 대한 명세서를 교부하여야 한다.

④ 장기요양기관의 장은 장기요양급여 제공에 관한 자료를 기록 · 관리하여야 하며, 장기요양기관의 장 및 그 종사자는 장기요양급여 제공에 관한 자료를 거짓으로 작성하여서는 아니 된다.

⑤ 장기요양기관은 제40조 제2항에 따라 면제받거나 같은 조 제4항에 따라 감경받는 금액 외에 영리를 목적으로 수급자가 부담하는 재가 및 시설 급여비용(이하 "본인부담금"이라 한다)을 면제하거나 감경하는 행위를 하여서는 아니 된다.

⑥ 누구든지 영리를 목적으로 금전, 물품, 노무, 향응, 그 밖의 이익을 제공하거나 제공할 것을 약속하는 방법으로 수급자를 장기요양기관에 소개, 알선 또

는 유인하는 행위 및 이를 조장하는 행위를 하여서는 아니 된다.

제35조의5(보험 가입) ① 장기요양기관은 종사자가 장기요양급여를 제공하는 과정에서 발생할 수 있는 수급자의 상해 등 법률상 손해를 배상하는 보험(이하 "전문인 배상책임보험"이라 한다)에 가입할 수 있다.

② 공단은 장기요양기관이 전문인 배상책임보험에 가입하지 않은 경우 그 기간 동안 제38조에 따라 해당 장기요양기관에 지급하는 장기요양급여비용의 일부를 감액할 수 있다.

③ 제2항에 따른 장기요양급여비용의 감액 기준 등에 관하여 필요한 사항은 보건복지부령으로 정한다.

제36조(장기요양기관의 폐업 등의 신고 등) ① 장기요양기관의 장은 폐업하거나 휴업하고자 하는 경우 폐업이나 휴업 예정일 전 30일까지 특별자치시장 · 특별자치도지사 · 시장 · 군수 · 구청장에게 신고하여야 한다. 신고를 받은 특별자치시장 · 특별자치도지사 · 시장 · 군수 · 구청장은 지체 없이 신고 명세를 공단에 통보하여야 한다.

② 특별자치시장 · 특별자치도지사 · 시장 · 군수 · 구청장은 장기요양기관의 장이 유효기간이 끝나기 30일 전까지 제32조의4에 따른 지정 갱신 신청을 하지 아니하는 경우 그 사실을 공단에 통보하여야 한다.

③ 장기요양기관의 장은 장기요양기관을 폐업하거나 휴업하려는 경우 또는 장기요양기관의 지정 갱신을 하지 아니하려는 경우 보건복지부령으로 정하는 바에 따라 수급자의 권익을 보호하기 위하여 다음 각 호의 조치를 취하여야 한다.

1. 해당 장기요양기관을 이용하는 수급자가 다른 장기요양기관을 선택하여 이용할 수 있도록 계획을 수립하고 이행하는 조치
2. 해당 장기요양기관에서 수급자가 제40조 제1항 및 제3항에 따라 부담한 비용 중 정산하여야 할 비용이 있는 경우 이를 정산하는 조치
3. 그 밖에 수급자의 권익 보호를 위하여 필요하다고 인정되는 조치로서 보건복지부령으로 정하는 조치

제36조의2(시정명령) 특별자치시장 · 특별자치도지사 · 시장 · 군수 · 구청장은 다음

각 호의 어느 하나에 해당하는 장기요양기관에 대하여 6개월 이내의 범위에서 일정한 기간을 정하여 시정을 명할 수 있다.

1. 제33조의2에 따른 폐쇄회로 텔레비전의 설치·관리 및 영상정보의 보관기준을 위반한 경우
2. 제35조의2에 따른 장기요양기관 재무·회계기준을 위반한 경우

7) 재가 및 시설 급여비용 등

제38조(재가 및 시설 급여비용의 청구 및 지급 등) ① 장기요양기관은 수급자에게 제23조에 따른 재가급여 또는 시설급여를 제공한 경우 공단에 장기요양급여비용을 청구하여야 한다.

② 공단은 제1항에 따라 장기요양기관으로부터 재가 또는 시설 급여비용의 청구를 받은 경우 이를 심사하여 그 내용을 장기요양기관에 통보하여야 하며, 장기요양에 사용된 비용 중 공단부담금(재가 및 시설 급여비용 중 본인부담금을 공제한 금액을 말한다)을 해당 장기요양기관에 지급하여야 한다.

③ 공단은 제54조 제2항에 따른 장기요양기관의 장기요양급여평가 결과에 따라 장기요양급여비용을 가산 또는 감액조정하여 지급할 수 있다.

④ 공단은 제2항에도 불구하고 장기요양급여비용을 심사한 결과 수급자가 이미 낸 본인부담금이 제2항에 따라 통보한 본인부담금보다 더 많으면 두 금액 간의 차액을 장기요양기관에 지급할 금액에서 공제하여 수급자에게 지급하여야 한다.

⑤ 공단은 제4항에 따라 수급자에게 지급하여야 하는 금액을 그 수급자가 납부하여야 하는 장기요양보험료 및 그 밖에 이 법에 따른 징수금(이하 "장기요양보험료등"이라 한다)과 상계(相計)할 수 있다.

⑥ 장기요양기관은 지급받은 장기요양급여비용 중 보건복지부장관이 정하여 고시하는 비율에 따라 그 일부를 장기요양요원에 대한 인건비로 지출하여야 한다.

⑦ 공단은 장기요양기관이 정당한 사유 없이 제61조 제2항에 따른 자료제출 명령에 따르지 아니하거나 질문 또는 검사를 거부·방해 또는 기피하는 경우

이에 응할 때까지 해당 장기요양기관에 지급하여야 할 장기요양급여비용의 지급을 보류할 수 있다. 이 경우 공단은 장기요양급여비용의 지급을 보류하기 전에 해당 장기요양기관에 의견 제출의 기회를 주어야 한다.

제40조(본인부담금) ① 제23조에 따른 장기요양급여(특별현금급여는 제외한다. 이하 이 조에서 같다)를 받는 자는 대통령령으로 정하는 바에 따라 비용의 일부를 본인이 부담한다. 이 경우 장기요양급여를 받는 수급자의 장기요양등급, 이용하는 장기요양급여의 종류 및 수준 등에 따라 본인부담의 수준을 달리 정할 수 있다.

② 제1항에도 불구하고 수급자 중 「의료급여법」 제3조 제1항 제1호에 따른 수급자는 본인부담금을 부담하지 아니한다.

③ 다음 각 호의 장기요양급여에 대한 비용은 수급자 본인이 전부 부담한다.

1. 이 법의 규정에 따른 급여의 범위 및 대상에 포함되지 아니하는 장기요양급여
2. 수급자가 제17조 제1항 제2호에 따른 장기요양인정서에 기재된 장기요양급여의 종류 및 내용과 다르게 선택하여 장기요양급여를 받은 경우 그 차액
3. 제28조에 따른 장기요양급여의 월 한도액을 초과하는 장기요양급여

④ 다음 각 호의 어느 하나에 해당하는 자에 대해서는 본인부담금의 100분의 60의 범위에서 보건복지부장관이 정하는 바에 따라 차등하여 감경할 수 있다.

1. 「의료급여법」 제3조 제1항 제2호부터 제9호까지의 규정에 따른 수급권자
2. 소득 · 재산 등이 보건복지부장관이 정하여 고시하는 일정 금액 이하인 자. 다만, 도서 · 벽지 · 농어촌 등의 지역에 거주하는 자에 대하여 따로 금액을 정할 수 있다.
3. 천재지변 등 보건복지부령으로 정하는 사유로 인하여 생계가 곤란한 자

8) 심사청구 및 재심사청구

제55조(심사청구) ① 장기요양인정 · 장기요양등급 · 장기요양급여 · 부당이득 · 장기요양급여비용 또는 장기요양보험료 등에 관한 공단의 처분에 이의가 있는 자는 공단에 심사청구를 할 수 있다.

② 제1항에 따른 심사청구는 그 처분이 있음을 안 날부터 90일 이내에 문서(「전자

정부법」 제2조 제7호에 따른 전자문서를 포함한다)로 하여야 하며, 처분이 있은 날부터 180일을 경과하면 이를 제기하지 못한다. 다만, 정당한 사유로 그 기간에 심사청구를 할 수 없었음을 증명하면 그 기간이 지난 후에도 심사청구를 할 수 있다.

③ 제1항에 따른 심사청구 사항을 심사하기 위하여 공단에 장기요양심사위원회(이하 "심사위원회"라 한다)를 둔다.

第56條(재심사청구) ① 제55조에 따른 심사청구에 대한 결정에 불복하는 사람은 그 결정통지를 받은 날부터 90일 이내에 장기요양재심사위원회(이하 "재심사위원회"라 한다)에 재심사를 청구할 수 있다.

② 재심사위원회는 보건복지부장관 소속으로 두고, 위원장 1인을 포함한 20인 이내의 위원으로 구성한다.

③ 재심사위원회의 위원은 관계 공무원, 법학, 그 밖에 장기요양사업 분야의 학식과 경험이 풍부한 자 중에서 보건복지부장관이 임명 또는 위촉한다. 이 경우 공무원이 아닌 위원이 전체 위원의 과반수가 되도록 하여야 한다.

9) 보 칙

第58條(국가의 부담) ① 국가는 매년 예산의 범위 안에서 해당 연도 장기요양보험료 예상수입액의 100분의 20에 상당하는 금액을 공단에 지원한다.

② 국가와 지방자치단체는 대통령령으로 정하는 바에 따라 의료급여수급권자의 장기요양급여비용, 의사소견서 발급비용, 방문간호지시서 발급비용 중 공단이 부담하여야 할 비용(제40조 제2항 및 제4항 제1호에 따라 면제 및 감경됨으로 인하여 공단이 부담하게 되는 비용을 포함한다) 및 관리운영비의 전액을 부담한다.

③ 제2항에 따라 지방자치단체가 부담하는 금액은 보건복지부령으로 정하는 바에 따라 특별시 · 광역시 · 특별자치시 · 도 · 특별자치도와 시 · 군 · 구가 분담한다.

기출문제

22회 기출

노인장기요양보험법의 내용으로 옳지 않은 것은?

① "노인등"이란 65세 이상의 노인 또는 65세 미만의 자로서 치매·뇌혈관성질환 등 대통령령으로 정하는 노인성 질병을 가진 자를 말한다.

② 장기요양급여는 노인등이 가족과 함께 생활하면서 가정에서 장기요양을 받는 재가급여를 우선적으로 제공하여야 한다.

③ 장기요양보험사업은 보건복지부장관이 관장한다.

④ 장기요양급여를 받고 있는 수급자는 장기요양등급의 내용을 변경하여 장기요양급여를 받고자 하는 경우 국민건강보험공단에 변경신청을 하여야 한다.

⑤ 재가급여에는 방문요양, 방문목욕, 특별현금급여가 포함된다.

정답 ⑤

〈해설〉 제23조(장기요양급여의 종류) ① 이 법에 따른 장기요양급여의 종류는 다음 각 호와 같다.

1. 재가급여 : 방문요양, 방문목욕, 방문간호, 주·야간보호, 단기보호

(…)

3. 특별현금급여 : 가족요양비, 특례요양비, 요양병원간병비

17회 기출

노인장기요양보험법상 장기요양인정을 신청할 수 있는 자격을 갖춘 자를 모두 고른 것은?

ㄱ. 65세 미만의 자로서 대통령령으로 정하는 노인성 질병을 가진 자로 의료급여법 제3조 제1항에 따른 수급권자

ㄴ. 대통령령으로 정하는 노인성 질병이 없는 65세 미만의 외국인으로서 국민건강보험법 제109조에 따른 건강보험의 가입자

ㄷ. 65세 이상의 노인으로 국민건강보험법 제5조에 따른 건강보험 가입자의 피부양자

① ㄱ ② ㄷ ③ ㄱ, ㄴ ④ ㄱ, ㄷ ⑤ ㄱ, ㄴ, ㄷ

정답 ④

〈해설〉 제2조(정의) 이 법에서 사용하는 용어의 정의는 다음과 같다.

1. "노인등"이란 65세 이상의 노인 또는 65세 미만의 자로서 치매 · 뇌혈관성질환 등 대통령령으로 정하는 노인성 질병을 가진 자를 말한다.

CHAPTER 13

공공부조법

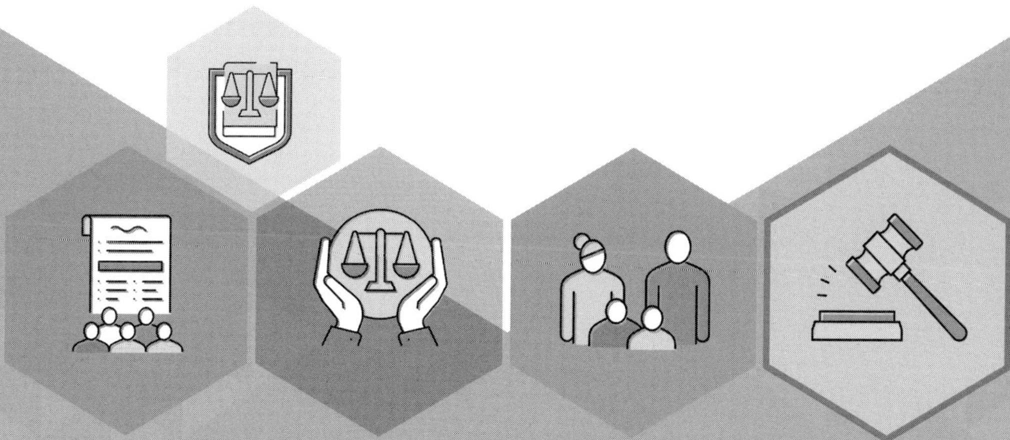

CHAPTER 13

공공부조법

1. 공공부조의 개요 및 입법배경

공공부조는 "국가와 지방자치단체의 책임하에 생활 유지 능력이 없거나 생활이 어려운 국민의 최저생활을 보장하고 자립을 지원"(사회보장기본법 제1조)하는 제도를 말한다. 공공부조와 사회보험은 공통적으로 국민의 사회적 위험을 방지하기 위한 제도이지만, 기여금을 바탕으로 하는 사회보험과 달리 국가 및 지방자치단체의 일반조세를 바탕으로 최저생활을 보장한다는 점에서 최후의 안전망이라고 볼 수 있다.

공공부조에서는 국민기초생활 보장법, 의료급여법, 긴급복지지원법이 주로 다루어지며, 그 외에도 기초연금법과 장애인연금법, 구직자 취업촉진 및 생활안정지원에 관한 법률을 다룬다. 다만, 본 장에서는 이 법들 중에서 소득과 건강에 대한 최저생활 보장이라는 목적과 가장 밀접하고, 사회복지사 1급 시험에서도 자주 다루어지는 국민기초생활 보장법, 의료급여법, 긴급복지지원법만 다룰 예정이다.

2. 국민기초생활 보장법

1997년 경제위기 이후 빈곤과 실업문제가 심화되고, 이로 인해 가정이 해체되고 사회적 해체까지 걱정할 수준에 다다르게 되었다. 당시 국민기초생활 보장법의 전신인 「생활보장법」이 존재하였지만, 15세 미만, 65세 이상을 대상으로 한정하고 있어 경제위기에 대처하기 불가능하였다. 이에 실업자, 저소득층 등을 지원하기 위한 새로운 정책을 필요로 하게 되었다.

당시에 「생활보호법」을 골자로 하여 다양한 실업자 및 저소득층에 개입하고자 하였으나 적절히 작동하지 못하는 상황을 개선하기 위해서는 모든 국민의 기본적인 생활을 제도적으로 보장해야 한다는 주장이 제기되었으며, 단순히 생존을 보장하는 것이 아니라, 수급자의 자립과 자활을 촉진할 수 있는 생산적 복지에 기반한 빈곤대책을 만들어야 한다는 목소리가 높았다. 이에 여러 시민사회단체들이 연대하여 국민기초생활 보장법 제정을 촉구한 결과 1999년 9월 「국민기초생활 보장법」이 제정·공포되었으며, 2000년 10월 1일 실시, 2001년 1월 1일 급여가 지급되었다.

이후 2014년 12월 31일에는 일부 개정되어 맞춤형 급여체계로 개편되었으며, 2015년에는 맞춤형 급여체계에 따른 기준 중위소득, 최저보장수준 등의 내용을 시행하게 되었다. 2018년에는 주거급여에 있는 부양의무자 기준을 폐지하였으며, 2021년에는 생계급여에 대한 부양의무자 기준을 폐지함으로써 보편적 국민생활보장으로 나아가고 있다.

국민기초생활 보장법에서는 주로 정의, 급여의 기본원칙, 급여의 종류와 방법, 보장기관, 실시 절차, 수급자의 권리와 의무, 이의신청 등에 대한 내용을 주의 깊게 볼 필요성이 있다.

1) 총 칙

제1조(목적) 이 법은 생활이 어려운 사람에게 필요한 급여를 실시하여 이들의 최저생활을 보장하고 자활을 돕는 것을 목적으로 한다.

제2조(정의) 이 법에서 사용하는 용어의 뜻은 다음과 같다.

1. "수급권자"란 이 법에 따른 급여를 받을 수 있는 자격을 가진 사람을 말한다.
2. "수급자"란 이 법에 따른 급여를 받는 사람을 말한다.
3. "수급품"이란 이 법에 따라 수급자에게 지급하거나 대여하는 금전 또는 물품을 말한다.
4. "보장기관"이란 이 법에 따른 급여를 실시하는 국가 또는 지방자치단체를 말한다.
5. "부양의무자"란 수급권자를 부양할 책임이 있는 사람으로서 수급권자의 1촌의 직계혈족 및 그 배우자를 말한다. 다만, 사망한 1촌의 직계혈족의 배우자는 제외한다.
6. "최저보장수준"이란 국민의 소득 · 지출 수준과 수급권자의 가구 유형 등 생활실태, 물가상승률 등을 고려하여 제6조에 따라 급여의 종류별로 공표하는 금액이나 보장수준을 말한다.
7. "최저생계비"란 국민이 건강하고 문화적인 생활을 유지하기 위하여 필요한 최소한의 비용으로서 제20조의2 제4항에 따라 보건복지부장관이 계측하는 금액을 말한다.
8. "개별가구"란 이 법에 따른 급여를 받거나 이 법에 따른 자격요건에 부합하는지에 관한 조사를 받는 기본단위로서 수급자 또는 수급권자로 구성된 가구를 말한다. 이 경우 개별가구의 범위 등 구체적인 사항은 대통령령으로 정한다.
9. "소득인정액"이란 보장기관이 급여의 결정 및 실시 등에 사용하기 위하여 산출한 개별가구의 소득평가액과 재산의 소득환산액을 합산한 금액을 말한다.
10. "차상위계층"이란 수급권자(제14조의2에 따라 수급권자로 보는 사람은 제외한다)에 해당하지 아니하는 계층으로서 소득인정액이 대통령령으로 정하는 기준 이하인 계층을 말한다.
11. "기준 중위소득"이란 보건복지부장관이 급여의 기준 등에 활용하기 위하여 제20조 제2항에 따른 중앙생활보장위원회의 심의 · 의결을 거쳐 고시하는 국민 가구소득의 중위값을 말한다.

제3조(급여의 기본원칙) ① 이 법에 따른 급여는 수급자가 자신의 생활의 유지·향상을 위하여 그의 소득, 재산, 근로능력 등을 활용하여 최대한 노력하는 것을 전제로 이를 보충·발전시키는 것을 기본원칙으로 한다.

② 부양의무자의 부양과 다른 법령에 따른 보호는 이 법에 따른 급여에 우선하여 행하여지는 것으로 한다. 다만, 다른 법령에 따른 보호의 수준이 이 법에서 정하는 수준에 이르지 아니하는 경우에는 나머지 부분에 관하여 이 법에 따른 급여를 받을 권리를 잃지 아니한다.

제4조(급여의 기준 등) ① 이 법에 따른 급여는 건강하고 문화적인 최저생활을 유지할 수 있는 것이어야 한다.

② 이 법에 따른 급여의 기준은 수급자의 연령, 가구규모, 거주지역, 그 밖의 생활여건 등을 고려하여 급여의 종류별로 보건복지부장관이 정하거나 급여를 지급하는 중앙행정기관의 장(이하 "소관 중앙행정기관의 장"이라 한다)이 보건복지부장관과 협의하여 정한다.

③ 보장기관은 이 법에 따른 급여를 개별가구 단위로 실시하되, 「장애인복지법」 제32조에 따라 등록한 장애인 중 장애의 정도가 심한 장애인으로서 보건복지부장관이 정하는 사람에 대한 급여 등 특히 필요하다고 인정하는 경우에는 개인 단위로 실시할 수 있다.

④ 지방자치단체인 보장기관은 해당 지방자치단체의 조례로 정하는 바에 따라 이 법에 따른 급여의 범위 및 수준을 초과하여 급여를 실시할 수 있다. 이 경우 해당 보장기관은 보건복지부장관 및 소관 중앙행정기관의 장에게 알려야 한다.

제5조의2(외국인에 대한 특례) 국내에 체류하고 있는 외국인 중 대한민국 국민과 혼인하여 본인 또는 배우자가 임신 중이거나 대한민국 국적의 미성년 자녀를 양육하고 있거나 배우자의 대한민국 국적인 직계존속(直系尊屬)과 생계나 주거를 같이하고 있는 사람으로서 대통령령으로 정하는 사람이 이 법에 따른 급여를 받을 수 있는 자격을 가진 경우에는 수급권자가 된다.

제6조(최저보장수준의 결정 등) ① 보건복지부장관 또는 소관 중앙행정기관의 장은 급여의 종류별 수급자 선정기준 및 최저보장수준을 결정하여야 한다.

② 보건복지부장관 또는 소관 중앙행정기관의 장은 매년 8월 1일까지 제20조

제2항에 따른 중앙생활보장위원회의 심의 · 의결을 거쳐 다음 연도의 급여의 종류별 수급자 선정기준 및 최저보장수준을 공표하여야 한다.

제6조의2(기준 중위소득의 산정) ① 기준 중위소득은 「통계법」 제27조에 따라 통계청이 공표하는 통계자료의 가구 경상소득(근로소득, 사업소득, 재산소득, 이전소득을 합산한 소득을 말한다)의 중간값에 최근 가구소득 평균 증가율, 가구규모에 따른 소득수준의 차이 등을 반영하여 가구규모별로 산정한다.

② 그 밖에 가구규모별 소득수준 반영 방법 등 기준 중위소득의 산정에 필요한 사항은 제20조 제2항에 따른 중앙생활보장위원회에서 정한다.

제6조의3(소득인정액의 산정) ① 제2조 제9호에 따른 개별가구의 소득평가액은 개별가구의 실제소득에도 불구하고 보장기관이 급여의 결정 및 실시 등에 사용하기 위하여 산출한 금액으로 다음 각 호의 소득을 합한 개별가구의 실제소득에서 장애 · 질병 · 양육 등 가구 특성에 따른 지출요인, 근로를 유인하기 위한 요인, 그 밖에 추가적인 지출요인에 해당하는 금액을 감하여 산정한다.

1. 근로소득
2. 사업소득
3. 재산소득
4. 이전소득

② 제2조 제9호에 따른 재산의 소득환산액은 개별가구의 재산가액에서 기본재산액(기초생활의 유지에 필요하다고 보건복지부장관이 정하여 고시하는 재산액을 말한다) 및 부채를 공제한 금액에 소득환산율을 곱하여 산정한다. 이 경우 소득으로 환산하는 재산의 범위는 다음 각 호와 같다.

1. 일반재산(금융재산 및 자동차를 제외한 재산을 말한다)
2. 금융재산
3. 자동차

③ 실제소득, 소득평가액 및 재산의 소득환산액의 산정을 위한 구체적인 범위 · 기준 등은 대통령령으로 정한다.

2) 급여의 종류와 방법

제7조(급여의 종류) ① 이 법에 따른 급여의 종류는 다음 각 호와 같다.

1. 생계급여
2. 주거급여
3. 의료급여
4. 교육급여
5. 해산급여(解産給與)
6. 장제급여(葬祭給與)
7. 자활급여

Tip 각 주요 급여에 대한 내용 정리

	생계급여	의료급여	주거급여	교육급여
소관	보건복지부장관		국토부장관	교육부장관
선정기준	100분의 30 이상	100분의 40 이상	100분의 43 이상	100분의 50 이상

② 수급권자에 대한 급여는 수급자의 필요에 따라 제1항 제1호부터 제7호까지의 급여의 전부 또는 일부를 실시하는 것으로 한다.

③ 차상위계층에 속하는 사람(이하 "차상위자"라 한다)에 대한 급여는 보장기관이 차상위자의 가구별 생활여건을 고려하여 예산의 범위에서 제1항 제2호부터 제4호까지, 제6호 및 제7호에 따른 급여의 전부 또는 일부를 실시할 수 있다. 이 경우 차상위자에 대한 급여의 기준 및 절차 등에 관하여 필요한 사항은 대통령령으로 정한다.

제8조(생계급여의 내용 등) ① 생계급여는 수급자에게 의복, 음식물 및 연료비와 그 밖에 일상생활에 기본적으로 필요한 금품을 지급하여 그 생계를 유지하게 하는 것으로 한다.

② 생계급여 수급권자는 부양의무자가 없거나, 부양의무자가 있어도 부양능력이 없거나 부양을 받을 수 없는 사람으로서 그 소득인정액이 제20조 제2항에 따른 중앙생활보장위원회의 심의·의결을 거쳐 결정하는 금액(이하 이 조에서 "생계급여 선정기준"이라 한다) 이하인 사람으로 한다. 이 경우 생계급여 선정기준은 기준 중위소득의 100분의 30 이상으로 한다.

③ 생계급여 최저보장수준은 생계급여와 소득인정액을 포함하여 생계급여 선정기준 이상이 되도록 하여야 한다.

제8조의2(부양능력 등) ① 부양의무자가 다음 각 호의 어느 하나에 해당하는 경우에는 제8조 제2항, 제12조 제3항, 제12조의3 제2항에 따른 부양능력이 없는 것으로 본다.

1. 기준 중위소득 수준을 고려하여 대통령령으로 정하는 소득·재산 기준 미만인 경우
2. 직계존속 또는 「장애인연금법」 제2조 제1호의 중증장애인인 직계비속을 자신의 주거에서 부양하는 경우로서 보건복지부장관이 정하여 고시하는 경우
3. 그 밖에 질병, 교육, 가구 특성 등으로 부양능력이 없다고 보건복지부장관이 정하는 경우

② 부양의무자가 다음 각 호의 어느 하나에 해당하는 경우에는 제8조 제2항, 제12조 제3항, 제12조의3 제2항에 따른 부양을 받을 수 없는 것으로 본다.

1. 부양의무자가 「병역법」에 따라 징집되거나 소집된 경우
2. 부양의무자가 「해외이주법」 제2조의 해외이주자에 해당하는 경우
3. 부양의무자가 「형의 집행 및 수용자의 처우에 관한 법률」 및 「치료감호법」 등에 따른 교도소, 구치소, 치료감호시설 등에 수용 중인 경우
4. 부양의무자에 대하여 실종선고 절차가 진행 중인 경우
5. 부양의무자가 제32조의 보장시설에서 급여를 받고 있는 경우
6. 부양의무자의 가출 또는 행방불명으로 경찰서 등 행정관청에 신고된 후 1개월이 지났거나 가출 또는 행방불명 사실을 특별자치시장·특별자치도지사·시장·군수·구청장(자치구의 구청장을 말한다. 이하 "시장·군수·구청장"이라 한다)이 확인한 경우
7. 부양의무자가 부양을 기피하거나 거부하는 경우
8. 그 밖에 부양을 받을 수 없는 것으로 보건복지부장관이 정하는 경우

③ 「아동복지법」 제15조 제1항 제2호부터 제4호까지(제2호의 경우 친권자인 보호자는 제외한다)에 따라 부양 대상 아동이 보호조치된 경우에는 제8조 제2항, 제12조 제3항, 제12조의3 제2항에 따른 부양을 받을 수 없는 것으로 본다.

제9조(생계급여의 방법) ① 생계급여는 금전을 지급하는 것으로 한다. 다만, 금전으로 지급할 수 없거나 금전으로 지급하는 것이 적당하지 아니하다고 인정하는 경우에는 물품을 지급할 수 있다.

② 제1항의 수급품은 대통령령으로 정하는 바에 따라 매월 정기적으로 지급하여야 한다. 다만, 특별한 사정이 있는 경우에는 그 지급방법을 다르게 정하여 지급할 수 있다.

③ 제1항의 수급품은 수급자에게 직접 지급한다. 다만, 제10조 제1항 단서에 따라 제32조에 따른 보장시설이나 타인의 가정에 위탁하여 생계급여를 실시하는 경우에는 그 위탁받은 사람에게 이를 지급할 수 있다. 이 경우 보장기관은 보건복지부장관이 정하는 바에 따라 정기적으로 수급자의 수급 여부를 확인하여야 한다.

④ 생계급여는 보건복지부장관이 정하는 바에 따라 수급자의 소득인정액 등을 고려하여 차등지급할 수 있다.

⑤ 보장기관은 대통령령으로 정하는 바에 따라 근로능력이 있는 수급자에게 자활에 필요한 사업에 참가할 것을 조건으로 하여 생계급여를 실시할 수 있다. 이 경우 보장기관은 제28조에 따른 자활지원계획을 고려하여 조건을 제시하여야 한다.

제11조(주거급여) ① 주거급여는 수급자에게 주거 안정에 필요한 임차료, 수선유지비, 그 밖의 수급품을 지급하는 것으로 한다.

② 주거급여에 관하여 필요한 사항은 따로 법률에서 정한다.

제12조(교육급여) ① 교육급여는 수급자에게 입학금, 수업료, 학용품비, 그 밖의 수급품을 지급하는 것으로 하되, 학교의 종류 · 범위 등에 관하여 필요한 사항은 대통령령으로 정한다.

② 교육급여는 교육부장관의 소관으로 한다.

③ 교육급여 수급권자는 부양의무자가 없거나, 부양의무자가 있어도 부양능력이 없거나 부양을 받을 수 없는 사람으로서 그 소득인정액이 제20조 제2항에 따른 중앙생활보장위원회의 심의 · 의결을 거쳐 결정하는 금액(이하 "교육급여 선정기준"이라 한다) 이하인 사람으로 한다. 이 경우 교육급여 선정기준은 기준 중

위소득의 100분의 50 이상으로 한다.

④ 교육급여의 신청 및 지급 등에 대하여는 「초·중등교육법」 제60조의4부터 제60조의9까지 및 제62조 제3항에 따른 교육비 지원절차를 준용한다.

제12조의3(의료급여) ① 의료급여는 수급자에게 건강한 생활을 유지하는 데 필요한 각종 검사 및 치료 등을 지급하는 것으로 한다.

② 의료급여 수급권자는 부양의무자가 없거나, 부양의무자가 있어도 부양능력이 없거나 부양을 받을 수 없는 사람으로서 그 소득인정액이 제20조 제2항에 따른 중앙생활보장위원회의 심의·의결을 거쳐 결정하는 금액(이하 이 항에서 "의료급여 선정기준"이라 한다) 이하인 사람으로 한다. 이 경우 의료급여 선정기준은 기준 중위소득의 100분의 40 이상으로 한다.

③ 의료급여에 필요한 사항은 따로 법률에서 정한다.

제13조(해산급여) ① 해산급여는 제7조 제1항 제1호부터 제3호까지의 급여 중 하나 이상의 급여를 받는 수급자에게 다음 각 호의 급여를 실시하는 것으로 한다.

1. 조산(助産)
2. 분만 전과 분만 후에 필요한 조치와 보호

② 해산급여는 보건복지부령으로 정하는 바에 따라 보장기관이 지정하는 의료기관에 위탁하여 실시할 수 있다.

제14조(장제급여) ① 장제급여는 제7조 제1항 제1호부터 제3호까지의 급여 중 하나 이상의 급여를 받는 수급자가 사망한 경우 사체의 검안(檢案)·운반·화장 또는 매장, 그 밖의 장제조치를 하는 것으로 한다.

② 장제급여는 보건복지부령으로 정하는 바에 따라 실제로 장제를 실시하는 사람에게 장제에 필요한 비용을 지급하는 것으로 한다. 다만, 그 비용을 지급할 수 없거나 비용을 지급하는 것이 적당하지 아니하다고 인정하는 경우에는 물품을 지급할 수 있다.

제15조(자활급여) ① 자활급여는 수급자의 자활을 돕기 위하여 다음 각 호의 급여를 실시하는 것으로 한다.

1. 자활에 필요한 금품의 지급 또는 대여

2. 자활에 필요한 근로능력의 향상 및 기능습득의 지원
3. 취업알선 등 정보의 제공
4. 자활을 위한 근로기회의 제공
5. 자활에 필요한 시설 및 장비의 대여
6. 창업교육, 기능훈련 및 기술·경영 지도 등 창업지원
7. 자활에 필요한 자산형성 지원
8. 그 밖에 대통령령으로 정하는 자활을 위한 각종 지원

② 제1항의 자활급여는 관련 공공기관·비영리법인·시설과 그 밖에 대통령령으로 정하는 기관에 위탁하여 실시할 수 있다. 이 경우 그에 드는 비용은 보장기관이 부담한다.

제15조의2(한국자활복지개발원) ① 수급자 및 차상위자의 자활촉진에 필요한 사업을 수행하기 위하여 한국자활복지개발원(이하 "자활복지개발원"이라 한다)을 설립한다.

② 자활복지개발원은 법인으로 한다.

③ 자활복지개발원은 그 주된 사무소의 소재지에서 설립등기를 함으로써 성립한다.

④ 보건복지부장관은 자활복지개발원을 지도·감독하며 자활복지개발원에 대하여 업무·회계 및 재산에 관하여 필요한 사항을 보고하게 하거나 소속 공무원에게 자활복지개발원에 출입하여 장부, 서류, 그 밖의 물건을 검사하게 할 수 있다.

제15조의3(자활복지개발원의 업무) ① 자활복지개발원은 다음 각 호의 사업을 수행한다.

1. 자활 지원을 위한 사업(이하 "자활지원사업"이라 한다)의 개발 및 평가
2. 자활 지원을 위한 조사·연구 및 홍보
3. 제15조의10에 따른 광역자활센터, 제16조에 따른 지역자활센터 및 제18조에 따른 자활기업의 기술·경영 지도 및 평가
4. 자활 관련 기관 간의 협력체계 구축·운영
5. 자활 관련 기관 간의 정보네트워크 구축·운영
6. 취업·창업을 위한 자활촉진 프로그램 개발 및 지원

7. 제18조의6 제2항 및 제3항에 따른 고용지원서비스의 연계 및 사회복지서비스의 지원 대상자 관리
8. 수급자 및 차상위자의 자활촉진을 위한 교육 · 훈련, 제15조의10에 따른 광역자활센터 등 자활 관련 기관의 종사자 및 참여자에 대한 교육 · 훈련 및 지원
9. 국가 또는 지방자치단체로부터 위탁받은 자활 관련 사업
10. 그 밖에 자활촉진에 필요한 사업으로서 보건복지부장관이 정하는 사업

② 제1항 제5호 및 제7호에 따라 구축 · 운영되는 정보시스템은 「사회복지사업법」 제6조의2 제1항에 따른 정보시스템 및 「사회보장기본법」 제37조 제2항에 따른 사회보장정보시스템과 연계할 수 있다.

③ 자활복지개발원장은 제1항 제8호에 따른 교육 · 훈련을 위하여 자활복지개발원에 한국자활연수원을 둔다.

제15조의10(광역자활센터) ① 보장기관은 수급자 및 차상위자의 자활촉진에 필요한 다음 각 호의 사업을 수행하게 하기 위하여 사회복지법인, 사회적협동조합 등 비영리법인과 단체(이하 이 조에서 "법인등"이라 한다)를 법인등의 신청을 받아 특별시 · 광역시 · 특별자치시 · 도 · 특별자치도(이하 "시 · 도"라 한다) 단위의 광역자활센터로 지정한다. 이 경우 보장기관은 법인등의 지역사회복지사업 및 자활지원사업의 수행 능력 · 경험 등을 고려하여야 한다.

1. 시 · 도 단위의 자활기업 창업지원
2. 시 · 도 단위의 수급자 및 차상위자에 대한 취업 · 창업 지원 및 알선
3. 제16조에 따른 지역자활센터 종사자 및 참여자에 대한 교육훈련 및 지원
4. 지역특화형 자활프로그램 개발 · 보급 및 사업개발 지원
5. 제16조에 따른 지역자활센터 및 제18조에 따른 자활기업에 대한 기술 · 경영 지도
6. 그 밖에 자활촉진에 필요한 사업으로서 보건복지부장관이 정하는 사업

② 보장기관은 광역자활센터의 설치 및 운영에 필요한 경비의 전부 또는 일부를 보조할 수 있다.

③ 보장기관은 광역자활센터에 대하여 정기적으로 사업실적 및 운영실태를 평

가하고 수급자의 자활촉진을 달성하지 못하는 광역자활센터에 대해서는 그 지정을 취소할 수 있다.

제16조(지역자활센터 등) ① 보장기관은 수급자 및 차상위자의 자활 촉진에 필요한 다음 각 호의 사업을 수행하게 하기 위하여 사회복지법인, 사회적협동조합 등 비영리법인과 단체(이하 이 조에서 "법인등"이라 한다)를 법인등의 신청을 받아 지역자활센터로 지정할 수 있다. 이 경우 보장기관은 법인등의 지역사회복지사업 및 자활지원사업 수행능력 · 경험 등을 고려하여야 한다.

1. 자활의욕 고취를 위한 교육
2. 자활을 위한 정보제공, 상담, 직업교육 및 취업알선
3. 생업을 위한 자금융자 알선
4. 자영창업 지원 및 기술 · 경영 지도
5. 제18조에 따른 자활기업의 설립 · 운영 지원
6. 그 밖에 자활을 위한 각종 사업

② 보장기관은 제1항에 따라 지정을 받은 지역자활센터에 대하여 다음 각 호의 지원을 할 수 있다.

1. 지역자활센터의 설립 · 운영 비용 또는 제1항 각 호의 사업수행 비용의 전부 또는 일부
2. 국유 · 공유 재산의 무상임대
3. 보장기관이 실시하는 사업의 우선 위탁

③ 보장기관은 지역자활센터에 대하여 정기적으로 사업실적 및 운영실태를 평가하고 수급자의 자활촉진을 달성하지 못하는 지역자활센터에 대하여는 그 지정을 취소할 수 있다.

④ 지역자활센터는 수급자 및 차상위자에 대한 효과적인 자활 지원과 지역자활센터의 발전을 공동으로 도모하기 위하여 지역자활센터협회를 설립할 수 있다.

3) 보장기관

제19조(보장기관) ① 이 법에 따른 급여는 수급권자 또는 수급자의 거주지를 관할

하는 시 · 도지사와 시장 · 군수 · 구청장[제7조 제1항 제4호의 교육급여인 경우에는 특별시 · 광역시 · 특별자치시 · 도 · 특별자치도의 교육감(이하 "시 · 도교육감"이라 한다)을 말한다. 이하 같다]이 실시한다. 다만, 주거가 일정하지 아니한 경우에는 수급권자 또는 수급자가 실제 거주하는 지역을 관할하는 시장 · 군수 · 구청장이 실시한다.

② 제1항에도 불구하고 보건복지부장관, 소관 중앙행정기관의 장과 시 · 도지사는 수급자를 각각 국가나 해당 지방자치단체가 경영하는 보장시설에 입소하게 하거나 다른 보장시설에 위탁하여 급여를 실시할 수 있다.

③ 수급권자나 수급자가 거주지를 변경하는 경우의 처리방법과 보장기관 간의 협조, 그 밖에 업무처리에 필요한 사항은 보건복지부령으로 정한다.

④ 보장기관은 수급권자 · 수급자 · 차상위계층에 대한 조사와 수급자 결정 및 급여의 실시 등 이 법에 따른 보장업무를 수행하게 하기 위하여 「사회복지사업법」 제14조에 따른 사회복지전담공무원(이하 "사회복지전담공무원"이라 한다)을 배치하여야 한다. 이 경우 제15조에 따른 자활급여 업무를 수행하는 사회복지전담공무원은 따로 배치하여야 한다.

제20조(생활보장위원회) ① 이 법에 따른 생활보장사업의 기획 · 조사 · 실시 등에 관한 사항을 심의 · 의결하기 위하여 보건복지부와 시 · 도 및 시 · 군 · 구(자치구를 말한다. 이하 같다)에 각각 생활보장위원회를 둔다. 다만, 시 · 도 및 시 · 군 · 구에 두는 생활보장위원회는 그 기능을 담당하기에 적합한 다른 위원회가 있고 그 위원회의 위원이 제4항에 규정된 자격을 갖춘 경우에는 시 · 도 또는 시 · 군 · 구의 조례로 정하는 바에 따라 그 위원회가 생활보장위원회의 기능을 대신할 수 있다.

② 보건복지부에 두는 생활보장위원회(이하 "중앙생활보장위원회"라 한다)는 다음 각 호의 사항을 심의 · 의결한다.

1. 제20조의2 제3항에 따른 기초생활보장 종합계획의 수립
2. 소득인정액 산정방식과 기준 중위소득의 결정
3. 급여의 종류별 수급자 선정기준과 최저보장수준의 결정
4. 제20조의2 제2항 및 제4항에 따른 급여기준의 적정성 등 평가 및 실태조사에 관한 사항

5. 급여의 종류별 누락 · 중복, 차상위계층의 지원사업 등에 대한 조정
6. 제18조의7에 따른 자활기금의 적립 · 관리 및 사용에 관한 지침의 수립
7. 그 밖에 위원장이 회의에 부치는 사항

③ 중앙생활보장위원회는 위원장을 포함하여 16명 이내의 위원으로 구성하고 위원은 보건복지부장관이 다음 각 호의 어느 하나에 해당하는 사람 중에서 위촉 · 지명하며 위원장은 보건복지부장관으로 한다.

1. 공공부조 또는 사회복지와 관련된 학문을 전공한 전문가로서 대학의 조교수 이상인 사람 또는 연구기관의 연구원으로 재직 중인 사람 5명 이내
2. 공익을 대표하는 사람 5명 이내
3. 관계 행정기관 소속 3급 이상 공무원 또는 고위공무원단에 속하는 일반직공무원 5명 이내

④ 제1항에 따른 시 · 도 및 시 · 군 · 구 생활보장위원회의 위원은 시 · 도지사 또는 시장 · 군수 · 구청장이 다음 각 호의 어느 하나에 해당하는 사람 중에서 위촉 · 지명하며 위원장은 해당 시 · 도지사 또는 시장 · 군수 · 구청장으로 한다. 다만, 제1항 단서에 따라 다른 위원회가 생활보장위원회의 기능을 대신하는 경우 위원장은 조례로 정한다.

1. 사회보장에 관한 학식과 경험이 있는 사람
2. 공익을 대표하는 사람
3. 관계 행정기관 소속 공무원

⑤ 제1항에 따른 생활보장위원회는 심의 · 의결과 관련하여 필요한 경우 보장기관에 대하여 그 소속 공무원의 출석이나 자료의 제출을 요청할 수 있다. 이 경우 해당 보장기관은 정당한 사유가 없으면 요청에 따라야 한다.

⑥ 시 · 도 및 시 · 군 · 구 생활보장위원회의 기능과 각 생활보장위원회의 구성 · 운영 등에 필요한 사항은 대통령령으로 정한다.

제20조의2(기초생활보장 계획의 수립 및 평가) ① 소관 중앙행정기관의 장은 수급자의 최저생활을 보장하기 위하여 3년마다 소관별로 기초생활보장 기본계획을 수립하여 보건복지부장관에게 제출하여야 한다.

② 보건복지부장관 및 소관 중앙행정기관의 장은 제4항에 따른 실태조사 결과를 고려하여 급여기준의 적정성 등에 대한 평가를 실시할 수 있으며, 이와 관

련하여 전문적인 조사·연구 등을 「공공기관의 운영에 관한 법률」에 따른 공공기관 또는 민간 법인·단체 등에 위탁할 수 있다.

③ 보건복지부장관은 제1항에 따른 기초생활보장 기본계획 및 제2항에 따른 평가결과를 종합하여 기초생활보장 종합계획을 수립하여 중앙생활보장위원회의 심의를 받아야 한다.

④ 보건복지부장관은 수급권자, 수급자 및 차상위계층 등의 규모·생활실태 파악, 최저생계비 계측 등을 위하여 3년마다 실태조사를 실시·공표하여야 한다.

⑤ 보건복지부장관 및 소관 중앙행정기관의 장은 관계 행정기관, 지방자치단체, 「공공기관의 운영에 관한 법률」에 따른 공공기관 등에 대하여 평가에 관한 의견 또는 자료의 제출을 요구할 수 있다. 이 경우 관계 행정기관 등은 특별한 사유가 없으면 이에 따라야 한다.

4) 급여의 실시

제21조(급여의 신청) ① 수급권자와 그 친족, 그 밖의 관계인은 관할 시장·군수·구청장에게 수급권자에 대한 급여를 신청할 수 있다. 차상위자가 급여를 신청하려는 경우에도 같으며, 이 경우 신청방법과 절차 및 조사 등에 관하여는 제2항부터 제5항까지, 제22조, 제23조 및 제23조의2를 준용한다.

② 사회복지전담공무원은 이 법에 따른 급여를 필요로 하는 사람이 누락되지 아니하도록 하기 위하여 관할지역에 거주하는 수급권자에 대한 급여를 직권으로 신청할 수 있다. 이 경우 수급권자의 동의를 구하여야 하며 수급권자의 동의는 수급권자의 신청으로 볼 수 있다.

③ 제1항에 따라 급여신청을 할 때나 제2항에 따라 사회복지전담공무원이 급여신청을 하는 것에 수급권자가 동의하였을 때에는 수급권자와 부양의무자는 다음 각 호의 자료 또는 정보의 제공에 대하여 동의한다는 서면을 제출하여야 한다.

1. 「금융실명거래 및 비밀보장에 관한 법률」 제2조 제2호 및 제3호에 따른 금융자산 및 금융거래의 내용에 대한 자료 또는 정보 중 예금의 평균잔액과 그 밖에 대통령령으로 정하는 자료 또는 정보(이하 "금융정보"라 한다)

2. 「신용정보의 이용 및 보호에 관한 법률」 제2조 제1호에 따른 신용정보 중 채무액과 그 밖에 대통령령으로 정하는 자료 또는 정보(이하 "신용정보"라 한다)
3. 「보험업법」 제4조 제1항 각 호에 따른 보험에 가입하여 낸 보험료와 그 밖에 대통령령으로 정하는 자료 또는 정보(이하 "보험정보"라 한다)

④ 제1항에 따라 수급권자 등이 급여를 신청할 경우 사회복지전담공무원은 신청한 사람이 급여에 관한 정보의 부족 등으로 불리한 입장에 놓이지 아니하도록 수급권자의 선정기준, 급여의 내용 및 신청방법 등을 알기 쉽게 설명하여야 한다.

⑤ 시장 · 군수 · 구청장은 신청자에게 급여 신청의 철회나 포기를 유도하는 행위를 하여서는 아니 된다.

⑥ 제1항 및 제2항에 따른 급여의 신청 방법 및 절차 등에 관하여 필요한 사항은 보건복지부령으로 정한다.

제22조(신청에 의한 조사) ① 시장 · 군수 · 구청장은 제21조에 따른 급여신청이 있는 경우에는 사회복지전담공무원으로 하여금 급여의 결정 및 실시 등에 필요한 다음 각 호의 사항을 조사하게 하거나 수급권자에게 보장기관이 지정하는 의료기관에서 검진을 받게 할 수 있다.

1. 부양의무자의 유무 및 부양능력 등 부양의무자와 관련된 사항
2. 수급권자 및 부양의무자의 소득 · 재산에 관한 사항
3. 수급권자의 근로능력, 취업상태, 자활욕구 등 제28조에 따른 자활지원계획 수립에 필요한 사항
4. 그 밖에 수급권자의 건강상태, 가구 특성 등 생활실태에 관한 사항

② 시장 · 군수 · 구청장은 제1항에 따라 신청한 수급권자 또는 그 부양의무자의 소득, 재산 및 건강상태 등을 확인하기 위하여 필요한 자료를 확보하기 곤란한 경우 보건복지부령으로 정하는 바에 따라 수급권자 또는 부양의무자에게 필요한 자료의 제출을 요구할 수 있다.

③ 시장 · 군수 · 구청장은 급여의 결정 또는 실시 등을 위하여 필요한 경우에는 제1항 각 호의 조사를 관계 기관에 위촉하거나 수급권자 또는 그 부양의무자의 고용주, 그 밖의 관계인에게 이에 관한 자료의 제출을 요청할 수 있다.

④ 보장기관이 제1항 각 호의 조사를 하기 위하여 금융 · 국세 · 지방세 · 토지 ·

건물 · 자동차 · 건강보험 · 국민연금 · 고용보험 · 출입국 · 병무 · 교정 등 관련 전산망 또는 자료를 이용하려는 경우에는 관계 기관의 장에게 협조를 요청할 수 있다. 이 경우 관계 기관의 장은 정당한 사유가 없으면 협조하여야 한다.

⑤ 제1항에 따라 조사를 하는 사회복지전담공무원은 그 권한을 표시하는 증표 및 조사기간, 조사범위, 조사담당자, 관계 법령 등 보건복지부령으로 정하는 사항이 기재된 서류를 지니고 이를 관계인에게 보여주어야 한다.

⑥ 보장기관의 공무원 또는 공무원이었던 사람은 제1항부터 제4항까지의 규정에 따라 얻은 정보와 자료를 이 법에서 정한 보장목적 외에 다른 용도로 사용하거나 다른 사람 또는 기관에 제공하여서는 아니 된다.

⑦ 보장기관은 제1항부터 제4항까지의 규정에 따른 조사 결과를 대장으로 작성하여 갖추어 두어야 하며 그 밖에 조사에 필요한 사항은 보건복지부장관이 정한다. 다만, 전산정보처리조직에 의하여 관리되는 경우에는 전산 파일로 대체할 수 있다.

⑧ 보장기관은 수급권자 또는 부양의무자가 제1항 및 제2항에 따른 조사 또는 자료제출 요구를 2회 이상 거부 · 방해 또는 기피하거나 검진 지시에 따르지 아니하면 급여신청을 각하(却下)할 수 있다. 이 경우 제29조 제2항을 준용한다.

제23조(확인조사) ① 시장 · 군수 · 구청장은 수급자 및 수급자에 대한 급여의 적정성을 확인하기 위하여 매년 연간조사계획을 수립하고 관할구역의 수급자를 대상으로 제22조 제1항 각 호의 사항을 매년 1회 이상 정기적으로 조사하여야 하며, 특히 필요하다고 인정하는 경우에는 보장기관이 지정하는 의료기관에서 검진을 받게 할 수 있다. 다만, 보건복지부장관이 정하는 사항은 분기마다 조사하여야 한다.

② 수급자의 자료제출, 조사의 위촉, 관련 전산망의 이용, 그 밖에 확인조사를 위하여 필요한 사항에 관하여는 제22조 제2항부터 제7항까지의 규정을 준용한다.

③ 보장기관은 수급자 또는 부양의무자가 제1항에 따른 조사나 제2항에 따라 준용되는 제22조 제2항에 따른 자료제출 요구를 2회 이상 거부 · 방해 또는 기피하거나 검진 지시에 따르지 아니하면 수급자에 대한 급여 결정을 취소하거나 급여를 정지 또는 중지할 수 있다. 이 경우 제29조제2항을 준용한다.

제24조(차상위계층에 대한 조사) ① 시장·군수·구청장은 급여의 종류별 수급자 선정기준의 변경 등에 의하여 수급권자의 범위가 변동함에 따라 다음 연도에 이 법에 따른 급여가 필요할 것으로 예측되는 수급권자의 규모를 조사하기 위하여 보건복지부령으로 정하는 바에 따라 차상위계층에 대하여 조사할 수 있다.
② 시장·군수·구청장은 제1항에 따른 조사를 하려는 경우 조사대상자의 동의를 받아야 한다. 이 경우 조사대상자의 동의는 다음 연도의 급여신청으로 본다.
③ 조사대상자의 자료제출, 조사의 위촉, 관련 전산망의 이용, 그 밖에 차상위계층에 대한 조사를 위하여 필요한 사항에 관하여는 제22조 제2항부터 제7항까지의 규정을 준용한다.

제25조(조사 결과의 보고 등) 제22조, 제23조, 제23조의2 및 제24조에 따라 시장·군수·구청장이 수급권자, 수급자, 부양의무자 및 차상위계층을 조사하였을 때에는 보건복지부령으로 정하는 바에 따라 관할 시·도지사에게 보고하여야 하며 보고를 받은 시·도지사는 이를 보건복지부장관 및 소관 중앙행정기관의 장에게 보고하여야 한다. 시·도지사가 조사하였을 때에도 또한 같다.

제26조(급여의 결정 등) ① 시장·군수·구청장은 제22조에 따라 조사를 하였을 때에는 지체 없이 급여 실시 여부와 급여의 내용을 결정하여야 한다.
② 제24조에 따라 차상위계층을 조사한 시장·군수·구청장은 제27조 제1항 단서에 규정된 급여개시일이 속하는 달에 급여 실시 여부와 급여 내용을 결정하여야 한다.
③ 시장·군수·구청장은 제1항 및 제2항에 따라 급여 실시 여부와 급여 내용을 결정하였을 때에는 그 결정의 요지(급여의 산출 근거를 포함한다), 급여의 종류·방법 및 급여의 개시 시기 등을 서면으로 수급권자 또는 신청인에게 통지하여야 한다.
④ 신청인에 대한 제3항의 통지는 제21조에 따른 급여의 신청일부터 30일 이내에 하여야 한다. 다만, 다음 각 호의 어느 하나에 해당하는 경우에는 신청일부터 60일 이내에 통지할 수 있다. 이 경우 통지서에 그 사유를 구체적으로 밝혀야 한다.
1. 부양의무자의 소득·재산 등의 조사에 시일이 걸리는 특별한 사유가 있는 경우

2. 수급권자 또는 부양의무자가 제22조 제1항 · 제2항 및 관계 법률에 따른 조사나 자료제출 요구를 거부 · 방해 또는 기피하는 경우

제27조(급여의 실시 등) ① 제26조 제1항에 따라 급여 실시 및 급여 내용이 결정된 수급자에 대한 급여는 제21조에 따른 급여의 신청일부터 시작한다. 다만, 제6조에 따라 보건복지부장관 또는 소관중앙행정기관의 장이 매년 결정 · 공표하는 급여의 종류별 수급자 선정기준의 변경으로 인하여 매년 1월에 새로 수급자로 결정되는 사람에 대한 급여는 해당 연도의 1월 1일을 그 급여개시일로 한다.

② 시장 · 군수 · 구청장은 제26조 제1항에 따른 급여 실시 여부의 결정을 하기 전이라도 수급권자에게 급여를 실시하여야 할 긴급한 필요가 있다고 인정할 때에는 제7조 제1항 각 호에 규정된 급여의 일부를 실시할 수 있다.

제29조(급여의 변경) ① 보장기관은 수급자의 소득 · 재산 · 근로능력 등이 변동된 경우에는 직권으로 또는 수급자나 그 친족, 그 밖의 관계인의 신청에 의하여 그에 대한 급여의 종류 · 방법 등을 변경할 수 있다.

② 제1항에 따른 급여의 변경은 산출 근거 등 이유를 구체적으로 밝혀 서면으로 수급자에게 통지하여야 한다.

제30조(급여의 중지 등) ① 보장기관은 수급자가 다음 각 호의 어느 하나에 해당하는 경우에는 급여의 전부 또는 일부를 중지하여야 한다.

1. 수급자에 대한 급여의 전부 또는 일부가 필요 없게 된 경우
2. 수급자가 급여의 전부 또는 일부를 거부한 경우

② 근로능력이 있는 수급자가 제9조 제5항의 조건을 이행하지 아니하는 경우 조건을 이행할 때까지 제7조 제2항에도 불구하고 근로능력이 있는 수급자 본인의 생계급여의 전부 또는 일부를 지급하지 아니할 수 있다.

③ 제1항 및 제2항에 따른 급여의 중지 등에 관하여는 제29조 제2항을 준용한다.

제31조(청문) 보장기관은 제16조 제3항에 따라 지역자활센터의 지정을 취소하려는 경우와 제23조 제3항에 따라 급여의 결정을 취소하려는 경우에는 청문을 하여야 한다.

5) 보장시설

제32조(보장시설) 이 법에서 "보장시설"이란 제7조에 규정된 급여를 실시하는 「사회복지사업법」에 따른 사회복지시설로서 다음 각 호의 시설 중 보건복지부령으로 정하는 시설을 말한다.

1. 「장애인복지법」 제58조 제1항 제1호의 장애인 거주시설
2. 「노인복지법」 제32조 제1항의 노인주거복지시설 및 같은 법 제34조 제1항의 노인의료복지시설
3. 「아동복지법」 제52조 제1항 및 제2항에 따른 아동복지시설 및 통합 시설
4. 「정신건강증진 및 정신질환자 복지서비스 지원에 관한 법률」 제22조에 따른 정신요양시설 및 같은 법 제26조에 따른 정신재활시설
5. 「노숙인 등의 복지 및 자립지원에 관한 법률」 제16조 제1항 제3호 및 제4호의 노숙인재활시설 및 노숙인요양시설
6. 「가정폭력방지 및 피해자보호 등에 관한 법률」 제7조에 따른 가정폭력피해자 보호시설
7. 「성매매방지 및 피해자보호 등에 관한 법률」 제9조 제1항에 따른 성매매피해자등을 위한 지원시설
8. 「성폭력방지 및 피해자보호 등에 관한 법률」 제12조에 따른 성폭력피해자 보호시설
9. 「한부모가족지원법」 제19조 제1항의 한부모가족복지시설
10. 「사회복지사업법」 제2조 제4호의 사회복지시설 중 결핵 및 한센병요양시설
11. 그 밖에 보건복지부령으로 정하는 시설

제33조(보장시설의 장의 의무) ① 보장시설의 장은 보장기관으로부터 수급자에 대한 급여를 위탁받은 경우에는 정당한 사유 없이 이를 거부하여서는 아니 된다.

② 보장시설의 장은 위탁받은 수급자에게 보건복지부장관 및 소관 중앙행정기관의 장이 정하는 최저기준 이상의 급여를 실시하여야 한다.

③ 보장시설의 장은 위탁받은 수급자에게 급여를 실시할 때 성별·신앙 또는 사회적 신분 등을 이유로 차별대우를 하여서는 아니 된다.

④ 보장시설의 장은 위탁받은 수급자에게 급여를 실시할 때 수급자의 자유로운 생활을 보장하여야 한다.

⑤ 보장시설의 장은 위탁받은 수급자에게 종교상의 행위를 강제하여서는 아니 된다.

6) 수급자의 권리와 의무

제34조(급여 변경의 금지) 수급자에 대한 급여는 정당한 사유 없이 수급자에게 불리하게 변경할 수 없다.

제35조(압류금지) ① 수급자에게 지급된 수급품(제4조 제4항에 따라 지방자치단체가 실시하는 급여를 포함한다)과 이를 받을 권리는 압류할 수 없다.

② 제27조의2 제1항에 따라 지정된 급여수급계좌의 예금에 관한 채권은 압류할 수 없다.

제36조(양도금지) 수급자는 급여를 받을 권리를 타인에게 양도할 수 없다.

제37조(신고의 의무) 수급자는 거주지역, 세대의 구성 또는 임대차 계약내용이 변동되거나 제22조 제1항 각 호의 사항이 현저하게 변동되었을 때에는 지체 없이 관할 보장기관에 신고하여야 한다.

7) 이의신청

제38조(시 · 도지사에 대한 이의신청) ① 수급자나 급여 또는 급여 변경을 신청한 사람은 시장 · 군수 · 구청장(제7조 제1항 제4호의 교육급여인 경우에는 시 · 도교육감을 말한다)의 처분에 대하여 이의가 있는 경우에는 그 결정의 통지를 받은 날부터 90일 이내에 해당 보장기관을 거쳐 시 · 도지사(특별자치시장 · 특별자치도지사 및 시 · 도교육감의 처분에 이의가 있는 경우에는 해당 특별자치시장 · 특별자치도지사 및 시 · 도교육감을 말한다)에게 서면 또는 구두로 이의를 신청할 수 있다. 이 경우 구두로 이의신청을 접수한 보장기관의 공무원은 이의신청서를 작성할 수 있도록 협조하여야 한다.

② 제1항에 따른 이의신청을 받은 시장 · 군수 · 구청장은 10일 이내에 의견서와 관계 서류를 첨부하여 시 · 도지사에게 보내야 한다.

제39조(시 · 도지사의 처분 등) ① 시 · 도지사가 제38조 제2항에 따라 시장 · 군수 · 구청장으로부터 이의신청서를 받았을 때(특별자치시장 · 특별자치도지사 및 시 · 도교육감의 경우에는 직접 이의신청을 받았을 때를 말한다)에는 30일 이내에 필요한 심사를 하고 이의신청을 각하 또는 기각하거나 해당 처분을 변경 또는 취소하거나 그 밖에 필요한 급여를 명하여야 한다.

② 시 · 도지사는 제1항에 따른 처분 등을 하였을 때에는 지체 없이 신청인과 해당 시장 · 군수 · 구청장에게 각각 서면으로 통지하여야 한다.

제40조(보건복지부장관 등에 대한 이의신청) ① 제39조에 따른 처분 등에 대하여 이의가 있는 사람은 그 처분 등의 통지를 받은 날부터 90일 이내에 시 · 도지사를 거쳐 보건복지부장관(제7조 제1항 제2호 또는 제4호의 주거급여 또는 교육급여인 경우에는 소관 중앙행정기관의 장을 말하며, 보건복지부장관에게 한 이의신청은 소관 중앙행정기관의 장에게 한 것으로 본다)에게 서면 또는 구두로 이의를 신청할 수 있다. 이 경우 구두로 이의신청을 접수한 보장기관의 공무원은 이의신청서를 작성할 수 있도록 협조하여야 한다.

② 시 · 도지사는 제1항에 따른 이의신청을 받으면 10일 이내에 의견서와 관계서류를 첨부하여 보건복지부장관 또는 소관 중앙행정기관의 장(제7조 제1항 제2호 또는 제4호의 주거급여 또는 교육급여인 경우에 한정한다)에게 보내야 한다.

제41조(이의신청의 결정 및 통지) ① 보건복지부장관 또는 소관 중앙행정기관의 장은 제40조 제2항에 따라 이의신청서를 받았을 때에는 30일 이내에 필요한 심사를 하고 이의신청을 각하 또는 기각하거나 해당 처분의 변경 또는 취소의 결정을 하여야 한다.

② 보건복지부장관 또는 소관 중앙행정기관의 장은 제1항에 따른 결정을 하였을 때에는 지체 없이 시 · 도지사 및 신청인에게 각각 서면으로 결정 내용을 통지하여야 한다. 이 경우 소관 중앙행정기관의 장이 결정 내용을 통지하는 때에는 그 사실을 보건복지부장관에게 알려야 한다.

8) 보장비용

제42조(보장비용) 이 법에서 "보장비용"이란 다음 각 호의 비용을 말한다.

1. 이 법에 따른 보장업무에 드는 인건비와 사무비
2. 제20조에 따른 생활보장위원회의 운영에 드는 비용
3. 제8조(생계급여), 제11조(주거급여), 제12조(교육급여), 제12조의3(의료급여), 제13조(해산급여), 제14조(장제급여), 제15조(자활급여), 제15조의2(한국자활복지개발원), 제15조의3, 제15조의10 및 제16조부터 제18조까지의 규정에 따른 급여 실시 비용
4. 그 밖에 이 법에 따른 보장업무에 드는 비용

제43조(보장비용의 부담 구분) ① 보장비용의 부담은 다음 각 호의 구분에 따른다.

1. 국가 또는 시 · 도가 직접 수행하는 보장업무에 드는 비용은 국가 또는 해당 시 · 도가 부담한다.
2. 제19조 제2항에 따른 급여의 실시 비용은 국가 또는 해당 시 · 도가 부담한다.
3. 시 · 군 · 구가 수행하는 보장업무에 드는 비용 중 제42조 제1호 및 제2호의 비용은 해당 시 · 군 · 구가 부담한다.
4. 시 · 군 · 구가 수행하는 보장업무에 드는 비용 중 제42조 제3호 및 제4호의 비용(이하 이 호에서 "시 · 군 · 구 보장비용"이라 한다)은 시 · 군 · 구의 재정여건, 사회보장비 지출 등을 고려하여 국가, 시 · 도 및 시 · 군 · 구가 다음 각 목에 따라 차등하여 분담한다.
   가. 국가는 시 · 군 · 구 보장비용의 총액 중 100분의 40 이상 100분의 90 이하를 부담한다.
   나. 시 · 도는 시 · 군 · 구 보장비용의 총액에서 가목의 국가부담분을 뺀 금액 중 100분의 30 이상 100분의 70 이하를 부담하고, 시 · 군 · 구는 시 · 군 · 구 보장비용의 총액 중에서 국가와 시 · 도가 부담하는 금액을 뺀 금액을 부담한다. 다만, 특별자치시 · 특별자치도는 시 · 군 · 구 보장비용의 총액 중에서 국가가 부담하는 금액을 뺀 금액을 부담한다.

제45조(유류금품의 처분) 제14조에 따른 장제급여를 실시하는 경우에 사망자에게 부양의무자가 없을 때에는 시장 · 군수 · 구청장은 사망자가 유류(遺留)한 금전 또는 유가증권으로 그 비용에 충당하고, 그 부족액은 유류물품의 매각대금으로 충당할 수 있다.

기출문제

22회 기출

국민기초생활 보장법상 급여의 종류와 방법에 관한 설명으로 옳은 것은?

① 생계급여는 물품으로는 지급할 수 없다.

② 생계급여는 수급자에게 주거 안정에 필요한 임차료, 수선유지비, 그 밖의 수급품을 지급하는 것으로 한다.

③ 장제급여는 자활급여를 받는 수급자가 사망한 경우 장제조치를 하는 것으로 한다.

④ 자활급여는 관련 비영리법인에 위탁하여 실시할 수 있다.

⑤ 교육급여는 보건복지부장관의 소관으로 한다.

정답 ④

〈해설〉 제8조(생계급여의 내용 등) ① 생계급여는 수급자에게 의복, 음식물 및 연료비와 그 밖에 일상생활에 기본적으로 필요한 금품을 지급하여 그 생계를 유지하게 하는 것으로 한다.

제11조(주거급여) ① 주거급여는 수급자에게 주거 안정에 필요한 임차료, 수선유지비, 그 밖의 수급품을 지급하는 것으로 한다.

제14조(장제급여) ① 장제급여는 제7조 제1항 제1호부터 제3호까지의 급여 중 하나 이상의 급여를 받는 수급자가 사망한 경우 사체의 검안(檢案)·운반·화장 또는 매장, 그 밖의 장제조치를 하는 것으로 한다.

제12조(교육급여) ② 교육급여는 교육부장관의 소관으로 한다.

22회 기출

국민기초생활 보장법상 급여의 기본원칙을 모두 고른 것은?

ㄱ. 근로능력 활용	ㄴ. 보충급여	ㄷ. 타법 우선	ㄹ. 수익자부담

① ㄱ, ㄴ　② ㄷ, ㄹ　③ ㄱ, ㄴ, ㄷ　④ ㄴ, ㄷ, ㄹ　⑤ ㄱ, ㄴ, ㄷ, ㄹ

정답 ③

〈해설〉 제3조(급여의 기본원칙) ① 이 법에 따른 급여는 수급자가 자신의 생활의 유지 · 향상을 위하여 **그의 소득, 재산, 근로능력 등을 활용**하여 최대한 노력하는 것을 전제로 이를 **보충** · 발전시키는 것을 기본원칙으로 한다.

② **부양의무자의 부양과 다른 법령에 따른 보호는 이 법에 따른 급여에 우선하여 행하여지는 것**으로 한다. 다만, 다른 법령에 따른 보호의 수준이 이 법에서 정하는 수준에 이르지 아니하는 경우에는 나머지 부분에 관하여 이 법에 따른 급여를 받을 권리를 잃지 아니한다.

3. 의료급여법

의료급여법은 1977년 의료보호제도를 기초로 시작하였으며, 2000년 국민기초생활보장제도가 도입됨에 따라 「의료급여법」으로 전문 개정되었다. 의료보호에서 의료급여로 명칭이 바뀐 것은, 제도적 변화보다는 시혜적 제도에서 권리적 제도로 인식변화를 꾀한 것으로 보아야 한다.

「의료급여법」에서는 주로 대상기준, 의료급여관, 수급권자의 구분 등이 주로 문제에 나오므로 해당 내용을 주의 깊게 보아야 한다.

1) 내 용

제1조(목적) 이 법은 생활이 어려운 사람에게 의료급여를 함으로써 국민보건의 향상과 사회복지의 증진에 이바지함을 목적으로 한다.

제2조(정의) 이 법에서 사용하는 용어의 뜻은 다음과 같다.

1. "수급권자"란 이 법에 따라 의료급여를 받을 수 있는 자격을 가진 사람을 말한다.
2. "의료급여기관"이란 수급권자에 대한 진료 · 조제 또는 투약 등을 담당하는 의료기관 및 약국 등을 말한다.

3. “부양의무자”란 수급권자를 부양할 책임이 있는 사람으로서 수급권자의 1촌 직계혈족 및 그 배우자를 말한다.

제3조(수급권자) ① 이 법에 따른 수급권자는 다음 각 호와 같다.

1. 「국민기초생활 보장법」에 따른 의료급여 수급자
2. 「재해구호법」에 따른 이재민으로서 보건복지부장관이 의료급여가 필요하다고 인정한 사람
3. 「의사상자 등 예우 및 지원에 관한 법률」에 따라 의료급여를 받는 사람
4. 「입양특례법」에 따라 국내에 입양된 18세 미만의 아동
5. 「독립유공자예우에 관한 법률」, 「국가유공자 등 예우 및 지원에 관한 법률」 및 「보훈보상대상자 지원에 관한 법률」의 적용을 받고 있는 사람과 그 가족으로서 국가보훈부장관이 의료급여가 필요하다고 추천한 사람 중에서 보건복지부장관이 의료급여가 필요하다고 인정한 사람
6. 「무형유산의 보전 및 진흥에 관한 법률」에 따라 지정된 국가무형유산의 보유자(명예보유자를 포함한다)와 그 가족으로서 국가유산청장이 의료급여가 필요하다고 추천한 사람 중에서 보건복지부장관이 의료급여가 필요하다고 인정한 사람
7. 「북한이탈주민의 보호 및 정착지원에 관한 법률」의 적용을 받고 있는 사람과 그 가족으로서 보건복지부장관이 의료급여가 필요하다고 인정한 사람
8. 「5 · 18민주화운동 관련자 보상 등에 관한 법률」 제8조에 따라 보상금등을 받은 사람과 그 가족으로서 보건복지부장관이 의료급여가 필요하다고 인정한 사람
9. 「노숙인 등의 복지 및 자립지원에 관한 법률」에 따른 노숙인 등으로서 보건복지부장관이 의료급여가 필요하다고 인정한 사람
10. 그 밖에 생활유지 능력이 없거나 생활이 어려운 사람으로서 대통령령으로 정하는 사람

② 제1항 제2호 및 제5호부터 제9호까지의 규정에 따른 수급권자의 인정 기준 등에 관한 사항은 보건복지부장관이 정하는 바에 따른다.

③ 제1항에 따른 수급권자에 대한 의료급여의 내용과 기준은 대통령령으로 정하는 바에 따라 구분하여 달리 정할 수 있다.

④ 제1항에 따른 수급권자에 대한 의료급여의 개시일 등에 관하여 필요한 사항은 대통령령으로 정한다.

제3조의2(난민에 대한 특례) 「난민법」에 따른 난민인정자로서 「국민기초생활 보장법」 제12조의3 제2항에 따른 의료급여 수급권자의 범위에 해당하는 사람은 수급권자로 본다.

제3조의3(수급권자의 인정 절차 등) ① 제3조 제1항 제2호부터 제10호까지의 수급권자가 되려는 사람은 보건복지부령으로 정하는 바에 따라 특별자치시장·특별자치도지사·시장(특별자치도의 행정시장은 제외한다)·군수·구청장(구청장은 자치구의 구청장을 말하며, 이하 "시장·군수·구청장"이라 한다)에게 수급권자 인정 신청을 하여야 한다.

② 시장·군수·구청장은 제1항에 따른 신청인을 수급권자로 인정하는 것이 타당한지를 확인하기 위하여 필요한 경우 그 신청인에게 「국민기초생활 보장법」 제21조 제3항 각 호에 따른 자료 또는 정보의 제공에 동의한다는 서면을 제출하게 할 수 있다.

③ 제1항의 신청에 따른 조사, 확인조사, 금융정보 등의 제공 등에 관하여는 「국민기초생활 보장법」 제22조, 제23조 및 제23조의2를 준용한다.

④ 국가보훈부장관과 국가유산청장은 대통령령으로 정하는 바에 따라 제3조 제1항 제5호 및 제6호의 수급권자로 인정할 필요가 있는 사람을 추천하여 그 결과를 수급권자의 주소지를 관할하는 시장·군수·구청장에게 알려야 한다. 이 경우 제3조 제1항 제5호 및 제6호의 수급권자가 되려는 사람이 제1항에 따른 수급권자 인정 신청을 한 것으로 본다.

⑤ 시장·군수·구청장은 제1항 및 제4항에 따라 인정 신청을 한 사람(제3조 제1항 제3호 및 제4호에 해당하는 사람은 제외한다) 중에서 제3조 제2항에 따른 수급권자의 인정 기준에 따라 수급권자를 정하여야 한다.

제4조(적용 배제) ① 수급권자가 업무 또는 공무로 생긴 질병·부상·재해로 다른 법령에 따른 급여나 보상(報償) 또는 보상(補償)을 받게 되는 경우에는 이 법에 따른 의료급여를 하지 아니한다.

② 수급권자가 다른 법령에 따라 국가나 지방자치단체 등으로부터 의료급여에

상당하는 급여 또는 비용을 받게 되는 경우에는 그 한도에서 이 법에 따른 의료급여를 하지 아니한다.

제5조(보장기관) ① 이 법에 따른 의료급여에 관한 업무는 수급권자의 거주지를 관할하는 특별시장·광역시장·도지사와 시장·군수·구청장이 한다.

② 제1항에도 불구하고 주거가 일정하지 아니한 수급권자에 대한 의료급여 업무는 그가 실제 거주하는 지역을 관할하는 시장·군수·구청장이 한다.

③ 특별시장·광역시장·도지사 및 시장·군수·구청장은 수급권자의 건강 유지 및 증진을 위하여 필요한 사업을 실시하여야 한다.

제7조(의료급여의 내용 등) ① 이 법에 따른 수급권자의 질병·부상·출산 등에 대한 의료급여의 내용은 다음 각 호와 같다.

1. 진찰·검사
2. 약제(藥劑)·치료재료의 지급
3. 처치·수술과 그 밖의 치료
4. 예방·재활
5. 입원
6. 간호
7. 이송과 그 밖의 의료목적 달성을 위한 조치

② 제1항에 따른 의료급여의 방법·절차·범위·한도 등 의료급여의 기준에 관하여는 보건복지부령으로 정하고, 의료수가기준과 그 계산방법 등에 관하여는 보건복지부장관이 정한다.

③ 보건복지부장관은 제2항에 따라 의료급여의 기준을 정할 때에는 업무 또는 일상생활에 지장이 없는 질환 등 보건복지부령으로 정하는 사항은 의료급여 대상에서 제외할 수 있다.

제9조(의료급여기관) ① 의료급여는 다음 각 호의 의료급여기관에서 실시한다. 이 경우 보건복지부장관은 공익상 또는 국가시책상 의료급여기관으로 적합하지 아니하다고 인정할 때에는 대통령령으로 정하는 바에 따라 의료급여기관에서 제외할 수 있다.

1. 「의료법」에 따라 개설된 의료기관

2. 「지역보건법」에 따라 설치된 보건소 · 보건의료원 및 보건지소
3. 「농어촌 등 보건의료를 위한 특별조치법」에 따라 설치된 보건진료소
4. 「약사법」에 따라 개설등록된 약국 및 같은 법 제91조에 따라 설립된 한국희귀 · 필수의약품센터

② 의료급여기관은 다음 각 호와 같이 구분하되, 의료급여기관별 진료범위는 보건복지부령으로 정한다.

1. 제1차 의료급여기관
   가. 「의료법」 제33조 제3항에 따라 개설신고를 한 의료기관
   나. 제1항 제2호부터 제4호까지의 규정에 따른 의료급여기관
2. 제2차 의료급여기관 : 「의료법」 제33조 제4항 전단에 따라 개설허가를 받은 의료기관
3. 제3차 의료급여기관 : 제2차 의료급여기관 중에서 보건복지부장관이 지정하는 의료기관

③ 제1항 각 호에 따른 의료급여기관은 정당한 이유 없이 이 법에 따른 의료급여를 거부하지 못한다.

④ 특별시장 · 광역시장 · 도지사 또는 시장 · 군수 · 구청장은 제1항 각 호에 따른 의료급여기관이 개설 · 설치되거나, 개설 · 설치된 의료급여기관의 신고 · 허가 및 등록 사항 등이 변경되었을 때에는 보건복지부령으로 정하는 바에 따라 그 내용을 다음 각 호의 전문기관에 알려야 한다.

1. 제33조 제2항에 따라 의료급여에 든 비용(이하 "급여비용"이라 한다)의 심사 · 조정, 의료급여의 적정성 평가 및 급여 대상 여부의 확인 업무를 위탁받은 전문기관(이하 "급여비용심사기관"이라 한다)
2. 제33조 제2항에 따라 급여비용의 지급업무를 위탁받은 전문기관(이하 "급여비용지급기관"이라 한다)

⑤ 제2항 제3호에 따른 제3차 의료급여기관의 지정기준 및 지정절차 등에 관하여 필요한 사항은 보건복지부령으로 정한다.

제11조(급여비용의 청구와 지급) ① 의료급여기관은 제10조에 따라 의료급여기금에서 부담하는 급여비용의 지급을 시장 · 군수 · 구청장에게 청구할 수 있다. 이 경우 제2항에 따른 심사청구는 시장 · 군수 · 구청장에 대한 급여비용의 청구로 본다.

② 제1항에 따라 급여비용을 청구하려는 의료급여기관은 급여비용심사기관에 급여비용의 심사청구를 하여야 하며, 심사청구를 받은 급여비용심사기관은 이를 심사한 후 지체 없이 그 내용을 시장·군수·구청장 및 의료급여기관에 알려야 한다.

③ 제2항에 따라 심사의 내용을 통보받은 시장·군수·구청장은 지체 없이 그 내용에 따라 급여비용을 의료급여기관에 지급하여야 한다. 이 경우 수급권자가 이미 납부한 본인부담금(제10조에 따라 수급권자가 부담하여야 하는 급여비용을 말한다. 이하 같다)이 과다한 경우에는 의료급여기관에 지급할 금액에서 그 과다하게 납부된 금액을 공제하여 수급권자에게 반환하여야 한다.

④ 시장·군수·구청장은 의료급여의 적정성 여부를 평가할 수 있고, 그 평가결과에 따라 급여비용을 가산 또는 감액 조정하여 지급한다. 이 경우 평가결과에 따른 급여비용의 가감지급의 기준은 보건복지부령으로 정한다. 〈개정 2017. 3. 21.〉

⑤ 시장·군수·구청장은 제4항에 따른 적정성 평가결과를 공개할 수 있다.

⑥ 의료급여기관은 제2항에 따른 심사청구를 다음 각 호의 단체가 대행하게 할 수 있다.

1. 「의료법」 제28조 제1항에 따른 의사회·치과의사회·한의사회·조산사회 또는 같은 조 제6항에 따라 신고한 각각의 지부 및 분회
2. 「의료법」 제52조에 따른 의료기관단체
3. 「약사법」 제11조에 따른 대한약사회 또는 같은 법 제14조에 따라 신고한 지부 및 분회

⑦ 제1항부터 제6항까지에서 규정한 사항 외에 급여비용의 청구, 심사, 지급 등의 방법 및 절차에 필요한 사항은 보건복지부령으로 정한다.

⑧ 시장·군수·구청장은 「산업재해보상보험법」 제10조에 따른 근로복지공단이 이 법에 따라 의료급여를 받을 수 있는 사람에게 「산업재해보상보험법」 제40조에 따른 요양급여를 지급한 후 그 지급결정이 취소된 경우로서 그 요양급여 비용을 청구하는 경우에는 그 요양급여가 이 법에 따라 실시할 수 있는 의료급여에 상당한 것으로 인정되면 그 의료급여에 해당하는 금액을 지급할 수 있다.

제12조(요양비) ① 시장·군수·구청장은 수급권자가 보건복지부령으로 정하는 긴급하거나 그 밖의 부득이한 사유로 의료급여기관과 같은 기능을 수행하는

기관으로서 보건복지부령으로 정하는 기관(제28조 제1항에 따라 업무정지기간 중인 의료급여기관을 포함한다)에서 질병 · 부상 · 출산 등에 대하여 의료급여를 받거나 의료급여기관이 아닌 장소에서 출산을 하였을 때에는 그 의료급여에 상당하는 금액을 보건복지부령으로 정하는 바에 따라 수급권자에게 요양비로 지급한다.

② 제1항에 따라 의료급여를 실시한 기관은 보건복지부장관이 정하는 요양비 명세서 또는 요양의 명세를 적은 영수증을 요양을 받은 사람에게 내주어야 하며, 요양을 받은 사람은 이를 시장 · 군수 · 구청장에게 제출하여야 한다.

제15조(의료급여의 제한) ① 시장 · 군수 · 구청장은 수급권자가 다음 각 호의 어느 하나에 해당하면 이 법에 따른 의료급여를 하지 아니한다. 다만, 보건복지부장관이 의료급여를 할 필요가 있다고 인정하는 경우에는 그러하지 아니하다.

1. 수급권자가 자신의 고의 또는 중대한 과실로 인한 범죄행위에 그 원인이 있거나 고의로 사고를 일으켜 의료급여가 필요하게 된 경우
2. 수급권자가 정당한 이유 없이 이 법의 규정이나 의료급여기관의 진료에 관한 지시에 따르지 아니한 경우

② 의료급여기관은 수급권자가 제1항 각 호의 어느 하나에 해당하는 경우 대통령령으로 정하는 바에 따라 수급권자의 거주지를 관할하는 시장 · 군수 · 구청장에게 알려야 한다.

제16조(의료급여의 변경) ① 시장 · 군수 · 구청장은 수급권자의 소득, 재산상황, 근로능력 등이 변동되었을 때에는 직권으로 또는 수급권자나 그 친족, 그 밖의 관계인의 신청을 받아 의료급여의 내용 등을 변경할 수 있다.

② 시장 · 군수 · 구청장은 제1항에 따라 의료급여의 내용 등을 변경하였을 때에는 서면으로 그 이유를 밝혀 수급권자에게 알려야 한다.

제17조(의료급여의 중지 등) ① 시장 · 군수 · 구청장은 수급권자가 다음 각 호의 어느 하나에 해당하면 의료급여를 중지하여야 한다.

1. 수급권자에 대한 의료급여가 필요 없게 된 경우
2. 수급권자가 의료급여를 거부한 경우

② 시장 · 군수 · 구청장은 수급권자가 의료급여를 거부한 경우에는 수급권자가 속한 가구원 전부에 대하여 의료급여를 중지하여야 한다.

③ 시장 · 군수 · 구청장은 제1항에 따라 의료급여를 중지하였을 때에는 서면으로 그 이유를 밝혀 수급권자에게 알려야 한다.

제25조(의료급여기금의 설치 및 조성) ① 이 법에 따른 급여비용의 재원에 충당하기 위하여 시 · 도에 의료급여기금(이하 "기금"이라 한다)을 설치한다.

② 기금은 다음 각 호의 재원으로 조성한다.

1. 국고보조금
2. 지방자치단체의 출연금
3. 제21조에 따라 상환받은 대지급금
4. 제23조에 따라 징수한 부당이득금
5. 제29조에 따라 징수한 과징금
6. 기금의 결산상 잉여금 및 그 밖의 수입금

③ 국가와 지방자치단체는 기금운영에 필요한 충분한 예산을 확보하여야 한다.

제30조(이의신청 등) ① 수급권자의 자격, 의료급여 및 급여비용에 대한 시장 · 군수 · 구청장의 처분에 이의가 있는 자는 시장 · 군수 · 구청장에게 이의신청을 할 수 있다.

② 급여비용의 심사 · 조정, 의료급여의 적정성 평가 및 급여 대상 여부의 확인에 관한 급여비용심사기관의 처분에 이의가 있는 제5조에 따른 보장기관, 의료급여기관 또는 수급권자는 급여비용심사기관에 이의신청을 할 수 있다.

③ 제1항 및 제2항에 따른 이의신청은 처분이 있음을 안 날부터 90일 이내에 문서(전자문서를 포함한다)로 하여야 하며, 처분이 있은 날부터 180일이 지나면 제기하지 못한다. 다만, 정당한 사유에 따라 그 기간에 이의신청을 할 수 없었음을 소명한 경우에는 그러하지 아니하다.

④ 제3항 본문에도 불구하고 의료급여기관이 제11조의3에 따른 급여비용심사기관의 확인에 대하여 이의신청을 하려면 같은 조 제2항에 따라 통보받은 날부터 30일 이내에 하여야 한다.

제30조의2(심판청구) ① 제30조 제2항에 따른 급여비용심사기관의 이의신청에 대한 결정에 불복이 있는 자는 「국민건강보험법」 제89조에 따른 건강보험분쟁조

정위원회에 심판청구를 할 수 있다. 이 경우 심판청구의 제기기간 및 제기방법에 관하여는 제30조 제3항을 준용한다.

② 제1항에 따라 심판청구를 하려는 자는 대통령령으로 정하는 심판청구서를 제30조 제2항에 따른 처분을 행한 급여비용심사기관에 제출하거나 제1항에 따른 건강보험분쟁조정위원회에 제출하여야 한다.

제31조(소멸시효) ① 다음 각 호의 권리는 3년간 행사하지 아니하면 소멸시효가 완성된다.

1. 의료급여를 받을 권리
2. 급여비용을 받을 권리
3. 대지급금을 상환받을 권리

② 제1항에 따른 시효는 다음 각 호의 어느 하나에 해당하는 사유로 중단된다.

1. 급여비용의 청구
2. 대지급금에 대한 납입의 고지 및 독촉

③ 소멸시효 및 시효중단에 관하여 이 법에서 정한 사항 외에는 「민법」에 따른다.

기출문제

20회 기출

의료급여법상 의료급여의 내용에 해당하지 않은 것은?

① 진찰 · 검사

② 예방 · 재활

③ 입원

④ 간호

⑤ 화장 또는 매장 등 장제 조치

정답 ⑤

〈해설〉 제7조(의료급여의 내용 등) ① 이 법에 따른 수급권자의 질병 · 부상 · 출산 등에 대한 의료급여의 내용은 다음 각 호와 같다.

1. 진찰 · 검사
2. 약제(藥劑) · 치료재료의 지급
3. 처치 · 수술과 그 밖의 치료
4. 예방 · 재활
5. 입원
6. 간호
7. 이송과 그 밖의 의료목적 달성을 위한 조치

22회 기출

의료급여법의 내용으로 옳은 것은?

① 시 · 도지사는 의료급여증을 발급하여야 한다.
② 급여비용의 재원을 충당하기 위하여 보건복지부에 의료급여기금을 설치한다.
③ 보건복지부에 두는 의료급여심의위원회는 의료급여의 수가에 관한 사항을 심의한다.
④ 시 · 도지사는 상환받은 대지급금을 의료급여기금에 납입하여야 한다.
⑤ 수급권자가 의료급여를 거부한 경우 시 · 도지사는 의료급여를 중지해야 한다.

정답 ③

〈해설〉 ① **시장 · 군수 · 구청장**은 의료급여증을 발급하여야 한다.(제8조)
② 급여비용의 재원을 충당하기 위하여 **시 · 도**에 의료급여기금을 설치한다.(제25조)
④ **시장 · 군수 · 구청장**은 상환받은 대지급금을 의료급여기금에 납입하여야 한다.(제21조)
⑤ 수급권자가 의료급여를 거부한 경우 **시장 · 군수 · 구청장**은 의료급여를 중지해야 한다.(제17조)

4. 긴급복지지원법

1) 개 요

긴급복지지원법은 2004년 대구시 불로동에 저소득 가정에서 4세 아동이 사망한 사건을 계기로 생계곤란 등 위기상황에 처하여 도움이 필요한 사람을 신속하게 지원하기 위하여, 2005년 12월 제정되어 2006년 4월 시행되었다. 그러나 조건이 까다로워 사실상 유명무실하게 있었으며, 2014년 서울 송파구 석촌동에서 일명 송파 세모녀 사망사건을 계기로 조건을 완화하는 방향으로 개정되었다.

긴급복지지원법이 다른 공공부조법에 비해 두드러지는 점은 선지원 후조사 원칙에 따른 48시간 이내 급여지원, 상대적으로 낮은 소득기준 및 금융재산 기준 등이다. 따라서 다른 공공부조에 비해 위기상황의 정의에 대한 내용 등이 주로 문제에 나오므로, 지원대상, 급여종류 등 기본적인 내용을 알아두면 좋다.

2) 법의 내용

제1조(목적) 이 법은 생계곤란 등의 위기상황에 처하여 도움이 필요한 사람을 신속하게 지원함으로써 이들이 위기상황에서 벗어나 건강하고 인간다운 생활을 하게 함을 목적으로 한다.

제2조(정의) 이 법에서 "위기상황"이란 본인 또는 본인과 생계 및 주거를 같이하고 있는 가구구성원이 다음 각 호의 어느 하나에 해당하는 사유로 인하여 생계유지 등이 어렵게 된 것을 말한다.

1. 주소득자(主所得者)가 사망, 가출, 행방불명, 구금시설에 수용되는 등의 사유로 소득을 상실한 경우
2. 중한 질병 또는 부상을 당한 경우
3. 가구구성원으로부터 방임(放任) 또는 유기(遺棄)되거나 학대 등을 당한 경우
4. 가정폭력을 당하여 가구구성원과 함께 원만한 가정생활을 하기 곤란하거나 가구구성원으로부터 성폭력을 당한 경우

5. 화재 또는 자연재해 등으로 인하여 거주하는 주택 또는 건물에서 생활하기 곤란하게 된 경우
6. 주소득자 또는 부소득자(副所得者)의 휴업, 폐업 또는 사업장의 화재 등으로 인하여 실질적인 영업이 곤란하게 된 경우
7. 주소득자 또는 부소득자의 실직으로 소득을 상실한 경우
8. 보건복지부령으로 정하는 기준에 따라 지방자치단체의 조례로 정한 사유가 발생한 경우
9. 그 밖에 보건복지부장관이 정하여 고시하는 사유가 발생한 경우

제3조(기본원칙) ① 이 법에 따른 지원은 위기상황에 처한 사람에게 일시적으로 신속하게 지원하는 것을 기본원칙으로 한다.

② 「재해구호법」, 「국민기초생활 보장법」, 「의료급여법」, 「사회복지사업법」, 「가정폭력방지 및 피해자보호 등에 관한 법률」, 「성폭력방지 및 피해자보호 등에 관한 법률」 등 다른 법률에 따라 이 법에 따른 지원 내용과 동일한 내용의 구호·보호 또는 지원을 받고 있는 경우에는 이 법에 따른 지원을 하지 아니한다.

제4조(국가 및 지방자치단체의 책무) ① 국가 및 지방자치단체는 위기상황에 처한 사람을 찾아내어 최대한 신속하게 필요한 지원을 하도록 노력하여야 하며, 긴급지원의 지원대상 및 소득 또는 재산 기준, 지원 종류·내용·절차와 그 밖에 필요한 사항 등 긴급지원사업에 관하여 적극적으로 안내하여야 한다.

② 국가 및 지방자치단체는 이 법에 따른 지원 후에도 위기상황이 해소되지 아니하여 계속 지원이 필요한 것으로 판단되는 사람에게는 다른 법률에 따른 구호·보호 또는 지원을 받을 수 있도록 노력하여야 한다.

③ 국가 및 지방자치단체는 제2항에 따른 구호·보호 또는 지원이 어렵다고 판단되는 경우에는 민간기관·단체와의 연계를 통하여 구호·보호 또는 지원을 받을 수 있도록 노력하여야 한다.

제7조(지원요청 및 신고) ① 긴급지원대상자와 친족, 그 밖의 관계인은 구술 또는 서면 등으로 관할 시장·군수·구청장에게 이 법에 따른 지원을 요청할 수 있다.

② 누구든지 긴급지원대상자를 발견한 경우에는 관할 시장 · 군수 · 구청장에게 신고하여야 한다.

③ 다음 각 호의 어느 하나에 해당하는 사람은 진료 · 상담 등 직무수행 과정에서 긴급지원대상자가 있음을 알게 된 경우에는 관할 시장 · 군수 · 구청장에게 이를 신고하고, 긴급지원대상자가 신속하게 지원을 받을 수 있도록 노력하여야 한다.

1. 「의료법」에 따른 의료기관의 종사자
2. 「유아교육법」, 「초 · 중등교육법」 및 「고등교육법」에 따른 교원, 직원, 산학겸임교사, 강사
3. 「사회복지사업법」에 따른 사회복지시설의 종사자
4. 「국가공무원법」 및 「지방공무원법」에 따른 공무원
5. 「장애인활동 지원에 관한 법률」 제20조에 따른 활동지원기관의 장 및 그 종사자와 같은 법 제26조에 따른 활동지원인력
6. 「학원의 설립 · 운영 및 과외교습에 관한 법률」 제6조에 따른 학원의 운영자 · 강사 · 직원 및 같은 법 제14조에 따른 교습소의 교습자 · 직원
7. 「건강가정기본법」 제35조에 따른 건강가정지원센터의 장과 그 종사자
8. 「청소년 기본법」 제3조 제6호에 따른 청소년시설 및 같은 조 제8호에 따른 청소년단체의 장과 그 종사자
9. 「청소년 보호법」 제35조에 따른 청소년 보호 · 재활센터의 장과 그 종사자
10. 「평생교육법」 제2조에 따른 평생교육기관의 장과 그 종사자
11. 그 밖에 긴급지원대상자를 발견할 수 있는 자로서 보건복지부령으로 정하는 자

④ 시장 · 군수 · 구청장이 지정한 법인 · 단체 · 시설 · 기관 등은 긴급지원대상자의 요청에 따라 제1항에 따른 지원요청을 지원할 수 있다.

⑤ 관계 중앙행정기관의 장은 제3항 각 호의 어느 하나에 해당하는 사람의 자격취득 또는 보수교육 과정에 긴급지원사업의 신고와 관련된 교육 내용을 포함하도록 하여야 하며, 긴급복지 신고의무자가 소속된 기관 · 시설 등의 장은 소속 긴급복지 신고의무자에게 신고의무 교육을 실시하고, 그 결과를 관계 중앙행성기관의 장에게 제출하여야 한다.

⑥ 제5항에 따른 교육의 내용, 시간, 방법, 그 밖에 필요한 사항은 보건복지부령으로 정한다.

⑦ 국가 및 지방자치단체는 제3항 각 호의 어느 하나에 해당하는 사람에게 긴급지원사업에 관한 홍보를 실시하여야 한다.

제7조의2(위기상황의 발굴) ① 국가 및 지방자치단체는 위기상황에 처한 사람에 대한 발굴조사를 연 1회 이상 정기적으로 실시하여야 한다.

② 국가 및 지방자치단체는 제1항에 따른 정기 발굴조사 또는 수시 발굴조사를 위하여 필요한 경우 관계 기관 · 법인 · 단체 등의 장에게 자료의 제출, 위기상황에 처한 사람의 거주지 등 현장조사 시 소속 직원의 동행 등 협조를 요청할 수 있다. 이 경우 관계 기관 · 법인 · 단체 등의 장은 정당한 사유가 없으면 이에 따라야 한다.

③ 국가 및 지방자치단체는 위기상황에 처한 사람에 대한 발굴체계의 운영 실태를 정기적으로 점검하고 개선방안을 수립하여야 한다.

제8조(현장 확인 및 지원) ① 시장 · 군수 · 구청장은 제7조에 따른 지원요청 또는 신고를 받거나 위기상황에 처한 사람을 찾아낸 경우에는 지체 없이 긴급지원담당공무원으로 하여금 긴급지원대상자의 거주지 등을 방문하여 위기상황을 확인하여야 한다.

② 시장 · 군수 · 구청장은 위기상황을 확인하기 위하여 필요한 경우에는 관할 경찰관서, 소방관서 등 관계 행정기관의 장에게 협조를 요청할 수 있다. 이 경우 관계 행정기관의 장은 정당한 사유가 없으면 그 요청에 따라야 한다.

③ 시장 · 군수 · 구청장은 제1항에 따른 현장 확인 결과 위기상황의 발생이 확인된 사람에 대하여는 지체 없이 제9조에 따른 지원의 종류 및 내용을 결정하여 지원을 하여야 한다. 이 경우 긴급지원대상자에게 신속히 지원할 필요가 있다고 판단되는 경우 긴급지원담당공무원으로 하여금 우선 필요한 지원을 하도록 할 수 있다.

④ 제1항에 따라 현장을 확인하는 긴급지원담당공무원은 권한을 표시하는 증표 및 조사기간, 조사범위, 조사담당자, 관계 법령 등 보건복지부령으로 정하는 사항이 기재된 서류를 지니고 이를 관계인에게 내보여야 한다.

제9조(긴급지원의 종류 및 내용) ① 이 법에 따른 지원의 종류 및 내용은 다음과 같다.

1. 금전 또는 현물(現物) 등의 직접지원
   가. 생계지원 : 식료품비 · 의복비 등 생계유지에 필요한 비용 또는 현물 지원
   나. 의료지원 : 각종 검사 및 치료 등 의료서비스 지원
   다. 주거지원 : 임시거소(臨時居所) 제공 또는 이에 해당하는 비용 지원
   라. 사회복지시설 이용 지원 : 「사회복지사업법」에 따른 사회복지시설 입소(入所) 또는 이용 서비스 제공이나 이에 필요한 비용 지원
   마. 교육지원 : 초 · 중 · 고등학생의 수업료, 입학금, 학교운영지원비 및 학용품비 등 필요한 비용 지원
   바. 그 밖의 지원 : 연료비나 그 밖에 위기상황의 극복에 필요한 비용 또는 현물 지원
2. 민간기관 · 단체와의 연계 등의 지원
   가. 「대한적십자사 조직법」에 따른 대한적십자사, 「사회복지공동모금회법」에 따른 사회복지공동모금회 등의 사회복지기관 · 단체와의 연계 지원
   나. 상담 · 정보제공, 그 밖의 지원

② 제1항의 구체적인 지원기준 · 방법 및 절차 등에 관하여 필요한 사항은 대통령령으로 정한다. 이 경우 제1항 제1호 가목 및 다목의 지원은 「국민기초생활 보장법」 제2조 제11호에 따른 기준 중위소득의 100분의 40을 각각 한도로 한다.

③ 시장 · 군수 · 구청장은 제1항 제1호 라목에 따른 사회복지시설 이용 지원을 하는 경우 관할 사회복지시설의 장에게 지원을 요청할 수 있다. 이 경우 지원 요청을 받은 사회복지시설의 장은 정당한 사유가 없으면 해당 시설의 입소기준에도 불구하고 긴급지원대상자가 제10조에 따른 기간에 그 시설을 이용할 수 있도록 조치하여야 한다.

제10조(긴급지원의 기간 등) ① 제9조 제1항 제1호 가목에 따른 긴급지원은 3개월간, 같은 호 다목 · 라목 및 바목에 따른 긴급지원은 1개월간의 생계유지 등에 필요한 지원으로 한다. 다만, 같은 호 다목 · 라목 및 바목에 따른 긴급지원은 시장 · 군수 · 구청장이 긴급지원대상자의 위기상황이 계속된다고 판단하는 경우에는 1개월씩 두 번의 범위에서 기간을 연장할 수 있다.

② 제9조 제1항 제1호 나목에 따른 지원은 위기상황의 원인이 되는 질병 또는 부상을 검사 · 치료하기 위한 범위에서 한 번 실시하며, 같은 호 마목에 따른 지원도 한 번 실시한다.

③ 시장 · 군수 · 구청장은 제1항 및 제2항에 따른 지원에도 불구하고 위기상황이 계속되는 경우에는 제12조에 따른 긴급지원심의위원회의 심의를 거쳐 지원을 연장할 수 있다. 이 경우 제9조 제1항 제1호 가목 · 라목 및 바목에 따른 지원은 제1항에 따른 지원기간을 합하여 총 6개월을 초과하여서는 아니 되고, 같은 호 다목에 따른 지원은 제1항에 따른 지원기간을 합하여 총 12개월을 초과하여서는 아니 되며, 같은 호 나목에 따른 지원은 제2항에 따른 지원횟수를 합하여 총 두 번, 같은 호 마목에 따른 지원은 제2항에 따른 지원횟수를 합하여 총 네 번을 초과하여서는 아니 된다.

제12조(긴급지원심의위원회) ① 다음 각 호의 사항을 심의 · 의결하기 위하여 시(「제주특별자치도 설치 및 국제자유도시 조성을 위한 특별법」 제10조 제2항에 따른 행정시를 포함한다. 이하 같다) · 군 · 구(자치구를 말한다. 이하 같다)에 긴급지원심의위원회를 둔다.

1. 제10조 제3항에 따른 긴급지원연장 결정
2. 제14조 제1항에 따른 긴급지원의 적정성 심사
3. 제15조 제1항에 따른 긴급지원의 중단 또는 지원비용의 환수 결정
4. 그 밖에 긴급지원심의위원회의 위원장이 회의에 부치는 사항

② 긴급지원심의위원회는 위원장 1명을 포함한 15명 이내의 위원으로 구성한다.

③ 위원장은 시장 · 군수 · 구청장이 되고, 위원은 다음 각 호의 어느 하나에 해당하는 사람 중에서 시장 · 군수 · 구청장이 임명하거나 위촉한다. 이 경우 제1호 및 제2호에 해당하는 사람이 2분의 1 이상 되도록 구성하여야 한다.

1. 사회보장에 관한 학식과 경험이 있는 사람
2. 「비영리민간단체 지원법」 제2조에 따른 비영리민간단체에서 추천한 사람
3. 해당 시 · 군 · 구 또는 관계 행정기관 소속의 공무원
4. 해당 시 · 군 · 구 지방의회가 추천하는 사람

④ 시 · 군 · 구에 「국민기초생활 보장법」 제20조 제1항 본문에 따른 생활보장위원회가 있는 경우 그 위원회는 조례로 정하는 바에 따라 긴급지원심의위원회의 기능을 대신할 수 있다.

제13조(사후조사) ① 시장·군수·구청장은 제8조 제3항에 따라 지원을 받았거나 받고 있는 긴급지원대상자에 대하여 소득 또는 재산 등 대통령령으로 정하는 기준에 따라 긴급지원이 적정한지를 조사하여야 한다.

② 시장·군수·구청장은 제1항에 따른 조사를 위하여 금융·국세·지방세·건강보험·국민연금 및 고용보험 등 관련 전산망을 이용하려는 경우에는 해당 법률에서 정하는 바에 따라 관계 기관의 장에게 협조를 요청할 수 있다. 이 경우 관계 기관의 장은 정당한 사유가 없으면 그 요청에 따라야 한다.

③ 보건복지부장관은 제1항에 따른 조사를 위하여 「금융실명거래 및 비밀보장에 관한 법률」 제4조 제1항과 「신용정보의 이용 및 보호에 관한 법률」 제32조 제1항에도 불구하고 긴급지원대상자 및 가구구성원이 제8조의2에 따라 제출한 동의 서면을 전자적 형태로 바꾼 문서에 따라 금융기관등(「금융실명거래 및 비밀보장에 관한 법률」 제2조 제1호에 따른 금융회사등, 「신용정보의 이용 및 보호에 관한 법률」 제25조에 따른 신용정보집중기관을 말한다. 이하 같다)의 장에게 금융정보·신용정보 또는 보험정보(이하 "금융정보등"이라 한다)의 제공을 요청할 수 있다.

④ 제3항에 따라 금융정보등의 제공을 요청받은 금융기관등의 장은 「금융실명거래 및 비밀보장에 관한 법률」 제4조와 「신용정보의 이용 및 보호에 관한 법률」 제32조에도 불구하고 명의인의 금융정보등을 제공하여야 한다.

⑤ 제4항에 따라 금융정보 또는 보험정보를 제공한 「금융실명거래 및 비밀보장에 관한 법률」 제2조 제1호에 따른 금융회사등의 장은 그 정보의 제공사실을 명의인에게 통보하여야 한다. 다만, 명의인의 동의가 있는 경우에는 같은 법 제4조의2 제1항에도 불구하고 통보하지 아니할 수 있다.

⑥ 제3항 및 제4항에 따른 금융정보등의 제공요청 및 제공은 「정보통신망 이용촉진 및 정보보호 등에 관한 법률」 제2조 제1항 제1호에 따른 정보통신망을 이용하여야 한다. 다만, 정보통신망의 손상 등 불가피한 경우에는 그러하지 아니하다.

⑦ 긴급지원담당공무원 또는 긴급지원담당공무원이었던 사람은 제2항 또는 제3항에 따라 얻은 정보와 자료를 이 법에서 정한 지원 목적 외에 다른 용도로 사용하거나 다른 사람 또는 기관에 제공하여서는 아니 된다.

제14조(긴급지원의 적정성 심사) ① 제12조에 따른 긴급지원심의위원회는 제13조

제1항에 따라 시장 · 군수 · 구청장이 한 사후조사 결과를 참고하여 긴급지원의 적정성을 심사한다.

② 긴급지원심의위원회는 긴급지원대상자가 「국민기초생활 보장법」 또는 「의료급여법」에 따른 수급권자로 결정된 경우에는 제1항에 따른 심사를 하지 아니할 수 있다.

③ 시장 · 군수 · 구청장은 제1항에 따른 심사결과 긴급지원대상자에 대한 지원이 적정하지 아니한 것으로 결정된 경우에도 긴급지원담당공무원의 고의 또는 중대한 과실이 없으면 이를 이유로 긴급지원담당공무원에 대하여 불리한 처분이나 대우를 하여서는 아니 된다.

제15조(지원중단 또는 비용환수) ① 시장 · 군수 · 구청장은 제14조 제1항에 따른 심사결과 거짓이나 그 밖의 부정한 방법으로 제8조 제3항에 따른 지원을 받은 것으로 결정된 사람에게는 긴급지원심의위원회의 결정에 따라 지체 없이 지원을 중단하고 지원한 비용의 전부 또는 일부를 반환하게 하여야 한다.

② 시장 · 군수 · 구청장은 제14조 제1항에 따른 심사결과 긴급지원이 적정하지 아니한 것으로 결정된 사람에게는 지원을 중단하고 지원한 비용의 전부 또는 일부를 반환하게 할 수 있다.

③ 시장 · 군수 · 구청장은 제9조 제2항에 따른 지원기준을 초과하여 지원받은 사람에게는 그 초과 지원 상당분을 반환하게 할 수 있다.

④ 시장 · 군수 · 구청장은 제1항 또는 제2항에 따른 반환명령에 따르지 아니하는 사람에게는 지방세 체납처분의 예에 따라 징수한다.

제16조(이의신청) ① 제8조 제3항에 따른 결정이나 제15조 제1항 또는 제2항에 따른 반환명령에 이의가 있는 사람은 그 처분을 고지받은 날부터 30일 이내에 해당 시장 · 군수 · 구청장을 거쳐 특별시장 · 광역시장 · 도지사 · 특별자치도지사(이하 "시 · 도지사"라 한다)에게 서면으로 이의신청할 수 있다. 이 경우 시장 · 군수 · 구청장은 이의신청을 받은 날부터 10일 이내에 의견서와 관련 서류를 첨부하여 시 · 도지사에게 송부하여야 한다.

② 시 · 도지사는 제1항에 따른 송부를 받은 날부터 15일 이내에 이를 검토하고 처분이 위법 · 부당하다고 인정되는 때는 시정, 그 밖에 필요한 조치를 하여야 한다.

기 출 문 제

21회 기출

긴급복지지원법상 "위기상황"에 해당하는 사유를 모두 고른 것은?

ㄱ. 주소득자가 사망, 가출, 행방불명 등으로 소득을 상실하여 생계유지가 어렵게 된 경우
ㄴ. 본인이 중한 질병 또는 부상을 당하여 생계유지가 어렵게 된 경우
ㄷ. 본인이 가구구성원으로부터 방임 등을 당하여 생계유지가 어렵게 된 경우
ㄹ. 본인이 가구구성원으로부터 성폭력을 당하여 생계유지가 어렵게 된 경우

① ㄱ, ㄴ, ㄷ ② ㄱ, ㄴ, ㄹ ③ ㄱ, ㄷ, ㄹ
④ ㄴ, ㄷ, ㄹ ⑤ ㄱ, ㄴ, ㄷ, ㄹ

정답 ⑤

〈해설〉 제2조(정의) 이 법에서 "위기상황"이란 본인 또는 본인과 생계 및 주거를 같이하고 있는 가구구성원이 다음 각 호의 어느 하나에 해당하는 사유로 인하여 생계유지 등이 어렵게 된 것을 말한다.

1. 주소득자(主所得者)가 사망, 가출, 행방불명, 구금시설에 수용되는 등의 사유로 소득을 상실한 경우
2. 중한 질병 또는 부상을 당한 경우
3. 가구구성원으로부터 방임(放任) 또는 유기(遺棄)되거나 학대 등을 당한 경우
4. 가정폭력을 당하여 가구구성원과 함께 원만한 가정생활을 하기 곤란하거나 가구구성원으로부터 성폭력을 당한 경우
5. 화재 또는 자연재해 등으로 인하여 거주하는 주택 또는 건물에서 생활하기 곤란하게 된 경우
6. 주소득자 또는 부소득자(副所得者)의 휴업, 폐업 또는 사업장의 화재 등으로 인하여 실질적인 영업이 곤란하게 된 경우
7. 주소득자 또는 부소득자의 실직으로 소득을 상실한 경우

14회 기출

긴급복지지원법상 긴급지원 중 '금전 또는 현물 등의 직접지원'에 해당하지 않는 것은?

① 초·중·고등학생의 수업료 등 필요한 비용 지원

② 사회복지공동모금회법에 따른 사회복지공동모금회와의 연계 지원

③ 각종 검사 및 치료 등 의료서비스 지원

④ 사회복지사업법에 따른 사회복지시설 입소

⑤ 임시거소 제공

정답 ②

〈해설〉 제9조(긴급지원의 종류 및 내용) ① 이 법에 따른 지원의 종류 및 내용은 다음과 같다.

1. 금전 또는 현물(現物) 등의 직접지원
   가. 생계지원 : 식료품비 · 의복비 등 생계유지에 필요한 비용 또는 현물 지원
   나. 의료지원 : 각종 검사 및 치료 등 의료서비스 지원
   다. 주거지원 : 임시거소(臨時居所) 제공 또는 이에 해당하는 비용 지원
   라. 사회복지시설 이용 지원 : 「사회복지사업법」에 따른 사회복지시설 입소(入所) 또는 이용 서비스 제공이나 이에 필요한 비용 지원
   마. 교육지원 : 초 · 중 · 고등학생의 수업료, 입학금, 학교운영지원비 및 학용품비 등 필요한 비용 지원
   바. 그 밖의 지원 : 연료비나 그 밖에 위기상황의 극복에 필요한 비용 또는 현물 지원
2. 민간기관 · 단체와의 연계 등의 지원
   가. 「대한적십자사 조직법」에 따른 대한적십자사, 「사회복지공동모금회법」에 따른 사회복지공동모금회 등의 사회복지기관 · 단체와의 연계 지원
   나. 상담 · 정보제공, 그 밖의 지원

CHAPTER 14

권리옹호와 관련 법제

CHAPTER 14

권리옹호와 관련 법제

판단능력이 충분하지 않은 서비스 이용자는 스스로 결정하기 어려우므로 제도를 통해 본인의 의사를 대변할 수 있어야 하며, 이에 따라 복지 분야에서도 권리옹호 제도를 적극적으로 활용해야 할 것이다. 특히 복지제도나 서비스는 신청주의가 대부분이므로 의존적이기 쉬운 복지 대상자에게 권리실현을 지원하는 제도는 더욱 중요하다. 여기에는 정보 제공을 위한 다양한 상담이나 판단능력이 불충분한 사람의 의사결정[1] 지원을 위한 성년후견과 같이 자기결정 과정을 지원하기 위한 직접적 권리옹호 제도뿐만 아니라, 고충 해결을 위한 청원, 노인이나 장애인, 아동에 대한 학대 판정 제도 등 권리침해 요인을 제거하기 위한 사업도 포함할 수 있다. 이 장에서는 성년후견제도와 학대방지 제도를 중심으로 권리옹호를 위한 법제에 대해 살펴본다.

---

1 의사결정과 자기결정은 의미에 차이가 있다. 의사결정 용어는 법률행위의 의사표시 개념에 근거하므로 복지서비스 계약 등 법률행위의 특수한 내용을 결정하는 경우이며, 법률행위 이외의 결정을 포함하는 넓은 의미일 경우에는 자기결정이라 구분할 수 있을 것이다.

1. 성년후견제도

1) 배 경

성년후견제도는 직접적인 복지 법제는 아니지만, 신청주의와 자기결정을 보장해야 하는 복지 실천에서 필수적인 역할을 할 수 있다. 2013년 민법 개정 전까지 존재했던 한정치산·금치산 제도는 본인으로부터 행위능력을 완전히 박탈하는 특징을 가진다. 이는 심신미약 또는 심신상실 상태에 있는 사람의 의사결정을 제3자, 즉 후견인이 대신할 수 있게 하거나 동의를 얻어야만 할 수 있도록 함으로써 비합리적 의사결정에 따른 각종 위험으로부터 보호하기 위해서다. 이러한 행위무능력 제도는 자기결정권을 존중하고 현재의 남아있는 능력을 활용하기 위해서, 나아가 정상화 이념에도 벗어난다는 국내외의 비판에 따라 민법 개정을 통해 성년후견제도가 새롭게 도입되었다.

성년후견제도의 활용을 위해서는 가정법원의 성년후견개시 심판이 필요하다. 법원은 피성년후견인의 행위능력을 제한하고 성년후견인에게 법적인 지원조치를 부여할 수 있다. 성년후견제도가 자기결정권을 존중하기 위한 것이므로 성년후견인이 피성년후견인의 일상생활에 관한 행위에 개입할 수는 없다. 성년후견인은 피성년후견인의 의사를 존중할 의무와 가장 적합한 방법으로 신상을 보호할 의무가 있다. 하지만 자기결정의 내용이 항상 객관적인 보호조치와 일치하지 않을 수 있으므로 전문가에 의한 자기결정 지원의 과정이 필요하다. 따라서 성년후견제도가 실현하려는 자기결정 지원은 무조건적 허용이 아니라 객관적인 상황을 파악하고 최선의 보호가 무엇인지를 판단하면서 본인과 함께 만들어가는 과정이다.

이를 위해서 몇 가지 원칙이 필요하다. 첫째, 본인의 인격을 존중하며 의사결정을 무시하지 말아야 한다. 둘째, 자기결정이 최선인지를 객관적으로 판단해야 한다. 셋째, 본인에게 최적이 아닌 경우에는 무엇이 가장 최선인지를 전달하여 새로운 자기결정을 만들어야 한다. 넷째, 성년후견인의 설득에 따르지 아니할 경우, 계속 본인의 자기결정을 존중하면서 성실하게 설득을 반복해야 한다. 다섯째, 서로 신뢰 관계를 구축하고 설득과 동의의 과정을 계속하는 노력이 필요하다. 물론 본인이 판단능력을 완전히 상실한 경우에는 성년후견인이 대리 결정을 할 수밖에 없다.

2) 직무와 유형

성년후견이 시작되기 위해서는 후견개시가 필요하다. 질병, 장애, 노령 등의 사유로 인한 정신적 제약으로 업무를 처리할 능력이 계속 부족해지는 사람에 대해서는 다른 사람의 청구에 의해 성년후견개시 심판이 시작된다. 상당한 기간 내에 그의 일상생활 처리 능력이 회복될 가능성이 없는 사람이어야 한다. 예를 들어, 식물인간 상태거나 자신이나 가족의 이름 또는 사는 곳을 기억하지 못할 정도로 인지능력이 떨어진 경우다. 성년후견개시 심판을 청구할 수 있는 사람은 본인, 배우자, 4촌 이내의 친족, 미성년후견인, 미성년후견감독인, 한정후견인, 한정후견감독인, 특정후견인, 특정후견감독인, 검사 또는 지방자치단체의 장이다. 무연고 노인이나 장애인과 같은 취약계층 사람들을 인지한 자치단체장은 직접 후견심판을 청구할 수 있다(민법 제9조 성년후견개시 심판).

성년후견개시 심판은 가정법원이 한다. 후견개시 심판을 할 때 본인의 자기결정권에 대해 신중히 판단해야 하지만, 가정법원이 정확히 판단하기 어려우므로 의사결정 능력에 대한 감정을 받아야 한다. 성년후견개시 심판이 확정되면 피성년후견인이 한 법률행위는 취소할 수 있다. 하지만 행위능력을 과도하게 제한하지 못하도록 법률행위의 범위를 정할 수 있다. 따라서 피성년후견인은 일정 범위 내에서 단독으로 유효한 법률행위를 할 수 있다. 즉, 가정법원이 취소할 수 없는 법률행위의 범위는 피성년후견인의 정신 능력 상태에 따라 유연하게 조정될 수 있는 것이다. 예를 들어, 식품이나 의류의 구입, 공과금 납부 등 일상적인 생활과 관련된 법률행위는 성년후견인이 취소할 수 없다(민법 제10조 피성년후견인의 행위와 취소).

성년후견 심판을 거쳐 가정법원은 후견인을 직접 선임한다. 성년후견인은 후견인의 재산관리뿐만 아니라 신상보호를 담당할 수 있다. 여러 사정을 고려하여 피성년후견인의 복지와 이익에 부합하는 방법으로 일을 해야 한다. 피성년후견인에게 불이익이나 피해를 가져오지 않는 한 피성년후견인의 의사를 최대한 존중해야 한다. 후견인은 선임된 후 즉시 피후견인의 재산을 조사하여 2개월 이내에 재산목록을 작성해야 한다(민법 제941조 재산조사와 목록작성). 정신적 제약 때문에 사무처리 능력이 결여되거나 부족한 사람 대부분은 관리해야 할 재산의 범위도 크지 않으므로 일상적인 생활유지를 위한 사무처리에 어려움을 겪고 있는 경우가 많다. 하지만 식사보조나 청소, 심부름 등 단순히 일상적인 사무를 대신 처리해 주는 사람이 성년후견인은 아니다. 치료와 요양, 재산처리 등 필요한 각종 행위를 지원하기 위한 법률적 조언이나 의사결정 대행 등을 제공하는 사람이다. 요양서비스 계약이나 의료계약, 복지시설 이용계약 등을 대신 체결하고 서비스 신청이나 이용 시 부당한 인권침해가 발생하지 않도록 감시하거나 이의를 제기할 수 있다. 이러한 모든 것이 신상보호 활동에 해당된다. 신체를 침해하는 의료행위(침습적 의료행위) 등에 대하여 피성년후견인이 동의할 수 없는 경우 성년후견인이 동의할 수 있지만, 언제나 행사할 수 있는 것은 아니며 사망이나 장애를 입을 가능성이 있을 때에는 가정법원의 허가를 받아야 한다(민법 제947조의2 피성년후견인의 신상결정 등). 성년후견인이 임의로 보호나 의사존중 의무를 위반하여 재산처리나 신상보호에 관한 사무를 처리하면 가정법원을 통하여 후견인을 변경할 수 있다.

성년후견인의 유형은 한정후견, 특정후견, 후견계약으로 구분할 수 있다. 첫째, 한정후견은 질병, 장애, 노령 등의 사유로 인한 정신적 제약으로 사무를 처리할 능력이 부족한 사람이 대상이 된다(민법 제12조 한정후견개시의 심판). 한정후견인은 피한정후견인의 법률행위에 대해 동의권과 취소권을 모두 가지고 있다. 둘째, 특정후견은 질병이나 장애, 노령 등으로 인한 정신적 제약으로 일시적 후원이나 특정한 사무에 관한 후원이 필요한 사람이 대상이 된다(민법 제14조의2 특정후견의 심판). 피한정후견인은 일시적으로 또는 특정 사무에 대하여 후견을 받을 뿐이다. 기본적으로 본인은 완전한 행위능력자이며 자유롭게 법률행위를 할 수 있다. 특정후견은 본인의 의사에 반하여 할 수 없으며, 정신적 제약은 있지만 일상적 생활은 스스로 해나가면서도 특정한 문제해결을 위한 일시적 보호가 필요한 성인들이 이용할 수 있다. 셋째, 후견계약은 질병이나 장애, 노령 등으로 인한 정신적 제약으로 사무를 처리할 능력이 부족한 상황에 있거나 부족해질 상황에 미리 대비하여 재산관리나 신상보호에 관한 사무의 전부·일부를 다른 자에게 위탁하여 대리권을 수여한다(민법 제959조의14 후견계약의 의의와 체결방법). 후견계약은 미래에 대비하여 사무처리를 위탁하는 임의후견계약이므로 행위능력을 제한하지 않는다. 따라서 후견의 필요성과 보충성의 원칙에 충실한 권리옹호 장치이므로 가장 권장되어야 할 성년후견제도의 유형이라 할 수 있다.

2. 학대방지 제도

학대문제를 제외하고는 권리옹호를 논할 수 없다. 노인·아동·장애인에 대해서 판단능력이 약하거나 부재하다는 이유로 학대 피해가 집중되는 경우가 많다. 따라서 이들에 대한 지원 제도로서 권리옹호 제도를 결코 무시할 수 없다. 하지만 학대문제는 본인이 가져야 할 권리의 회복과 실현을 지원한다는 의미에서 판단능력의 범위를 넘어서는 보다 넓은 의미의 권리옹호로 규정해도 좋을 것이다. 예를 들어, 가정폭력을 당하는 배우자는 판단능력이 충분하지만, 지배에 의해 적절하게 판단능력을 행사할 수 없는 강박상태에 있다. 따라서 경찰이나 법원의 강제적 힘을 동원하여 피학대자를 학대자로부터 분리하여 피학대자가 적절한 판단을 할 수 있는 상태를 만드는 데 역점을 둬야 한다. 학대방지 법제는 학대의 조기발견과 대응을 취지로 하지만, 학대의 재발방지를 위한 대책도 포함되어야 한다. 물론 학대방지의 정의를 충분히 고민해야 한다. 신체의 구속이나 폭행뿐만 아니라 성적인 희롱이나 온라인을 활용한 불법 동영상 촬영이나 유포 등 다양한 형태를 그 정의에 포괄할 수 있어야 한다. 국가권력을 통해 강제 개입하고 피학대자의 보호를 도모한다는 국면에서 포괄적으로 정의하는 편이 효과적일 것이다. 처벌과 감시 없이 직접적으로 학대만을 막으려는 법제는 존재하기 어렵다. 장애인이나 노인 돌봄자의 스트레스가 학대의 원인이라면 폭력을 휘두르기 전에 돌봄 스트레스가 발생하지 않도록 지원하는 시스템을 만들어야 한다. 가정 빈곤이 아동학대의 원인이라면 학업 지원이나 생활자금 지원 등 경제문제 지원 대책이 마련되어야 할 것이다. 학대행위의 원인을 찾아내고 그 원인에 대한 지원을 제도화하여 구조적인 학대행위를 사전에 예방하기 위한 다양한 지원대책이 필요할 것이다. 장애인복지 분야를 예로 들어보면 장애인복지법 개정에 따라 장애인 권익옹호기관의 장애판정과 조사 등 권한 강화, 신고인에 대한 보호조치 강화 등 학대방지 활동이 더욱 강화되었다.

장애인복지법 개정에 따른 학대방지 활동 강화

1. 장애인복지법 개정에 따라 2018년 6월 20일부터 장애인 권익옹호기관의 권한 및 신고에 대한 권한 및 신고인에 대한 보호조치 강화

2007년 12월 19일 장애인복지법이 개정되어 장애인 권익옹호기관의 조사권, 수사기관 동행 요청권, 관계기관 업무협조 요청권 등이 명시되고 신고인 보호, 현장조사 방해에 관한 처벌 등이 강화되었다.

2. 장애인 권익옹호기관의 권한 강화

(1) 현장출동, 조사절차 및 권한 명시(법 제59조의7 제2~5항) : 학대행위자로부터의 분리나 치료가 필요할 경우, 장애인 권익옹호기관에서 응급조치 실시(의료기관으로부터 이송하거나 안전한 곳으로 이동). 장애인 권익옹호기관은 신분증을 보여주고 학대현장에 출입하여 행위자 및 관련자(피해자, 신고자, 목격자 등)에게 조사 질문을 할 수 있다. 관련자들의 자유로운 진술을 위해서 행위자와 분리된 곳에서 조사를 실시한다.

(2) 현장조사 거부 및 업무방해 금지(제59조의7 제6항, 제90조) : 누구든지 현장조사를 거부하거나 업무를 방해할 수 없다. 위반 시 300만 원 이하의 과태료를 부과한다.

(3) 폭행・협박・위계에 의한 업무방해 시 형사처벌(제86조 제3항 제2호) : 장애인 권익옹호기관의 응급조치나 현장조사를 폭행・협박・위계・위력 등으로 방해한 경우 5년 이하의 징역이나 5천만 원 이하의 벌금에 처한다. 현장조사 거부 및 업무방해 혐의에 대한 과태료 처분과 별도로 폭행 등으로 업무를 방해한 경우 형사 처벌이 가능하다.

(4) 장애인 권익옹호기관 상담원에게 보조인의 권한 부여(제59조의8) : 장애인 권익옹호기관의 상담원은 장애인 학대사건의 수사・심리에 있어 보조인이 될 수 있다. 수사기관과 법인은 학대피해 장애인을 조사・신문할 때 신뢰관계인의 동석을 허가할 수 있다.

3. 유관기관, 관계자의 업무협조 규정 신설

(1) 수사기관의 상호 동행 요청 근거 신설(제59조의7 제1항) : 장애인 권익옹호기관의 장과 수사기관의 장은 상호 동행을 요청할 수 있고 정당한 사유가 없으면 동행하도록 해야 한다.

(2) 사실 확인 및 자료 제공 요청 권한 부여(제59조의11 제3항) : 장애인 권익옹호기관의 장은 업무수행을 위해 필요한 경우 관계 기관의 장에게 사실확인이나 관련 자료의 제공을 요청할 수 있다. 자료 제공을 요청받은 경우 관계 기관의 장은 정당한 사유가 없는 한 요청에 따라야 한다.

(3) 피해장애인, 보호자, 가족에 지원 참여 의무 등 부과(제59조의12 제5항) : 학대피해장애인, 피해장애인의 보호자, 가족은 장애인 권익옹호기관의 지원(상담, 교육, 의료적·심리적 치료 등)에 참여하여야 한다. 관계 기관·법인·단체·시설에 피해장애인 등 지원을 위한 협조요청이 가능하다. 장애인 학대재발 여부 확인(가정방문, 시설방문, 전화상담 등)과 지원을 정당한 사유 없이 거부하거나 방해해서는 안 된다.

4. 신고에 대한 보호조치의 강화

(1) 장애인학대 신고인에 대한 불이익 조치 금지(제59조의5) : 장애인학대 및 장애인 대상 성범죄 신고에 대한 불이익 조치 금지

(2) 장애인학대 신고인에 대한 특정 범죄 신고자 등 보호법 준용(제59조의6) : 장애인학대 및 장애인 대상 성범죄 신고인에 대하여 특정 범죄 신고자 등 보호법 제7~13조 준용

(3) 신고인 공개, 보도 시 형사 처벌(제86조 제4항 제1호) : 신고인의 인적사항 또는 신고인임을 알 수 있는 사실을 다른 사람에게 알려주거나 공개 또는 보도한 경우 3년 이하의 징역 또는 3천만 원 이하의 벌금에 처한다.

더 읽어보기

장애인 학대로 판정해야 할까?

장애인 거주 시설에서 생활하고 있는 A씨(여성)는 낮 시간은 보호작업장에서 근무한다. 평소 의사소통이 원활하여 자신의 의견을 정확히 표현할 수 있다. 20**년 2월 15일 저녁에 A씨는 시설 사무실에서 종사자 B씨와 면담을 마치고 운동을 하러 헬스장에 갔다. 종사자는 운동 후 피해자가 근처 강변 산책을 하다가 22:00 이전에 마치고 돌아온다는 것을 알고 있었다. 하지만 그날 A씨는 시간 후에도 돌아오지 않았고 종사자는 걱정이 되어 22시 30분 무렵 전화 통화를 하고 빨리 귀가하도록 요청하였다. 이에 A씨는 빨리 귀가하겠다고 했지만, 23시가 넘어서도 오지 않았고 23시 20분 무렵 다시 전화 통화를 하고 귀가를 재촉하였다. 결국 A씨는 23시 40분쯤 시설에 도착하였다. 종사자 B씨는 경각심을 주고자 엄한 분위기로 경고를 했지만, A씨가 계속 장난식으로 말하자 B씨는 30cm 자로 손바닥을 한차례 때렸다. 주위에 다른 사람들은 없었고 두 사람만 거실에 있었다. A씨는 사건 다음 날 보호작업장에 출근하여 울었고 이에 다른 직원이 내용을 확인하고 전날 사건에 대해 알게 되어 시설에 해당 사실을 알렸다. 시설장은 행위자를 불러 사건 경위를 확인하였고 이후 행위자는 피해자에게 사과하였고 피해자도 행위자를 용서하였다. 이후 행위자와 피해자는 원만한 관계를 유지하며 잘 지내고 있다. 해당 시설의 인권지킴이단은 사실 확인 후 장애인 권익옹호기관과 지자체에 신고해야 한다는 결론을 내렸고 옹호기관 신고가 이루어졌다. 하지만 A씨는 옹호기관의 학대조사 및 개입을 원하지 않으며 일정하게 안부를 묻는 모니터링에는 동의하였다.

장애인 권익옹호기관의 학대방지 활동 진행도

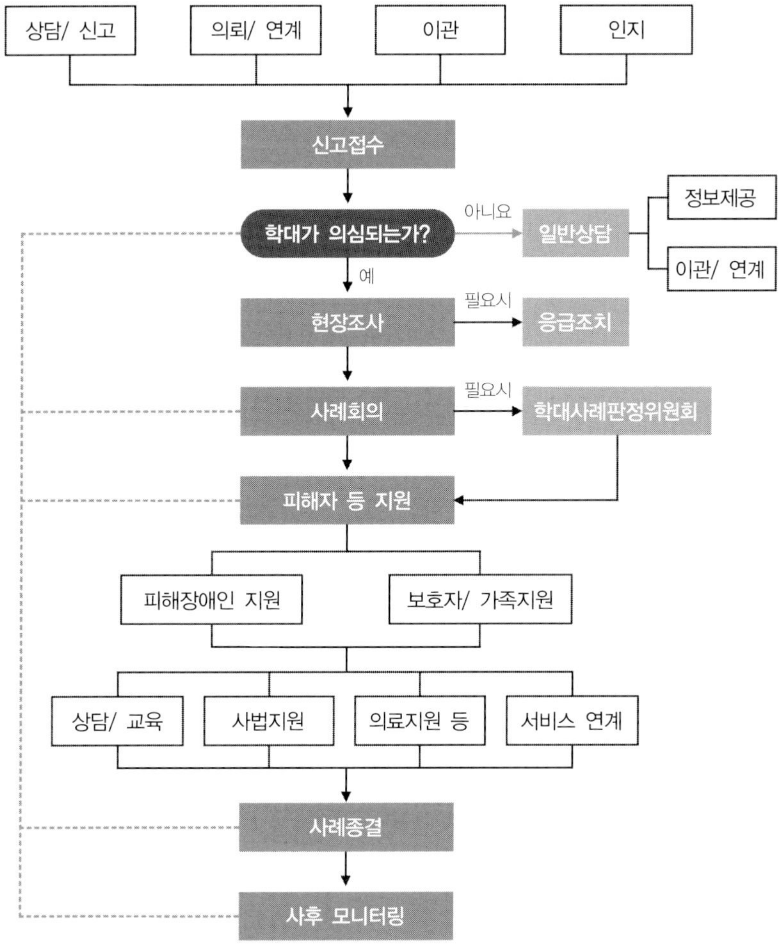

참고문헌

강정희(2021). 사회복지법제와 실천. 서울 : 박영스토리.

강혜규 · 김보영 · 엄태영 · 김은지 · 정세정(2010). 사회복지서비스 이용자중심 제도운영에 관한 연구. 서울 : 한국보건사회연구원.

강희갑 · 전대성 · 이상주 · 오현숙 · 박선태(2018). 사회복지법제론. 경기 : 양성원.

강희갑 · 전대성 · 이상주 · 오현숙 · 정왕용(2016). 사회복지법제론. 경기 : 양성원.

고봉진(2012). 법철학 강의. 제주 : 제주대학교출판부.

고수현(2023). 사회복지법제와 실천. 서울 : 동문사.

고용노동부(2012). ILO 주요협약.

국가인권위원회(2002). 인권감수성 지표개발 연구.

___________(2013). 사회복지사 인권상황 실태조사. 2013년 인권상황실태조사 연구용역 보고서.

김광병(2013). 인천시 기초자치단체의 사회복지조례 분석. 인천학 연구(19), 7-49.

김 구(2021). 사회복지법제와 실천. 경기 : 어가.

김문근(2010). 성년후견법률에 나타난 의사결정능력의 개념화에 관한 연구. 사회복지연구, 41(3), 241-269.

김성호(2004). 조례 제정권의 범위와 한계. 법과 정책연구, 4(1), 110-125.

김수정(2017). 사회복지법제론. 서울 : 학지사.

_____(2023). 사회복지법제와 실천(제2판). 서울 : 학지사.

김양미(2018). 사회복지법제론. 경기 : 공동체.

김용득(2005). 영국 커뮤니티케어의 이용자 참여 기제와 한국 장애인복지 서비스에 대한 함의. 한국사회복지학, 57(3), 363-387.

김용주(2010). 사회복지법제론. 경기 : 공동체.

김 욱(2015). 법을 보는 법–법치주의의 겉과 속. 서울 : 개마고원.

김정오 · 최봉철 · 김현철 · 신동룡 · 양천수(2012). 법철학 : 이론과 쟁점. 서울 : 박영사.

김지혜(2011). 국민기초생활보장법상의 급여변경 및 중지절차의 적정성에 대한 법적 고찰 : 적법절차 원칙의 적용. 사회복지연구, 42(4), 239-262.

김철수(2013). **헌법개설(제13판)**. 서울 : 박영사.

김학성(2017). **헌법학원론**. 경기 : 피엔씨미디어.

김향기(2013). **법학개론(제9판)**. 서울 : 대명출판사.

김환준(2018). **사회복지법제론**. 미간행물.

남기민 · 홍성로(2014). **사회복지법제론(제5판)**. 경기 : 공동체.

____________(2020). **사회복지법제와 실천(제7판)**. 경기 : 공동체.

루돌프 폰 예링, 윤철홍 역(1997). **권리를 위한 투쟁**. 서울 : 책세상.

모선희 · 이서영 · 최은희(2011). 장기요양보호 노인에 대한 한국과 일본의 권리옹호 시스템 연구. **보건사회연구**, 31(1), 98-126.

박원영(1985). 조례의 법리에 관한 연구. **동아법학 창간호**, 320-340.

박진화(2023). **사회복지법제와 실천**. 경기 : 공동체.

박차상 · 정상양 · 김옥희 · 강종수 · 고관용 · 정희경(2015). **한국 사회복지법 강의**. 서울 : 학지사.

박태정(2018). **사회복지법제의 이해**. 서울 : 학지사.

법무부 사이버 법교육센터. 한국인의 생활과 법률. 법질서 선진화과(http ://lawedu.go.kr) e-book.

법제처(2017). 법령입안 · 심사기준.

_____(2017). 법제업무편람.

보건복지부 보도자료(2019. 6. 25). "사회보장협정으로 우리 국민 7만 4030명이 외국 연금보험료 약 3조5971억 원 면제 받아". 보건복지부 국민연금정책과, 국민연금공단 국제협력부.

보건복지부(2009). 사회복지제도 및 전달체계 운영실태.

_________(2017). 국민기초생활보장 수급자 현황.

_________(2017). 국민기초생활보장사업 안내.

보건복지부 · 국민연금공단(2022). 국민연금 권리구제 사례집.

사회복지법제학회(2018). **사회복지법제론**. 서울 : 학지사.

성낙인(2017). **헌법학입문**. 경기 : 법문사.

옥필훈(2018). **사회복지법제론**. 경기 : 공동체.

윤찬영(2010). **사회복지법제론**. 경기 : 나남.

_____(2013). **사회복지법제론**. 경기 : 나남.

윤찬영 · 김광병 · 송인규 · 이윤진(2023). **사회복지법제와 실천**. 서울 : 학지사.

이명현(2004). 사회복지에서의 이용자 지원을 위한 권리옹호(advocacy) 시스템에 대한 고찰. **한국사회복지학**, 56(2), 29-52.

_____(2014). 사회복지사의 정체성과 인권보호. 2014년 한국사회복지법제학회 상반기 학술대회 자료집.

_____(2016). 기초생활보장 수급자의 의사결정 지원유형과 평가. 사회복지법제학회, 7(2), 277-301.

_____(2020). 사회복지법제와 실천(제2판). 경기 : 공동체.

이부하(2018). 헌법상 신뢰보호원칙의 재정립 : 헌법재판소 결정을 분석하며. 법학연구, 21(2), 129-154.

이상윤 · 홍성민(2017). 주요국 입법절차와 현황, 현안분석 2017-2. 한국법제연구원.

이승준(2018). 사회복지법제론. 경기 : 공동체.

이영규 · 김문근(2009). 성년후견개시절차의 합리화와 투명화. 법무부.

이인재(1997). 지방자치와 사회복지운동. 사회복지연구, 9. 서울대 사회복지연구소.

이호용(2012). 지역복지를 위한 사회복지조례의 역할과 과제. 한양대 법학논총, 36(1), 171-206.

임성택(2010). 사회복지사업법의 쟁점-사회복지서비스 신청권을 중심으로-. 사회복지법제연구, 창간호, 75-100.

장승혁(2017). 사회보험과 사회연대원리. 사회보장법연구, 3(2). 서울대학교 사회보장법연구회.

정진경(2016). 사회복지와 법의 만남. 경기 : 공동체.

제철웅 · 박주영(2007). 성년후견제도의 도입논의와 영국정신능력법의 시사점. 가정법 연구, 21(3), 275-310.

최혜신(2017). 자치입법평가제도의 현황과 개선과제. 입법평가연구, 11. 한국법제연구원.

허 영(2017). 한국헌법론. 서울 : 박영사.

현외성(2013). 한국사회복지법제론. 경기 : 양서원.

홍봉수 · 조당호 · 임현진 · 정경수 · 이순금 · 한성수(2023). 사회복지법제와 실천(제3판). 경기 : 공동체.

홍준형(2008). 법 정책의 이론과 실제. 경기 : 법문사.

大原利夫(2010). 自立支援と権利擁護. 自立支援と社会保障. 東京 : 日本加除出版.

尾形健(2010). 自立をめぐる法理論の諸相. 自立支援と社会保障. 東京 : 日本加除出版.

法務省 民事局 參事官室(1998). 成年後見制度の改正に関する要綱試案 解說.

社會福祉法研究會(2001). 社會福祉法の解說. 東京 : 中央法規出版.

森田修(1998). 民法典と個別政策立法. 岩波講座.

西谷 民(1972). 社會保障法における人間像. 法學雜誌. 大阪市立大學, 19(2), 1.

笹沼弘志(2003). 社会保障における自立と保護. 法學時報, 75(8), 57, 58, 61.

秋葉華月(2000). 最善の利益基準を考える-イギリスにおける成年の情神無能力者に對する醫療上の處置と同意. 生命倫理, 10(1).

秋元美世(2010). 社會福祉の利用者と人權. 東京 : 有斐閣.

秋元美世 · 平田厚(2015). 社會福祉と權利擁護. 東京 : 有斐閣アルマ.

土井 眞一(1992). 生命に對する權利と自己決定の觀念. 公法研究, 58.

阪本昌成(1993). 憲法理論Ⅱ. 成文堂, 67-68.

浦野正男(2018). 사회복지시설경영관리론. 서울 : 일본전국사회복지협의회.

Alexy, Robert(2002). A Theory of Constitutional Rights. OXFORD.

Anderer, S. J.(1990). A Model for Determining Competency in Guardianship Proceedings. *Mental and Physical Disability Law Review, 14*(2), 107-114.

Barclay, P. M.(1982). *Social workers : Their role and tasks. National Institute for Social Work*. Bedford Square Press.

Buchanan, A.(2004). Mental capacity, legal competence and consent to treatment. *Journal of the Royal Society of Medicine, 97*, 415-420.

Charland, L.(2008). Decision-Making Capacity. in Stanford Encyclopedia of Philosophy.

Chesterman, J.(2010). Submission to the Victorian Low Reform Commission in Response to the Guardianship Information Paper, May 2010, Office of the Public Advacate.

Daniel L. Skoler & Amy L. Allbright(2000). Judical Oversight of Nation's Largest Guardianship System, 24 Mental & Physical Disability L. Rep. 169.

Department of Health(2000). No Secrets : Guidance on Developing and Implementing Multi-agency Policies and Procedures to Protect Vulnerable Adults from Abuse, para. 2, 3.

__________________(2009). The Second Year of the Independent Mental Capacity Advocacy Service(http://www.dh.uk).

Dunn, L. B., Nowrangi, M. A., Palmer, B. W., Jeste, D. V., & Saks, E. R.(2006). Assessing Decisional Capacity for Clinical Research or Treatment. A Review of Instruments. American Journal Psychiatry, 163, 1323-1334.

Freedman(1981). Competence, Marginal and Otherwise : Concepts and Ethics. *International Journal of Law and Psychiatry, 163*, 1323-1334.

Ganzini, L., Volicer, L., Nelson, W. A., Fox, E., & Derse, A. R.(2005). Ten Myths About Decision Making Capacity. *Journal of American Medical Directors Association, 6*(3), 100-104.

Gerald Dworkin(1988). *The Theory and Practice of Autonomy*. Cambridge University Press.

Glass, K. C.(1997). Refining Definitions and Devising Instruments : Two Decades of Assessing Mental Competence. *International Journal of Law and Psychiatry, 20*(1), 5-33.

Joseph Raz(1987). Autonomy, Toleration, and the Harm Principle. In Ruth Gavison(Ed.), *Issues in Contemporary Legal Philosophy*, pp. 313-314.

Joseph Rowntree Foundation(2001). Demonstrating Control of Decisions by Adults with Learning Difficulties Who Have High Support Needs, Findings, October, 2001-Ref021(http://www.jrf.org.uk/sites/files/jrf/021.pdf).

Julian Le Grand(2003). *Motivation, Agency, and Public Policy : Of Knighta and Knaves, Pawns and Queens*. Oxford University Press.

Liz Dearn(2009). Guardianship Trends in Victoria 1988-2008, OPA Discussion Paper 2009, 1-14.

Moye, J., & Marson, D. C.(2007). Assessment of Decision-Making Capacity in Older Adults : An Emerging Area of Practice and Research. *Journals of Gerontology, 62B*(1), 3-11.

R. M. Titmuss(1977). *The Gift Relationship : From Human Blood to Social Policy*(expanded ed.). New Press.

Sturman, E. D.(2005). The capacity to consent to treatment and research : A review of standardized assessment tools. *Clinical Psychology Review, 25*, 954-974.

법령

국가공무원법

노동조합 및 노동관계조정법

사회보장급여법

사회보장기본법

사회보장에 관한 법률(1963. 11. 15)

성폭력방지 및 피해자보호 등에 관한 법률

아동학대범죄의 처벌 등에 관한 특례법

지방공무원법

웹사이트

국가법령정보센터(http://www.law.go.kr)

국민연금공단(https://www.nps.or.kr/jsppage/main.jsp)

대법원 종합법률정보(http://glaw.scourt.go.kr)

더나은복지세상(https://welfare24.net)

보건복지부 사회보장정보원(http://www.socialservice.or.kr)

사회보장정보시스템(http://edu.ssis.or.kr/index.jsp)

주제네바 대한민국 대표부(https ://overseas.mofa.go.kr)

헌법재판소(https://www.ccourt.go.kr/site/kor/main.do)

기사

경향신문(2024. 2. 5). "아프면 쉬라고 도입하는 '상병수당'…신청하다 더 아플 지경".

굿타임즈(2015). 정치면 기사 "성남시 법제처 유권해석에 강력반발"(http ://www.goodtms.net/news/articleView.html?idxno=8409).

법률신문(2023. 9. 26). "헌재, '외국인은 건보료 체납하면 곧장 보험급여 제한' …국민건강보험법 '헌법불합치'".

찾아보기

저/자/약/력

■ **이명현**

경북대학교 사회복지학부 교수

〈주요 저서 및 논문〉

사회복지학 : 이론 · 실천 · 정책(공저)(2023)

복지국가의 이해 : 발달과 전환(2021)

기본소득의 규범적 정당성에 근거한 옹호논리 체계화에 관한 연구(공저)(2020)

비교사회복지(2018)

■ **유태한**

구미대학교 사회복지학과 조교수

〈주요 저서 및 논문〉

현대사회와 여성복지(2022)

코로나19 경험을 통한 사회서비스의 공공성에 대한 논의 : 대구시 사회서비스원 긴급돌봄서비스지원단 경험을 중심으로(2022)

사회적 자본 이론으로 살펴본 폐자원 수거 노인의 삶에 관한 질적 연구(2020)

사회정의론에 기반한 사회복지철학이론의 탐색 : 롤스와 샌델 비교(2019)

■ **김하은**

경북대학교 사회복지학부 강사

〈주요 저서 및 논문〉

마을밀착형 지역특화공모사업 '굿센스' 성과연구 : 경상북도를 중심으로(2024)

역사적 제도주의 관점에서 본 청년정책 형성과정 : 청년기본법 도입을 중심으로(2023)

사회복지학 : 이론, 실천, 정책(2023)

핀란드와 스페인의 사회실험 비교(2021)